新能源汽车专业新型活页式教材系列丛书

新能源汽车电机驱动与检修

（活页式）

主　编 ◎ 陈益庆　罗　钦　李俊泓

副主编 ◎ 李沁逸　王菊梅　刘嘉林　贺礼强

新型活页式　微课视频　操作演示　课程思政

西南交通大学出版社

·成　都·

图书在版编目（CIP）数据

新能源汽车电机驱动与检修：活页式 / 陈益庆，罗钦，李俊泓主编. —成都：西南交通大学出版社，2022.3
ISBN 978-7-5643-8622-1

Ⅰ. ①新… Ⅱ. ①陈… ②罗… ③李… Ⅲ. ①新能源-汽车-驱动机构-控制系统-车辆修理-高等职业教育-教材 Ⅳ. ①U469.703

中国版本图书馆 CIP 数据核字（2022）第 037769 号

Xinnengyuan Qiche Dianji Qudong yu Jianxiu (Huoyeshi)
新能源汽车电机驱动与检修（活页式）

主编 陈益庆 罗 钦 李俊泓

责任编辑 李华宇
封面设计 GT 工作室

出版发行 西南交通大学出版社
（四川省成都市金牛区二环路北一段 111 号
西南交通大学创新大厦 21 楼）
邮政编码 610031
发行部电话 028-87600564 028-87600533
网址 http://www.xnjdcbs.com
印刷 四川玖艺呈现印刷有限公司

成品尺寸 185 mm × 260 mm
印张 13.25
字数 310 千
版次 2022 年 3 月第 1 版
印次 2022 年 3 月第 1 次
书号 ISBN 978-7-5643-8622-1
定价 45.00 元

课件咨询电话：028-81435775
图书如有印装质量问题 本社负责退换

前言

PREFACE

随着新能源汽车行业的飞速发展，能够对新能源汽车有较高的认识和具备应用能力的人才需求也日益增大。但由于新能源汽车其复杂性、危险性、前沿性等特点，使得该方面的高水平专业化人才十分紧缺，同时也使相关专业的人才培养变得更加重要。

电机驱动系统是新能源汽车正常运行的关键系统之一，为了使读者能够系统地学习新能源汽车电机系统驱动与检修的知识与技能，我们秉持最新的职业教育理念，组织高职院校汽车专业教师及科技企业的汽车工程师编写了本书。

本书是以“新型活页式”为设计思路，以任务为学习导向，以学生实践为中心编制的新型活页式教材。本书把每一块学习内容划分为逻辑递进的各个任务环节，同时，作为学生工作手册，指导学生实践并作为实训记录和考核依据。本书在编写过程中，特别是实践资源方面得到了成都盘沣科技有限公司的大力支持，在此表示衷心的感谢。

全书以企业情景化工作流程和标准来设计，从工单派单到维修检验、结果评价，均以企业工作岗位的工作实际来设计，充分与实际工作结合，使学生融入其中。每个任务实施后，均设计了任务考核、学生互评、师傅评价，充分体现以学生为主体的教学思想，加强师生间的交流。同时，融入了爱国教育、工匠精神等思政元素，培养学生的爱国情怀、奋斗意志和工匠敬业精神，激发学生的学习热情。

“新能源汽车电机驱动与检修”是高职院校新能源汽车技术相关专业的一门核心专业课程。主要内容分为 7 个项目。项目 1 为新能源汽车故障检修基础，主要对新能源汽车的故障检修基础知识和技能进行了学习；项目 2 为混合动力汽车驱动电机系统，让学生对混合动力汽车的动力系统有一定的认识能力；项目 3 为新能源汽车驱动电机系统，对新能源汽车的电机动力系统进行具体的结构、原理和性能检测的知识技能学习；项目 4 为新能源汽车电机控制系统，主要针对新能源汽车电机控制系统的关键部件进行结构原理的学习，并掌握其故障分析和检修知识技能；项目 5 ~ 项目 7 分别为直流电机、永磁同步电机、三相异步电机，主要针对各种常用的特别是新能源汽车上使用的各类型电机进行原理与拆装、检修技能的学习。

本书在编写过程中，参考了许多国内外出版的文献，在此一并表示感谢。由于编者的经历和水平所限，书中难免存在不足之处，竭诚欢迎各位读者和业内专家提出修改意见和建议。

编 者

2022 年 3 月

数字资源索引

CONTENTS

目录

CONTENTS

项目 1　新能源汽车故障检修基础

任务 1 新能源汽车基础认知	姓名		组别	
	班级		学号	

◎知识目标	◎技能目标	◎思政目标
1. 能够掌握新能源汽车的定义与分类。 2. 掌握纯电动汽车动力系统的结构与工作原理。 3. 掌握纯电动汽车驱动系统的布置形式	1. 掌握什么是新能源汽车，新能源汽车包括哪些类型。 2. 掌握纯电动汽车驱动方式。 3. 掌握纯电动汽车驱动系统的分解方式	1. 培养良好的职业道德和工匠精神。 2. 培养安全意识和团队协作精神。 3. 培养自我管理和自主学习能力

一、任务导入

汽车的发明极大地缩短了人与人之间的空间距离，方便了人类的生活。汽车已经成为当今社会的重要交通工具。但随着汽车保有量的大幅度增加，也带来了资源消耗过度、空气污染和气候变暖等负面问题，而新能源汽车是解决这些问题的最好产品之一。

（一）请根据客户描述填写信息单

表 1-1-1　信息单

客户姓名		车牌号		车型		车辆颜色	
客户电话		行驶里程		VIN 号			
维修项目							
□______km 常规保养　□一般维修　□事故车　□大修　□其他							
车况记录：							

（二）高压安全防护及基本检查

（1）穿戴防护用具，铺设绝缘垫，设置隔离带等安全设备。

（2）对车辆基本检查，开启驻车制动，关闭启动开关。

（3）醒目位置粘贴高压警示牌，贵重物品检查。

表 1-1-2　基本检查

<table>
<tr><th colspan="6">设备工具</th></tr>
<tr><td></td><td></td><td colspan="2">
</td><td colspan="2">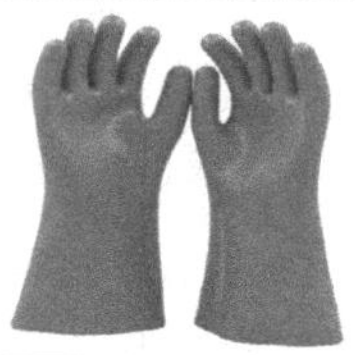</td></tr>
<tr><td>□清点正常</td><td>□清点正常</td><td colspan="2">□清点正常</td><td colspan="2">□清点正常</td></tr>
<tr><th colspan="6">设备工具</th></tr>
<tr><td></td><td>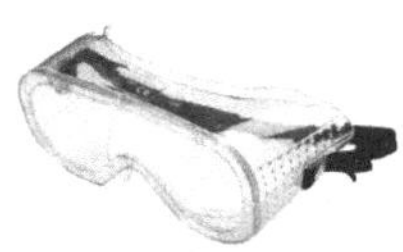</td><td colspan="2"></td><td colspan="2"></td></tr>
<tr><td>□清点正常</td><td>□清点正常</td><td colspan="2">□清点正常</td><td colspan="2">□清点正常</td></tr>
<tr><th colspan="6">设备工具</th></tr>
<tr><td></td><td></td><td colspan="2"></td><td colspan="2">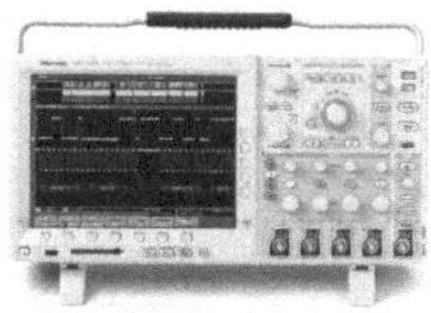</td></tr>
<tr><td>□清点正常</td><td>□清点正常</td><td colspan="2">□清点正常</td><td colspan="2">□清点正常</td></tr>
<tr><th colspan="6">车辆检查</th></tr>
<tr><td colspan="2" rowspan="5">外观检查：破损处用“○”标出
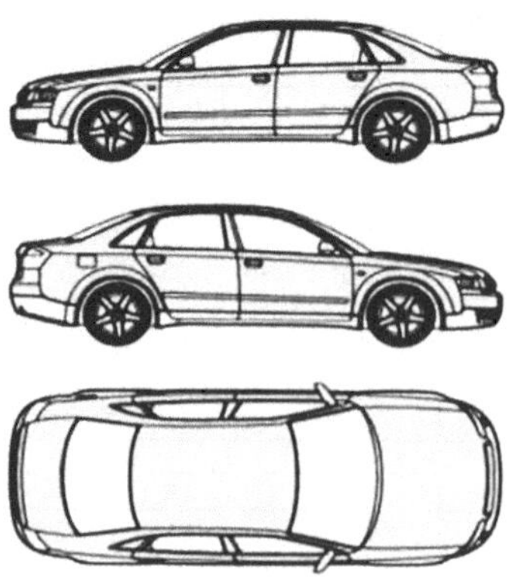</td><td rowspan="2">车内检查</td><td>收音机 □</td><td colspan="2">空调 □</td></tr>
<tr><td>内饰 □</td><td colspan="2">中控 □</td></tr>
<tr><td rowspan="2">整车检查</td><td>轮胎 □</td><td colspan="2">灯光 □</td></tr>
<tr><td>底盘 □</td><td colspan="2">刹车 □</td></tr>
<tr><td>贵重物品</td><td colspan="3">
</td></tr>
</table>

二、获取信息

（一）引导问题：你了解什么是新能源汽车吗？

1. 新能源汽车的定义

新能源汽车是指采用非常规的车用燃料作为动力来源，或使用常规的车用燃料，采用新型车载动力装置，综合车辆的动力控制和驱动方面的先进技术，形成的具有新技术、新结构的汽车，如图 1-1-1 所示。

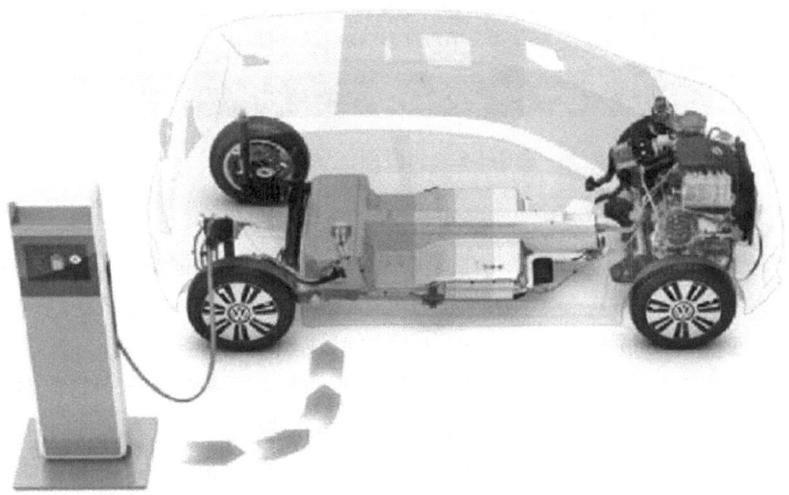

图 1-1-1　新能源汽车

非常规的车用燃料是指除汽油、柴油、天然气（NG）、液化石油气（LPG）、乙醇汽油（EG）、甲醇等之外的燃料。因此，人们熟知的天然气汽车、液化石油气汽车、甲醇汽车等，都不属于新能源汽车，而属于节能汽车。

2. 新能源汽车的分类

新能源汽车主要包括纯电动汽车、混合动力电动汽车和燃料电池电动汽车，其中混合动力电动汽车又分为插电式混合动力电动汽车和非插电式混合动力电动汽车。我国把非插电式混合动力电动汽车划分到节能汽车系列中。

1）纯电动汽车

纯电动汽车（BEV）是指驱动能量完全由电能提供的、由电机驱动的汽车。电机的驱动电能来源于车载可充电储能系统或其他能量储存装置。纯电动汽车是一种绿色环保的交通运输工具，采用可再生电能替代燃油。北汽新能源 EU5 是一款紧凑型纯电动汽车，其最大续航里程为 400 ~ 500 km；动力方面，搭载峰值功率为 160 kW、峰值转矩为 300 N · m 的永磁同步电机，最高速度为 155 km/h，如图 1-1-2 所示。

图 1-1-2　北汽新能源 EU5

2）混合动力电动汽车

混合动力电动汽车（HEV）是指能够至少从两类车载储存的能量（可消耗的燃料、可再充电能/能量储存装置）中获得动力的汽车。混合动力电动汽车是内燃机汽车向纯电动汽车发展过程中的过渡车型，目前技术相对成熟。比亚迪秦是一款插电式混合动力电动汽车，如图 1-1-3 所示。在动力配置方面，比亚迪秦配备了 1.5T 涡轮增压发动机和永磁同步电机，1.5T 涡轮增压发动机的峰值功率为 113 kW，峰值转矩为 240 N ·m；永磁同步电机的峰值功率为 110 kW，峰值转矩为 250 N · m；发动机和电机的最大综合功率为 217 kW，最大综合转矩为 479 N · m。用于储能的电池位于车辆尾箱位置。该电池组能量达到 13 kW ·h，标称电压为 506 V，类型为磷酸铁锂电池。最高车速为 185 km/h，从 0 加速到 100 km/h 的时间为 5.9 s；保证强劲动力的同时，油耗仅为 1.6 L/100 km；纯电续航里程为 70 km。

图 1-1-3　比亚迪秦插电式混合动力电动汽车

3）燃料电池电动汽车

燃料电池电动汽车（FCEV）是以燃料电池作为动力源或主动力源的汽车，通过氢气和氧气的化学作用产生的电能驱动车辆行驶。与传统汽车相比，燃料电池电动汽车增加了燃料电池和氢气罐，其电能来自氢气燃烧，工作时只要加氢气就可以，不需要外部补充电能。奔驰 GLCF-CELL 燃料电池电动汽车如图 1-1-4 所示，它搭载了总能量为 13.5 kW·h 的电池组，NEDC（新欧洲驾驶循环周期）工况下的纯电续航里程为 51 km。加上氢燃料动力系统之后，这款车型的 NEDC 续航里程可提升至 478 km。该车型电机峰值功率达到 155 kW，峰值转矩达到 365 N · m，最高行驶车速可达到 160 km/h。插电混动系统配备了 7.4 kW 功率充电器，可在 1.5 h 内将电池电量从 10%充至 100%。

图 1-1-4　奔驰 GLCF-CELL 燃料电池电动汽车

目前，国内新能源汽车主要以纯电动汽车和插电式混合动力电动汽车为主。

（二）引导问题：你了解纯电动汽车动力系统的结构与工作原理吗？

下面以比亚迪纯电动汽车 e6 为例，简单介绍纯电动汽车动力系统的基本结构与工作原理。

1. 比亚迪 e6 纯电动汽车的基本结构

比亚迪 e6 纯电动汽车动力系统的结构及原理如图 1-1-5 所示，其主要由电动车控制模块、动力模块、高压辅助模块三大模块组成。

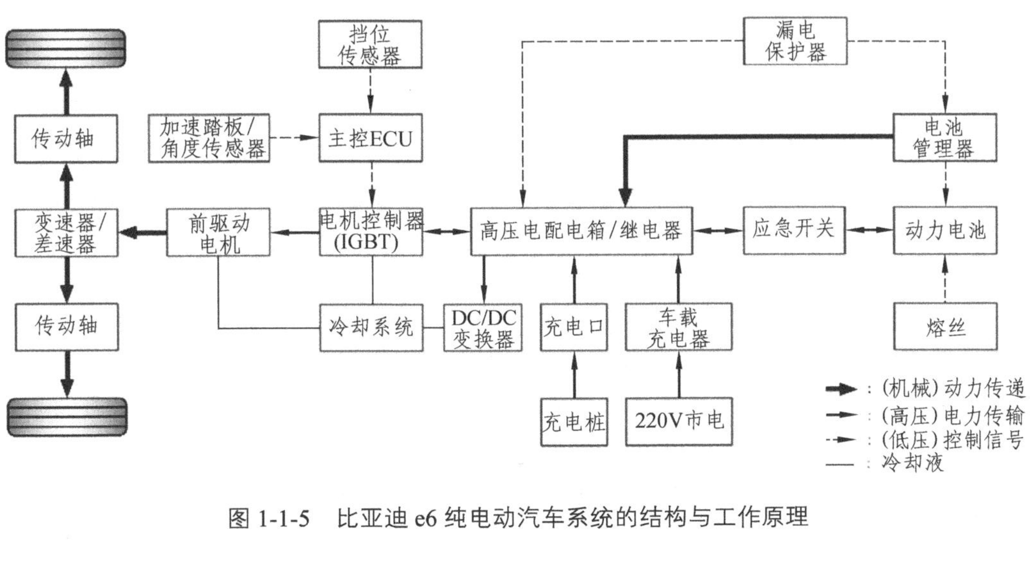

图 1-1-5　比亚迪 e6 纯电动汽车系统的结构与工作原理

1）控制模块

电动汽车的控制模块包含电机控制器、DC/DC 变换器、动力配电箱、主控 ECU（电子控制单元）、挡位控制器、加速踏板、电池管理单元等。

（1）电机控制器（IGBT）。电机控制器负责控制电机的前进、倒退，维持电动车的正常运转。IGBT 用于控制电流，保证能够按照驾驶人的意愿输出合适的电流参数。

（2）DC/DC 变换器。DC/DC 变换器负责将 330 V 高压直流转低压提供给车载低压用电设备，如蓄电池、电动助力转向系统（EPS）等。

（3）高压电配电箱。高压电配电箱对电池包体中巨大的能量进行控制，相当于一个大型的电闸，通过继电器的吸合来控制电流通断，将电流进行分配等。其关键零部件为继电器，为了控制大电流，需要几个继电器并联工作，这也为继电器工作的一致性和可靠性提出了苛刻的要求。

（4）电池管理单元。电池管理单元也称为电源管理器系统（Battery Management System，BMS），是电动汽车电池系统的参数测试及控制装置，具有安全预警与控制、剩余电量估算与指示、充放电能量管理与过程控制、信息处理与通信等功能。

（5）挡位控制器。挡位控制器用来控制电动车前进、后退、停车等动作，挡位控制类似自动挡汽车。

（6）主控 ECU。主控 ECU 接收各高压监控系统发出的信号并加以判断，控制冷却系统、制动系统、车速里程等。

（7）加速踏板。通过加速踏板控制电流大小，从而控制电机转速。

2）动力模块

电动汽车的动力模块包含驱动电机总成、动力电池总成。

（1）驱动电机。e6 使用的电机为交流无刷电机，通过采集电机旋变信号进行工作。驱动电机根据冷却形式分风冷和水冷，根据结构分为直流有刷电机和直流无刷电机以及交流电机。

（2）动力电池总成。动力电池总成是提供整车动力能源的设备，根据电池种类的不同可分为锂电池、镍氢电池和铅酸类电池。

3）高压辅助模块

电动汽车高压辅助模块包含车载充电器、漏电保护器、车载充电口和应急开关。

（1）车载充电器（AC/DC 变换器）。车载充电器的主要功用是将 220 V 交流市电转换成直流电后向动力电池充电。需要注意的是：使用家用插座为电动车充电时，也需要考虑插座及线路的承受能力，需要额定电流 10 A 的单项 220 V 插座。如果采用一些伪劣产品的插座，可能导致充电插座烧毁、线路烧熔等安全事故。

（2）漏电保护器。漏电保护器通过将一端和负极相连，一端对车身连接，以检测电流和电压值，一旦发现有超出限制的电流和电压，则发出报警，并切断控制模块，保证用电安全。动力蓄电池系统漏泄电流量不超过 2 mA，整车绝缘电阻值应大于 1 000 Ω/V。

（3）充电接口（见图 1-1-6）。车载充电可分为快充和慢充。为了保证充电迅速高效，使用特定的充电口进行充电，充电时需要保证整车防水密封性要求，并且保证车载充电口能够承受瞬时大电流。

图 1-1-6　纯电动汽车充电口

（4）应急开关。应急开关通常设计为人工操作的安全开关，一般设计在动力电池的正负极近端，以保证通过人工操作应急开关能够在紧急情况下将电池电压封闭。

2. 比亚迪 e6 纯电动汽车的基本原理

1）e6 上电过程（见图 1-1-7）

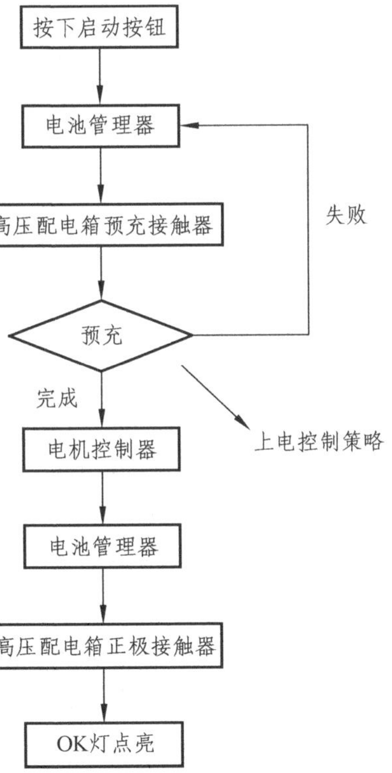

图 1-1-7　比亚迪 e6 上电过程

2）充电过程

380 V 高压充电桩通过车辆上的充电口，或者 220 V 市用电源通过车载充电器升压后输电给车上的配电箱，配电箱经应急开关后对动力电池进行充电。在充电过程中，电池管理器一直监控着动力电池的温度和电压，如果发现动力电池内部某单体温度或电压过高，就会切断配电箱给动力电池供电。

3）放电过程

动力电池在电池管理器和漏电保护器的监控下，通过应急开关输电给配电箱，配电箱根据车辆的实际用电情况分配电量。一部分电量流向电机控制器，主控 ECU 根据驾驶人操作信息（接收加速踏板角度传感器和挡位控制器的信号）控制电机控制器的工作。电机控制器主要控制流向电机的电量大小，以及控制电机正反转来驱动车辆前进或后退。另一部分从配电箱流向 DC/DC 变换器的电量，经过 DC/DC 变换器将高压直流电转化为低压直流电，为车辆电动液压助力转向系统提供 42 V 的电源，同时还为整车用电设备提供 12 V 的电源。

（三）引导问题：你了解纯电动汽车驱动系统的布置形式？

电动汽车的驱动系统是电动汽车的核心部分，其性能决定了电动汽车运行性能的好坏。电动汽车的驱动系统布置取决于电机驱动系统的方式。常见的驱动系统布置形式有传统驱动模式、电机-驱动桥组合式驱动模式、电机-驱动桥整体式驱动模式和轮毂电机驱动模式等几种。

1. 传统驱动模式

如图 1-1-8 所示，与传统汽车驱动系统的布置方式一样，带有离合器和变速器，只是将发动机换成驱动电机，属于改造型电动汽车。这种布置形式的特点是电机轴与驱动轴相互垂直，这样可以提高电动汽车的起动转矩，增加低速时电动汽车的后备功率。

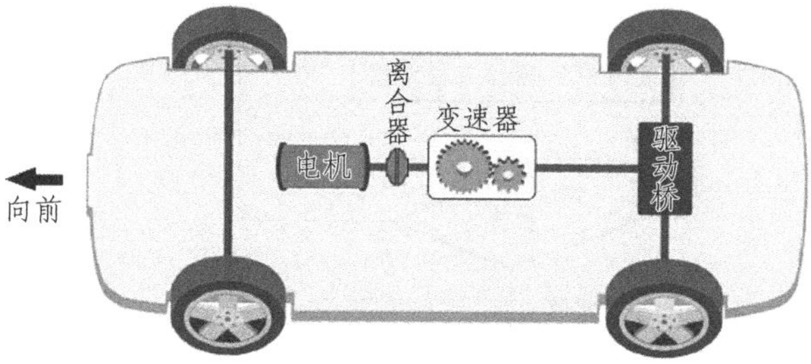

图 1-1-8　传统驱动模式

2. 电机-驱动桥组合式驱动模式

如图 1-1-9 所示，电机-驱动桥组合式驱动模式取消了离合器和变速器，主要是由电机和减差速器组成，分为前驱型和后驱型。这种模式的优点是可以继续沿用传统汽车中的动力传动装置，只需要一组电机和逆变器。这种模式对电机的要求较高，不仅要求电机具有较高的起动转矩，而且要求具有较大的后备功率，以保证电动汽车的起动、爬坡、加速超车等动力性。

3. 电机-驱动桥整体式驱动模式

图 1-1-10 所示为电机-驱动桥整体式驱动模式。该模式是将电机装到驱动轴上，直接由电机实现变速和差速转。这种传动方式同样对电机有较高的要求，要求有大的起动转矩和后备功率，同时不仅要求控制系统有较高的控制精度，而且要具备良好的可靠性，从而保证电动汽车行驶的安全、平稳。

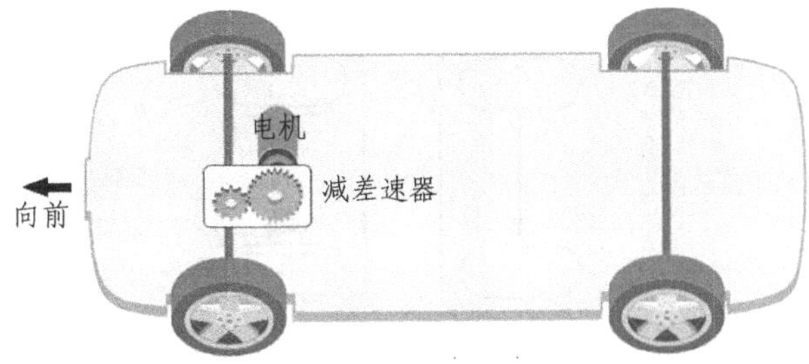

（a）前驱型

（b）后驱型

图 1-1-9　电机-驱动桥组合式驱动模式

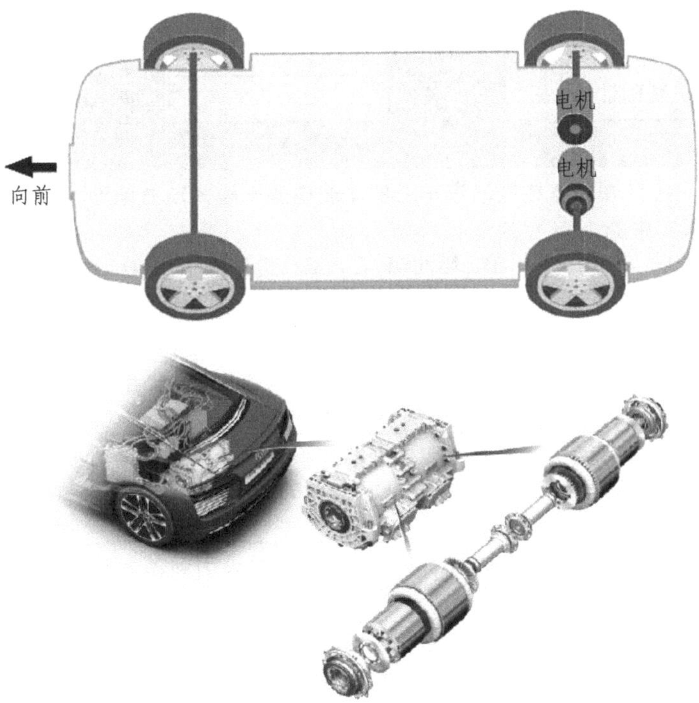

图 1-1-10　电机-驱动桥整体式驱动模式

4. 轮毂电机驱动模式

图 1-1-11 是轮毂电机驱动模式，与图 1-1-10 比较接近，这种布置方式是将电机直接安装在驱动轮上，由电机直接驱动车轮行驶。

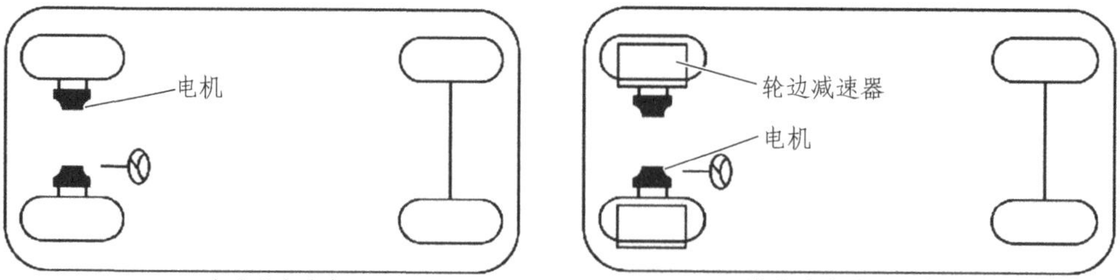

(a) 直流轮毂电机　　(b) 带轮边减速器轮毂电机

图 1-1-11　轮毂电机驱动模式

三、思政沙龙

各小组同学进行讨论后，选一名代表上台发言。

主题：电动汽车与传统的燃油汽车相比较有哪些优势和劣势，电动汽车未来发展趋势如何。请结合自己的认知，谈一谈自己看法。

四、任务考核

表 1-1-3　任务考核

<table>
<tr><td colspan="4">项目 1　新能源汽车故障检修基础</td></tr>
<tr><td colspan="2" rowspan="2">任务 1
新能源汽车基础认知</td><td>姓名</td><td></td></tr>
<tr><td>班级</td><td></td></tr>
<tr><td colspan="2">组别</td><td colspan="2"></td></tr>
<tr><td colspan="2">学号</td><td colspan="2"></td></tr>
<tr><td colspan="2">目标</td><td>考核题目</td><td>得分</td></tr>
<tr><td rowspan="5">知识目标</td><td rowspan="2">1</td><td>（1）（单选）纯电动汽车上的车载电源一般为动力电池，相当于传统汽车中的（　　）。
A. 发动机　B. 燃油箱　C. 变速器　D. 蓄电池</td><td></td></tr>
<tr><td>（2）（单选）纯电动汽车的（　　）相当于传统汽车中的内燃机。
A. 动力电池　B. DC/DC　C. 电机　D. 辅助蓄电池</td><td></td></tr>
<tr><td rowspan="3">2</td><td>（1）（判断）纯电动汽车是指以车载电源为动力，用电机驱动车轮行驶，符合道路交通、安全法规各项要求的车辆。（　　）</td><td rowspan="3"></td></tr>
<tr><td>（2）（判断）纯电动汽车根据动力源进行分类可分为两种类型，即用纯蓄电池作为动力源的纯电动汽车和装有辅助动力源的纯电动汽车。（　　）</td></tr>
<tr><td>（3）（判断）装有辅助动力源纯电动汽车电力和动力传输系统的结构要比动力电池单独作为动力源的纯电动汽车的结构简单。（　　）</td></tr>
<tr><td>技能目标</td><td>1</td><td>（单选）下面说法有误的一项是（　　）。
A. 比亚迪 e6 纯电动汽车主要由电动车的控制模块、动力模块、高压辅助模块三大模块组成
B. 电机控制器负责控制电机的前进、倒退，维持电动车的正常运转
C. DC/DC 变换器负责将高压交流转低压直流提供给车载低压用电设备
D. 电池管理单元也称为电源管理器系统（BMS），是电动汽车电池系统的参数测试及控制装置</td><td></td></tr>
</table>

续表

<table>
<tr><th colspan="2">目标</th><th>考核题目</th><th>得分</th></tr>
<tr><td rowspan="2">技能目标</td><td rowspan="2">2</td><td>（1）（判断）电动车高压辅助模块包含有车载充电器、漏电保护器、车载充电口、应急开关。（　　）</td><td></td></tr>
<tr><td>（2）（判断）电动汽车的 DC/DC 变换器是电动汽车的核心部分，其性能决定电动汽车运行性能的好坏。（　　）</td><td></td></tr>
<tr><td colspan="3">总分：　　　分</td><td></td></tr>
</table>

项目 1 新能源汽车故障检修基础

<table>
<tr><td rowspan="2">任务 2
新能源汽车高压
安全及检修工具</td><td>姓名</td><td></td><td>组别</td><td></td></tr>
<tr><td>班级</td><td></td><td>学号</td><td></td></tr>
</table>

◎知识目标	◎技能目标	◎思政目标
1. 能够描述触电后急救的基本理论与方法。 2. 能够描述新能源汽车高压部件的警告标记。 3. 能够描述新能源汽车高压电的类型和位置。 4. 能够描述新能源汽车高压部件的特征。 5. 能够描述安全防护设备的类型和检查、使用方法	1. 能够执行触电事故的处理与急救。 2. 能够识别新能源汽车高电压部件位置。 3. 能够检查和使用新能源汽车安全防护装备。 4. 能够认识新能源汽车维修绝缘拆装工具和检测设备。 5. 能够使用绝缘测试仪测量高压部件绝缘电阻。 6. 能够使用钳形电流表测量高压电流	1. 培养良好的职业道德和工匠精神。 2. 培养安全意识和团队协作精神。 3. 培养自我管理和自主学习能力

一、任务导入

如果你的一位同事在维修电动汽车时，因违章操作导致了触电事故，你知道应该如何救助他吗？

（一）请根据客户描述填写信息单

表 1-2-1 信息单

<table>
<tr><td>客户姓名</td><td></td><td>车牌号</td><td></td><td>车型</td><td></td><td>车辆颜色</td><td></td></tr>
<tr><td>客户电话</td><td></td><td>行驶里程</td><td></td><td>VIN 号</td><td colspan="3"></td></tr>
<tr><td colspan="8">维修项目</td></tr>
<tr><td colspan="8">□______km 常规保养　　□一般维修　　□事故车　　□大修　　□其他</td></tr>
<tr><td colspan="8">车况记录：</td></tr>
<tr><td colspan="8"></td></tr>
<tr><td colspan="8"></td></tr>
<tr><td colspan="8"></td></tr>
<tr><td colspan="8"></td></tr>
</table>

（二）高压安全防护及基本检查

（1）穿戴防护用具，铺设绝缘垫，设置隔离带等安全设备。

（2）对车辆基本检查，开启驻车制动，关闭启动开关。

（3）醒目位置粘贴高压警示牌，贵重物品检查。

表 1-2-2　基本检查

<table>
<tr><th colspan="4">设备工具</th></tr>
<tr><td></td><td></td><td></td><td>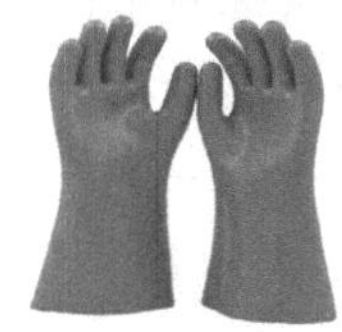</td></tr>
<tr><td>□清点正常</td><td>□清点正常</td><td>□清点正常</td><td>□清点正常</td></tr>
<tr><th colspan="4">设备工具</th></tr>
<tr><td></td><td>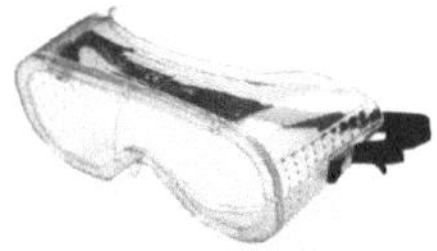</td><td></td><td></td></tr>
<tr><td>□清点正常</td><td>□清点正常</td><td>□清点正常</td><td>□清点正常</td></tr>
<tr><th colspan="4">设备工具</th></tr>
<tr><td></td><td>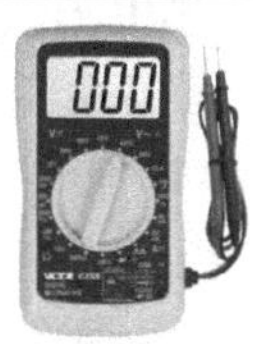</td><td></td><td>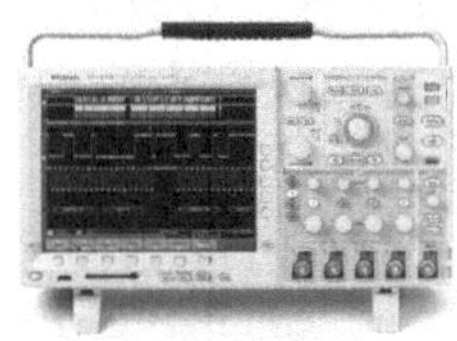</td></tr>
<tr><td>□清点正常</td><td>□清点正常</td><td>□清点正常</td><td>□清点正常</td></tr>
<tr><th colspan="4">车辆检查</th></tr>
<tr><td rowspan="6">外观检查：破损处用“○”标出

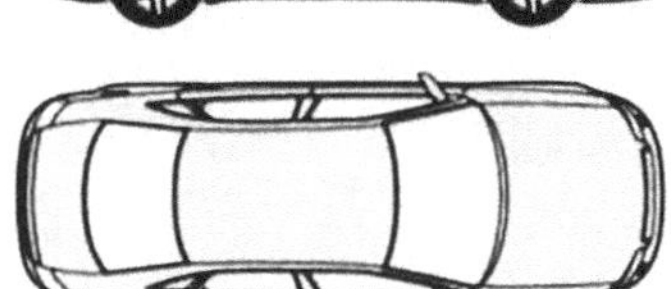</td><td rowspan="2">车内检查</td><td>收音机 □</td><td>空调 □</td></tr>
<tr><td>内饰 □</td><td>中控 □</td></tr>
<tr><td rowspan="2">整车检查</td><td>轮胎 □</td><td>灯光 □</td></tr>
<tr><td>底盘 □</td><td>刹车 □</td></tr>
<tr><td>贵重物品</td><td colspan="2"></td></tr>
<tr><td>油量记录</td><td colspan="2">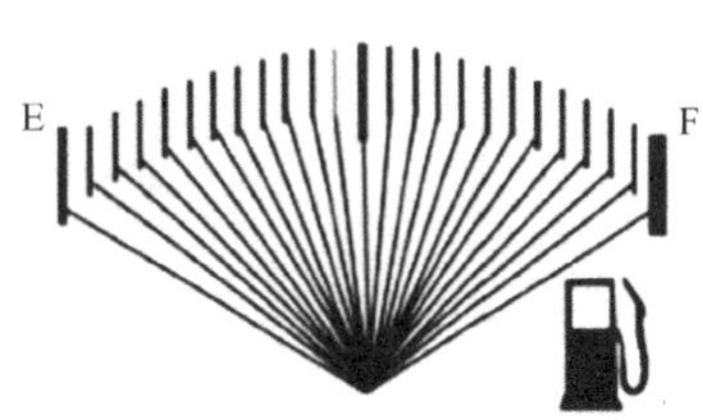</td></tr>
</table>

二、获取信息

（一）引导问题：如果发生了触电事故，应该如何处理？

1. 脱离电源

如果不幸发生了人员触电事故，援救触电事故中受伤人员时，救援人员自身的安全是第一位的，绝对不要去触碰仍然与电压有接触的人员。

人体触电以后，抢救触电者的首要步骤就是使触电者尽快脱离电源（见图 1-2-1）。在进行施救的同时，应立即拨打 120 急救电话，获取专业的救援。

图 1-2-1　脱离电源方法

2. 现场急救

当触电者脱离电源后，应根据触电者的具体情况迅速对症救护，力争在触电后 1 min 内进行救治。根据国内外的急救资料表明，触电后在 1 min 内进救治的，90%以上有良好的效果，而超过 12 min 再开始救治的，基本无救活的可能性。现场应用的主要方法是口对口人工呼吸和体外心脏按压法，严禁打强心针。

1）情形 1：神志尚清醒，但心慌力乏，四肢麻木

一般只需将其扶到清凉通风处休息，让其自然慢慢恢复。但要派专人照料护理，因为有的病人在几小时后会发生病变而突然死亡。

2）情形 2：有心跳，但呼吸停止或极微弱

应该采用口对口人工呼吸法进行急救（见图 1-2-2）。可按下述口诀进行急救，频率约为 12 次/min。

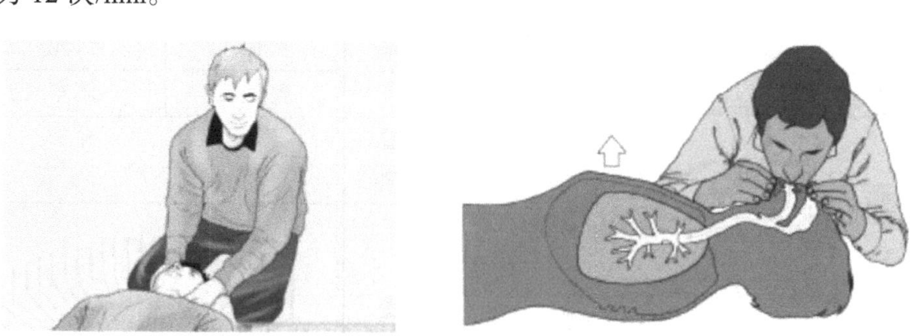

图 1-2-2　人工呼吸

清理口腔防堵塞，鼻孔朝天头后仰；贴嘴吹气胸扩张，放开口鼻换气畅。

3）情形 3：有呼吸，但心跳停止或极微弱

应该采用人工胸外心脏挤压法来恢复病人的心跳（见图 1-2-3）。可以按下述口诀进行急救，频率为 60 ~ 80 次/min。

当胸一手掌，中指对凹膛；掌根用力向下压，压下突然收。

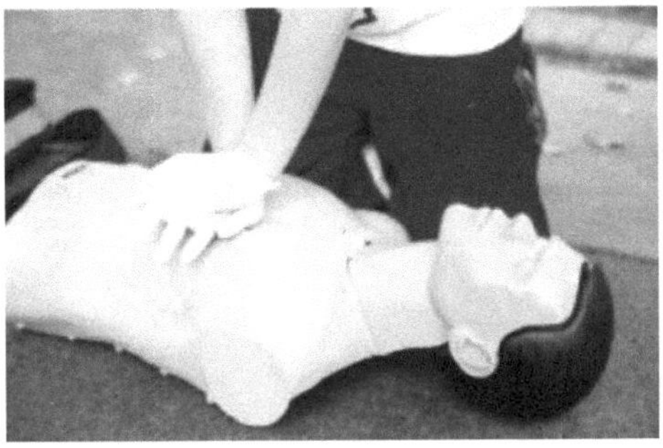

图 1-2-3　人工胸外心脏挤压

4）情形 4：心跳、呼吸均已停止

此类人员的危险性最大，抢救的难度也最大。应该把以上两法同时使用，即采用“心肺复苏”的方法。心肺复苏是指对早期心跳呼吸骤停的患者，通过采取人工循环、人工呼吸、电除颤等方法帮助其恢复自主心跳和呼吸。高压触电以后，会短时间让人体心脏骤停，恰当的、第一时间的心肺复苏可以成功挽救 80%以上的触电人员的生命。

（二）引导问题：新能源汽车高压部件上有什么标记？

1. 高压警告标记

为防止意外触及高压系统，新能源汽车对高压部件均采用特殊的标记或颜色，对维修人员或驾乘人员给予警告。新能源汽车通常采用高压警告标记和高压警告颜色两种形式进行高电压警告（见图 1-2-4）。

新能源汽车上的高压部件上标有国际标准危险电压警告标记：黄色（警告）或红色（禁止）底色的高压触电警告图标（见图 1-2-5）。

图 1-2-4　高压警告标志

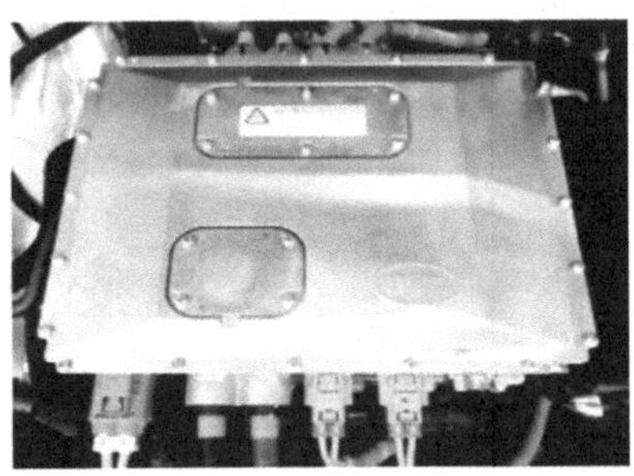

图 1-2-5　高压部件

2. 高压警告颜色

由于高压导线可能有几米长，在一处或两处通过警告牌标记意义不大，应用橙色

或红色警告色标记出所有高电压导线，高电压部件的插接器也采用橙色或红色设计（见图 1-2-6 和图 1-2-7）。

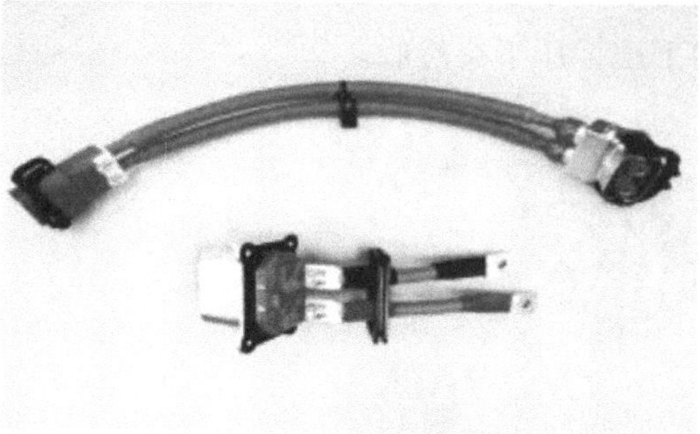

图 1-2-6　红色高压线束

图 1-2-7　橙色高压线束

（三）引导问题：新能源汽车上有哪些类型的高压电？

新能源汽车（电动汽车）上的高压系统均同时具有直流高压和交流高压（见图 1-2-8）。

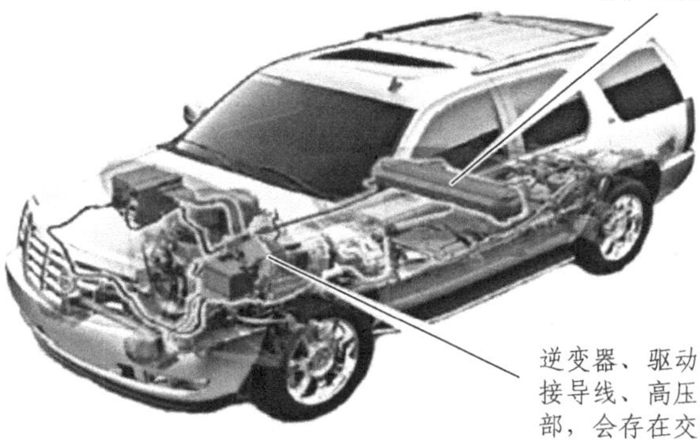

图 1-2-8　新能源汽车直流高压与交流高压

新能源汽车的高压部件主要集中在驱动系统、电源系统、充电系统以及空调与暖风系统几个位置。此外，用于连接高压部件之间的导线也属于高压部件（见图 1-2-9）。

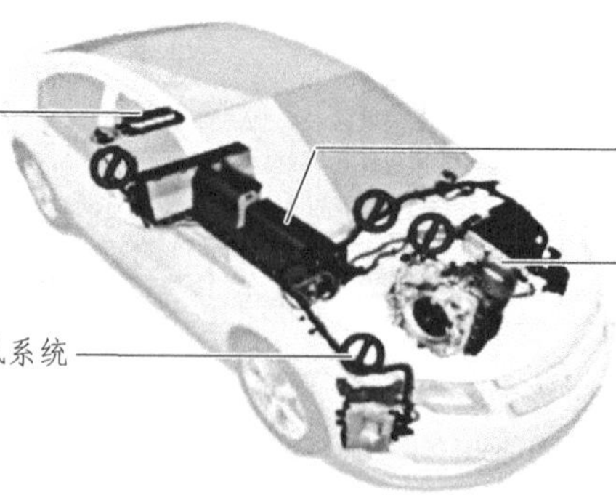

图 1-2-9　新能源汽车主要高压部件

大多数新能源汽车的动力电池安装在车辆的底部和后部，如图 1-2-10 所示。

图 1-2-10　新能源汽车电池位置

其他高压部件如逆变器（驱动电机控制器）等都布置在乘客舱外部，大部分集中在前机舱位置，高压导线一般是沿着底盘外布置（橙色高压导线位置），如图 1-2-11 所示。

图 1-2-11　新能源汽车高压线束

（四）引导问题：新能源汽车的高压部件有什么特征？

混合动力汽车驱动系统的主要高压部件有动力电池、逆变器和驱动电机，如图 1-2-12 所示。在逆变器内部的逆变转换包括直流变直流、交流变直流以及直流变交流。

纯电动汽车驱动系统的结构与混合动力汽车类似，不同的是没有了燃油发动机驱动车辆和发电，而是增加了用于外部电源充电的车载充电器（交流慢充），如图 1-2-13 所示。

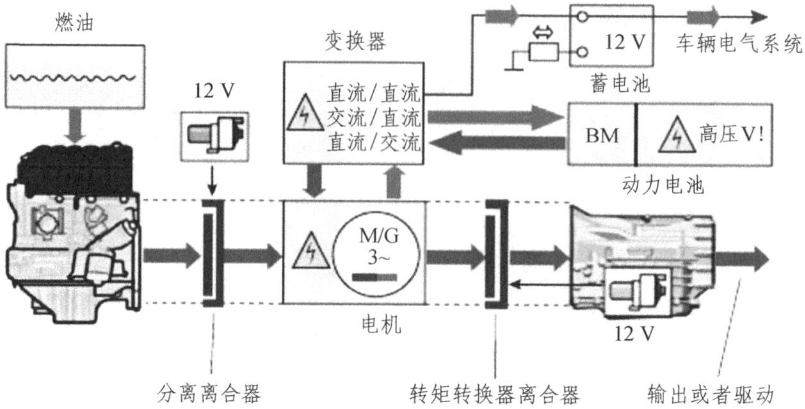

图 1-2-12　混合动力汽车驱动系统的主要高压部

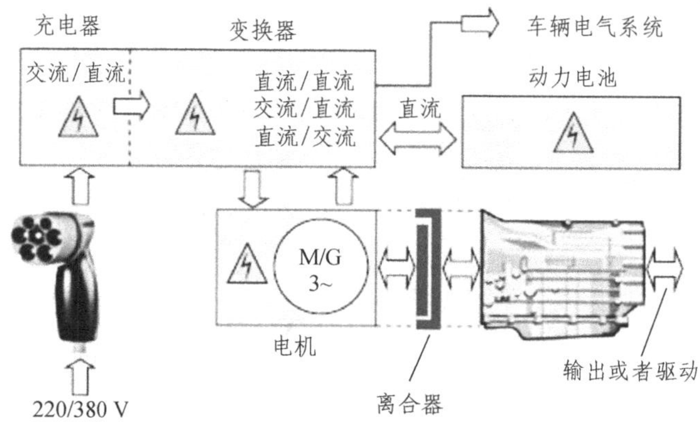

图 1-2-13　纯电动汽车驱动系统的结构

当驱动电机运行时，位于驱动电机的高压电缆、插接器（连接头），以及电机定子绕组上均会存在交流高电压（见图 1-2-14）。

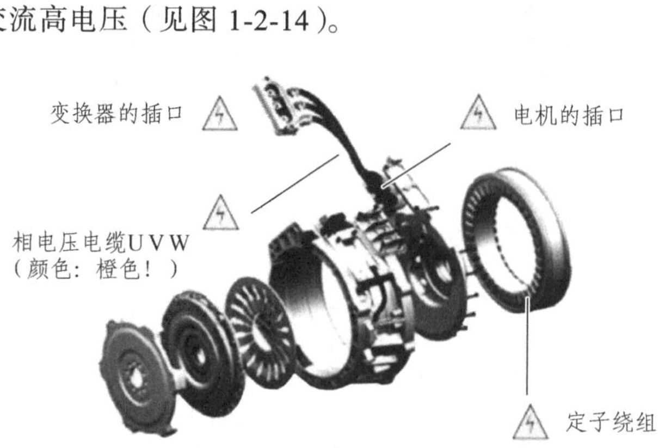

图 1-2-14　驱动电机的结构

变换器壳体通常采用金属全封闭设计，主要的高电压位置集中在模块电缆的接口上，如图 1-2-15 所示。

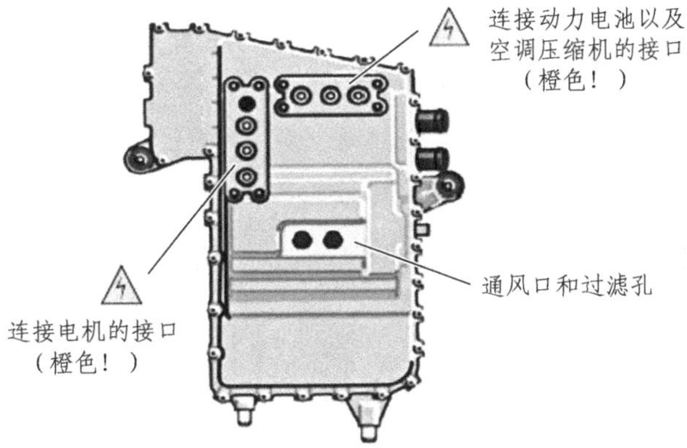

图 1-2-15　驱动电机变换器

空调压缩机由电机驱动，由动力电池的直流高压供电。空调压缩机的电机可采用直流电机，也可以采用三相异步电动机，这相当于在空调压缩机中集成了直流/交流变换器，如图 1-2-16 所示。

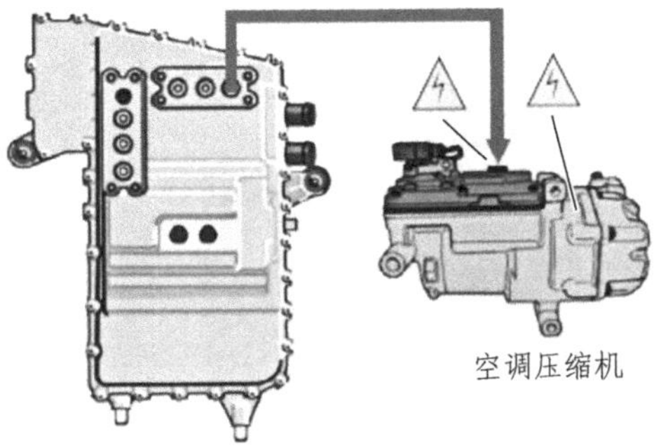

图 1-2-16　驱动电机变换器与空调压缩机

暖风电加热的方式：一种是通过高压电加热类似传统汽车暖风系统中的冷却液，再经过循环为暖风水箱提供热量；另一种是直接通过高压电驱动加热器来加热经过蒸发箱的空气实现暖风，如图 1-2-17 所示。

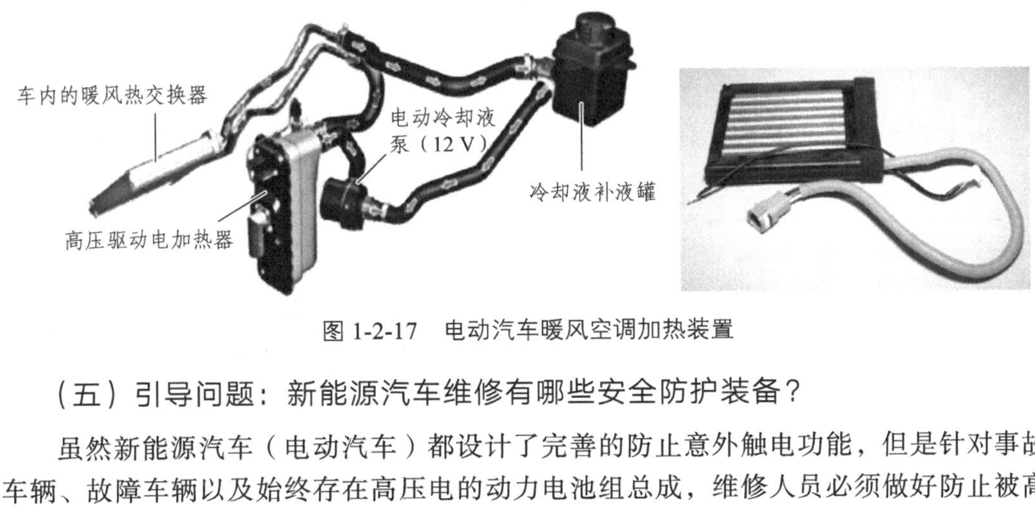

图 1-2-17　电动汽车暖风空调加热装置

（五）引导问题：新能源汽车维修有哪些安全防护装备？

虽然新能源汽车（电动汽车）都设计了完善的防止意外触电功能，但是针对事故车辆、故障车辆以及始终存在高压电的动力电池组总成，维修人员必须做好防止被高压电击伤的安全防护。安全防护装备，包括高压安全警告标识及隔离带、绝缘手套、护目镜、绝缘安全鞋、绝缘安全帽以及非化纤工作服等，如图 1-2-18 所示。

图 1-2-18　安全防护装备

1. 高压安全警告标识

在高压维修工位或车辆、高压部件附近放置明显的警告标识，防止无关人员进入工位或触摸高压部件，发生触电事故，如图 1-2-19 所示。

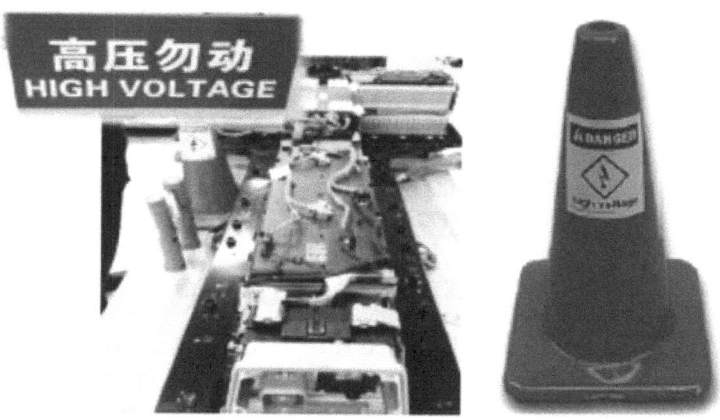

图 1-2-19　安全警示标志

2. 个人安全防护装备

1）绝缘手套

绝缘手套在拆卸及安装高压部件的时候使用（见图 1-2-20）。绝缘手套具备两种性能：一是能够承受 1 000 V 以上的工作电压；二是具备抗酸碱性。

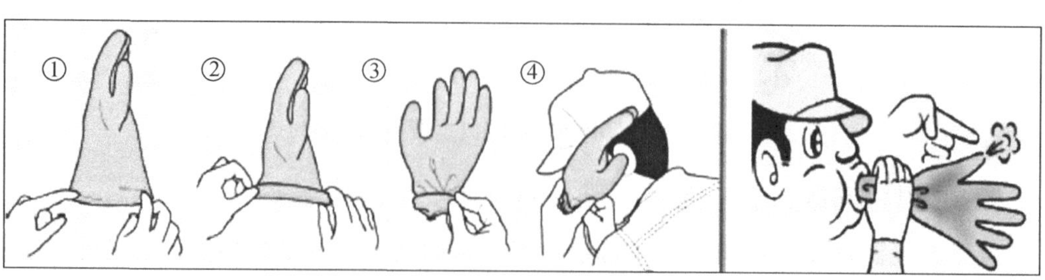

图 1-2-20　绝缘手套检测方法

2）护目镜

护目镜除了正面防护眼睛外，应该具有侧面防护功能，防止维修过程中产生的电火花，以及动力电池的电解液对眼睛的伤害。护目镜使用前应检查外观是否破损（见图 1-2-21）。

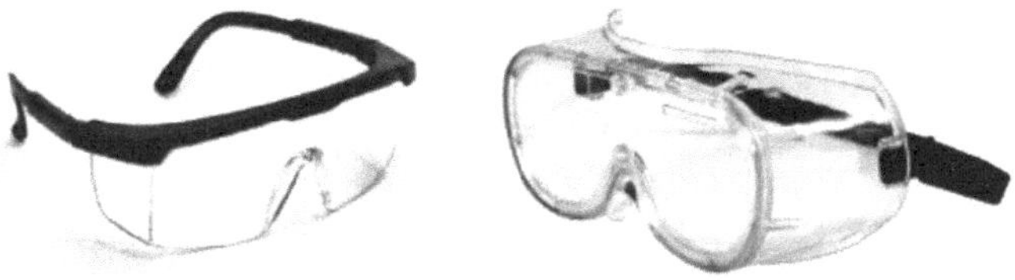

图 1-2-21　护目镜

3）绝缘安全鞋

绝缘安全鞋的作用是使人体与地面绝缘，防止电流通过人体与大地之间构成通路，对人体造成电击伤害，把触电时的危险降低到最小程度，因为触电时电流是经接触点通过人体流入地面的，所以高压电气作业时不仅要戴绝缘手套，还要穿绝缘安全鞋（见图 1-2-22）。绝缘安全鞋除了应具备透气性能好、防静电、耐磨、防滑等功能外，电性能要求是绝缘安全鞋产品的核心和关键技术指标。国家标准 GB 12011—2009《足部防护　电绝缘鞋》规定漏泄电流需小于 0.3 mA/kV。

4）绝缘安全帽

在举升车辆，拆卸及安装动力电池时应戴绝缘安全帽，保护头部安全（见图 1-2-23）。使用前应检查外观是否破损，固定装置是否正常。

图 1-2-22　绝缘鞋

图 1-2-23　绝缘安全帽

5）非化纤工作服

维修高电压系统时，必须穿非化纤类（纯棉等非化工合成材质）的工作服（见图

1-2-24）。化纤类的工作服会产生静电，并且当发生火灾事故时，化纤会在高温环境下粘连人体皮肤，导致维护人员产生严重的二次伤害。

图 1-2-24　非化纤工作服

（六）引导问题：新能源汽车维修需要哪些拆装工具及检测设备？

1. 绝缘工具

绝缘是指用不导电的物质（绝缘材料）将带电体隔离或包裹起来，以对触电起保护作用的一种安全措施。使用采用绝缘材料加工绝缘工具可以有效防止意外触电事故的发生，新能源汽车涉及高压的部分零部件拆装必须使用绝缘拆装工具（见图 1-2-25）。绝缘拆装工具必须装有耐压 1 000 V 以上的绝缘柄。

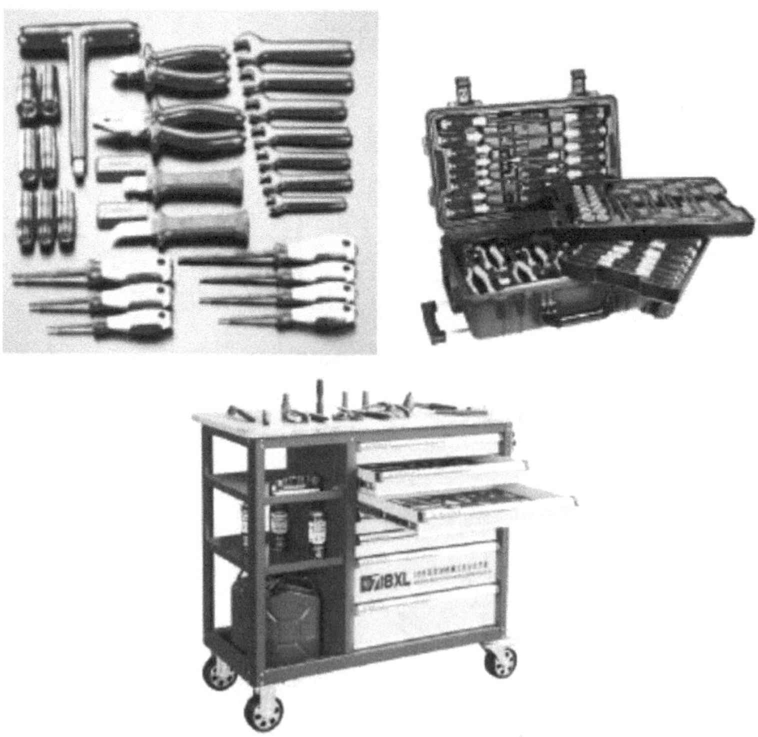

图 1-2-25　绝缘工具

2. 动力电池举升机（举升平台）

纯电动汽车的动力电池的质量高达 400 ~ 500 kg，拆装时必须使用动力电池举升机（见图 1-2-26）。动力电池举升机配套双柱龙门举升机使用，顶部带绝缘垫，举升动力有液压动力、气动、电动等类型。

图 1-2-26　动力电池举升平台

（七）引导问题：新能源汽车维修检测设备如何使用？

1. 绝缘测试仪

对高压电气系统的绝缘性能检测时需要使用专用的绝缘测试仪器，测量高压电缆及高压部件对车身绝缘电阻是否位于规定值范围内。

利用数字万用表、兆欧表、绝缘测试多用表等仪器都可以完成绝大多数的绝缘测试，只是测试的量程和精度有所区别。能测“大电阻”的仪器都可以进行电动汽车的绝缘测试，这些仪器虽然具有不同的名称，但都可以被称为绝缘测试仪，如图 1-2-27 所示。

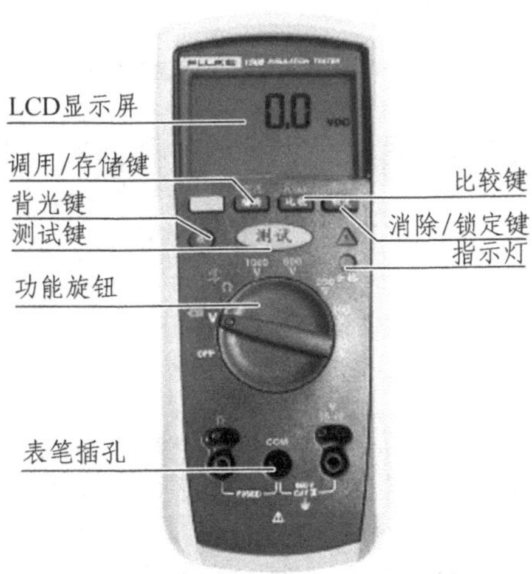

图 1-2-27　绝缘测试仪

2. 钳形电流表的使用

在新能源汽车检测与维修中，经常需要测量高压导线中的电流。由于驱动系统的导线（如逆变器与电机之间）存在较大的交变电流，必须使用钳形电流表（也称数字电流钳）进行间接测量。

钳型电流表工作部分由一只电流表和穿心式电流互感器组成。穿心式电流互感器铁心制成活动开口，且成钳形，故名钳形电流表，是一种不需断开电路就可测量电路中电流的携带式仪表，如图 1-2-28 所示。

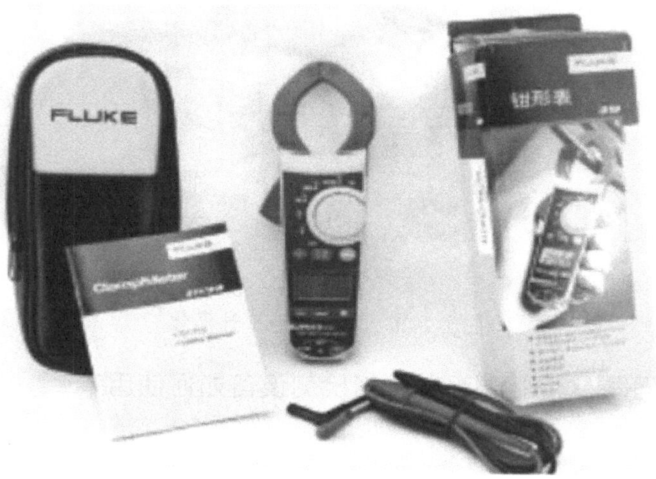

图 1-2-28　钳形电流表

3. 新能源汽车故障诊断仪

新能源汽车故障诊断仪专用于新能源汽车检测的仪器，主要应用在新能源汽车路试环节，可以评估新能源汽车在实际上路时，电池给驱动器的能量、驱动器给电机的能量，以及各环节瞬时功率、效率等电参数，可以有效协助工程师对新能源汽车实际上路进行性能评估，如图 1-2-29 所示。

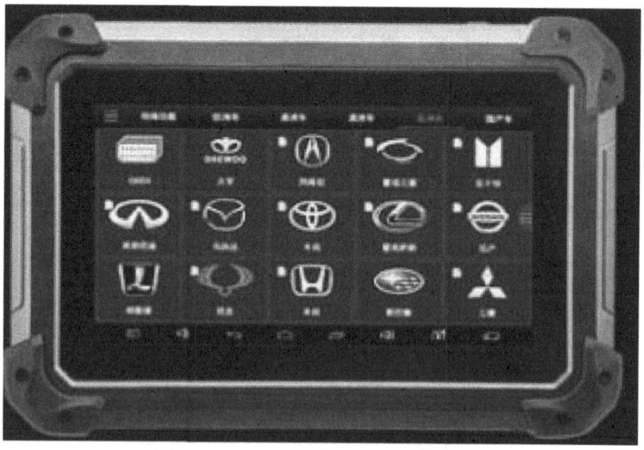

图 1-2-29　新能源汽车故障诊断仪

三、任务实施

表 1-2-3　任务实施

<table>
<tr><td colspan="2">1. 实施要求</td></tr>
<tr><td colspan="2">用钳形表测量新能源汽车高压交流电和直流电。</td></tr>
<tr><td colspan="2">2. 实施准备</td></tr>
<tr><td colspan="2">（1）防护装备：工作服、绝缘鞋、护目镜、绝缘安全帽、绝缘手套。
（2）北汽新能源纯电动汽车 1 辆。
（3）钳形电流表 1 只。
（4）辅助材料：高压电维修警示牌、绝缘地垫、干粉灭火器、清洁剂。</td></tr>
<tr><td colspan="2">3. 实施步骤</td></tr>
<tr><td>（1）仪表准备：
① 选择电流测试量程挡位。
② 交/直流测试模式切换至交流挡。</td><td>
图 1-2-30　仪表准备</td></tr>
<tr><td>（2）将电流钳悬置驱动电机 W 线束。</td><td>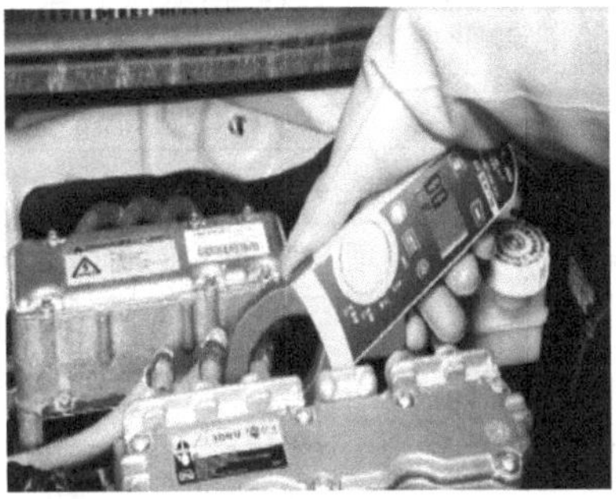
图 1-2-31　电流钳悬置电机 W 线束</td></tr>
<tr><td>（3）读取数据：
① 启动车辆，踩下________踏板，读取驱动电机 W 线束电流数值_______A。
② 启动电流表的最大交流电流锁定模式，读取并记录驱动电机 W 线束通过最大电流数值_______A。</td><td>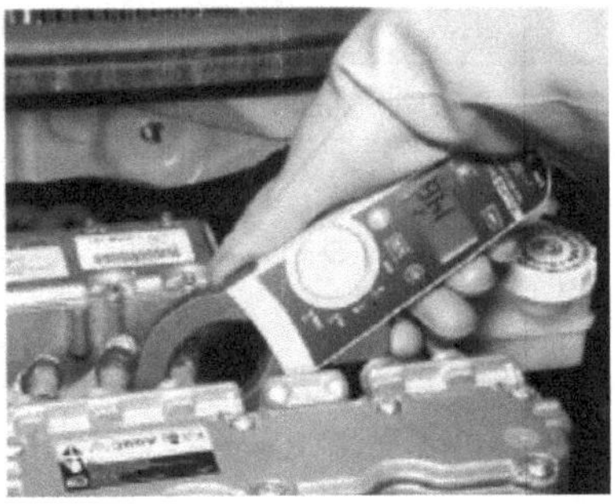
图 1-2-32　启动车辆，读取数据</td></tr>
</table>

续表

（4）电流表切换至直流挡。	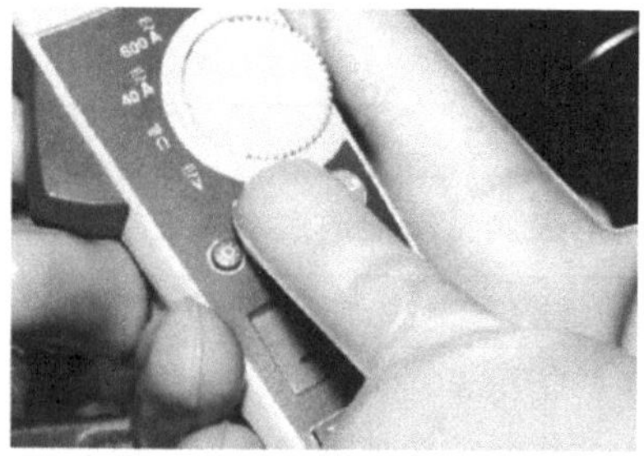 图 1-2-33　切换至直流挡
（5）将电流钳悬置驱动电机控制器高压输入线束，启动车辆，踩下加速踏板，读取驱动电机控制器高压输入线束电流数值______A。 可继续读取最大/最小的电流值。 最大：______A。最小：______A。	 图 1-2-34　启动车辆，读取数据

4. 整理

（1）妥善取回实训工具，放回原处，进行“5S”整理。

（2）撤去高压警示装置、翼子板布，盖上引擎盖。

5. 质量检验及维修说明

质量检验表

交车时间：______年______月______日______时______分

序号	质检项目	参考标准	自检	互检	终检
1	线束插头	连接牢固可靠			
2	螺栓扭力	标准力矩			
3	故障码	无			
4	数据流	正常			
5	工具设备整理	归位摆放			
6	场地清洁	清理整洁			

6. 总结与反思

（如在学习过程中遇到什么问题，如何解决的或解决不了的原因，实训的收获等）

四、思政沙龙

各小组同学进行讨论后，选一名代表上台发言。

主题：新能源汽车维修过程中除了做好高压安全防护外，还应该注意哪些细节。请结合实际谈一谈自己的看法。

五、任务考核

(一) 知识检验

表 1-2-4 知识检验

<table>
<tr><td colspan="7">项目 1 新能源汽车故障检修基础</td></tr>
<tr><td colspan="3" rowspan="2">任务 2
新能源汽车高压安全及检修工具</td><td>姓名</td><td></td><td>组别</td><td></td></tr>
<tr><td>班级</td><td></td><td>学号</td><td></td></tr>
<tr><td colspan="2">目标</td><td colspan="4">考核题目</td><td>得分</td></tr>
<tr><td rowspan="7">知识目标</td><td rowspan="7">1</td><td colspan="4">(1)(单选)高压触电以后，会短时间让人体心脏骤停，恰当的、第一时间的心肺复苏可以成功挽救( )以上的触电人员生命。
A. 50%　B. 90%　C. 15　D. 80%</td><td rowspan="7"></td></tr>
<tr><td colspan="4">(2)(单选)进行胸外按压时，以下做法错误的是( )。
A. 患者仰卧位于硬质平面上
B. 按压部位在胸骨中下 1/3 交界处或双乳头与前正中线交界处
C. 按压时，按压速度越快越好
D. 每 2 min 更换按压者，每次更换尽量在 5 s 内完成</td></tr>
<tr><td colspan="4">(3)(单选)驱动电机逆变器输出的电压是( )。
A. 直流高压　B. 交流高压　C. 交流低压　D. 直流低压</td></tr>
<tr><td colspan="4">(4)(单选)新能源汽车的高压部件主要集中在( )等几个位置。
A. 驱动系统　B. 电源和充电系统
C. 空调与暖风系统　D. 以上都是</td></tr>
<tr><td colspan="4">(5)(单选)以下不属于电动汽车安全防护装备的是( )。
A. 绝缘手套　B. 护目镜
C. 绝缘安全鞋　D. 绝缘测试仪</td></tr>
<tr><td colspan="4">(6)(单选)绝缘拆装工具必须装有耐压( )以上的绝缘柄。
A. 220 V　B. 500 V　C. 1 000 V　D. 10 000 V</td></tr>
<tr><td colspan="4">(7)(单选)以下仪器设备中，是电动汽车维修特有的是( )。
A. 数字式万用表　B. 绝缘测试仪
C. 示波器　D. 故障诊断仪器</td></tr>
</table>

续表

<table>
<tr><th colspan="2">目标</th><th>考核题目</th><th>得分</th></tr>
<tr><td rowspan="7">知识目标</td><td rowspan="7">2</td><td>（1）（判断）急救时，开放患者气道应先去除气道内异物。（ ）</td><td></td></tr>
<tr><td>（2）（判断）如果发生了触电事故，施救的同时应立即拨打 120 急救电话。（ ）</td><td></td></tr>
<tr><td>（3）（判断）新能源汽车上的交流高压一定是 220 V 电压。（ ）</td><td></td></tr>
<tr><td>（4）（判断）新能源汽车的动力电池一般安装在车辆的底部和后部。（ ）</td><td></td></tr>
<tr><td>（5）（判断）普通近视眼镜就可以替代护目镜使用。（ ）</td><td></td></tr>
<tr><td>（6）（判断）绝缘安全鞋的作用是使人体与电动汽车高压线路绝缘。（ ）</td><td></td></tr>
<tr><td>（7）（判断）对高压电气系统的绝缘性能检测时需要使用专用的绝缘测试仪器。（ ）</td><td></td></tr>
<tr><td rowspan="3">技能目标</td><td rowspan="2">1</td><td>（1）（单选）钳形电流表能测量（ ）电流。
A. 交流 B. 直流 C. A 和 B 都是 D. A 和 B 都不是</td><td></td></tr>
<tr><td>（2）（单选）使用钳形电流表检测电流时，应注意（ ）。
A. 保持电流钳的钳口闭合 B. 导线垂直于钳口中心
C. 启动被测量装置 D. 以上都正确</td><td></td></tr>
<tr><td>2</td><td>（判断）钳形电流表只能检测交流电流。（ ）</td><td></td></tr>
<tr><td colspan="3">总分： 分</td><td></td></tr>
</table>

（二）学生互评

表 1-2-5 学生互评

<table>
<tr><td colspan="13">项目 1 新能源汽车故障检修基础</td></tr>
<tr><td colspan="6" rowspan="2">任务 2
新能源汽车高压安全及检修工具</td><td>姓名</td><td colspan="3"></td><td>组别</td><td colspan="2"></td></tr>
<tr><td>班级</td><td colspan="3"></td><td>学号</td><td colspan="2"></td></tr>
<tr><td rowspan="2">评价项目</td><td rowspan="2">分值</td><td colspan="4" rowspan="2">等级</td><td colspan="7">评价对象（组别）</td></tr>
<tr><td>1</td><td>2</td><td>3</td><td>4</td><td>5</td><td colspan="2">6</td></tr>
<tr><td rowspan="2">方案合理</td><td rowspan="2">20</td><td>优</td><td>良</td><td>中</td><td>差</td><td></td><td></td><td></td><td></td><td></td><td colspan="2"></td></tr>
<tr><td>20</td><td>18</td><td>16</td><td>15</td><td></td><td></td><td></td><td></td><td></td><td colspan="2"></td></tr>
<tr><td rowspan="2">团队合作</td><td rowspan="2">10</td><td>优</td><td>良</td><td>中</td><td>差</td><td></td><td></td><td></td><td></td><td></td><td colspan="2"></td></tr>
<tr><td>10</td><td>8</td><td>7</td><td>5</td><td></td><td></td><td></td><td></td><td></td><td colspan="2"></td></tr>
<tr><td rowspan="2">组织有序</td><td rowspan="2">10</td><td>优</td><td>良</td><td>中</td><td>差</td><td></td><td></td><td></td><td></td><td></td><td colspan="2"></td></tr>
<tr><td>10</td><td>8</td><td>7</td><td>5</td><td></td><td></td><td></td><td></td><td></td><td colspan="2"></td></tr>
<tr><td rowspan="2">工作质量</td><td rowspan="2">20</td><td>优</td><td>良</td><td>中</td><td>差</td><td></td><td></td><td></td><td></td><td></td><td colspan="2"></td></tr>
<tr><td>20</td><td>18</td><td>16</td><td>15</td><td></td><td></td><td></td><td></td><td></td><td colspan="2"></td></tr>
</table>

续表

评价项目	分值	等级				评价对象（组别）					
						1	2	3	4	5	6
工作效率	10	优	良	中	差						
		10	8	7	5						
工序完整	10	优	良	中	差						
		10	8	7	5						
作业规范	10	优	良	中	差						
		10	8	7	5						
汇报展示	10	优	良	中	差						
		10	8	7	5						
合计	100	各组得分									

（三）师傅评价

表 1-2-6　师傅评价

项目 1　新能源汽车故障检修基础					
任务 2 新能源汽车高压安全及检修工具		姓名		组别	
		班级		学号	
评分项目	配分	技术要点及扣分			扣分
1. 安全防护用品使用情况	8 分	操作时不戴绝缘手套扣 1 分			
		操作时不戴护目镜扣 1 分（戴近视镜者可不用戴护目镜）			
		操作时不铺设绝缘地垫扣 1 分			
		操作时不设置隔离带、高压警示牌扣 1 分			
		操作时不铺设格栅布、翼子板布扣 1 分			
		操作时不正确使用绝缘装卸工具扣 3 分			
2. 相关电气仪表工具使用情况	6 分	万用表挡位、接线错误扣 2 分			
		绝缘测试仪、放电仪等使用错误扣 2 分			
		接线插接器、背针等工具使用错误扣 2 分			
3. 故障现象验证及描述	6 分	设备螺丝松动、REDAY 灯不亮、系统故障灯亮、驱动电机故障灯亮、无续航里程、高压不供电、踩油门无反应、车辆无法行驶、解码仪与驱动电机系统无通信、驱动电机位置传感器故障、驱动电机系统数据流异常等现象 （回答出 6 项及以上得 6 分，6 项以下每少一项扣 1 分）			

续表

评分项目	配分	技术要点及扣分	扣分
4. 设备拆装流程	20 分	不按正确的顺序拆卸、安装设备，每错误一项扣 2 分，共 5 分，扣完为止	
		拆装设备不正确，如该拆卸的部件没拆、拆了不该拆的部件，每发生一处扣 3 分，共 6 分，扣完为止	
		拆装过程中发生了接触不良、放置位置不当、损坏物品等，每一项扣 3 分，共 9 分，扣完为止	
5. 故障诊断及修复	54 分	能正确识读电路图，找出需要操作或测试的设备、线束、保险丝、继电器、插接口、引脚等。共 8 分，酌情扣分，扣完为止	
		按照正确工艺进行残余电压、绝缘测试、放电测试并得出结果。共 6 分，酌情扣分，扣完为止	
		按照正确工艺进行相关部件的供电、搭铁、唤醒、通信线束的测试并得出正确结果。共 10 分，酌情扣分，扣完为止	
		按照正确工艺进行相关部件的继电器、保险丝、供电电压等测试并得出正确结果。共 10 分，酌情扣分，扣完为止	
		能找出相关部件的插接口、对应引脚，并按照正确工艺进行测试并得出正确结果。共 10 分，酌情扣分，扣完为止	
		能针对检测结果，判断出故障原因、解除故障或给出正确修复方案。共 10 分，酌情扣分，扣完为止	
6. “5S”情况	6 分	操作完成后，要把设备、工具放回原处，摆放整齐（在考核 40 min 内，一件工具未放回原处或未摆放整齐扣 1 分，工具掉地上扣 2 分，扣完为止）	
合计	共扣分：__________ 总得分：__________		
师傅评语：			

项目 2　混合动力汽车驱动电机系统

<table>
<tr><td rowspan="2">任务 1
混合动力汽车动力系统结构</td><td>姓名</td><td></td><td>组别</td><td></td></tr>
<tr><td>班级</td><td></td><td>学号</td><td></td></tr>
</table>

◎知识目标	◎技能目标	◎思政目标
1. 能叙述混合动力汽车的定义及分类。 2. 能叙述丰田混合动力系统的组成及特点。 3. 能认知丰田卡罗拉混合动力汽车的结构组成。 4. 能叙述比亚迪混合动力系统的结构及工作模式	1. 能正确进行丰田卡罗拉混合动力汽车驾驶操作。 2. 能够对混合动力系统进行正确的拆装	1. 培养良好的职业道德和工匠精神。 2. 培养安全意识和团队协作精神。 3. 培养自我管理和自主学习能力

一、任务导入

小王是一汽丰田汽车 4S 店的服务顾问，客户张先生对丰田卡罗拉混合动力汽车特别感兴趣，想让小王介绍下该款混合动力汽车的结构组成。假如你是小王，你能向张先生介绍丰田卡罗拉混合动力汽车的结构组成吗?

（一）请根据客户描述填写信息单

表 2-1-1　信息单

<table>
<tr><td>客户姓名</td><td></td><td>车牌号</td><td></td><td>车型</td><td></td><td>车辆颜色</td><td></td></tr>
<tr><td>客户电话</td><td></td><td>行驶里程</td><td></td><td>VIN 号</td><td colspan="3"></td></tr>
<tr><td colspan="8">维修项目</td></tr>
<tr><td colspan="8">□______km 常规保养　□一般维修　□事故车　□大修　□其他</td></tr>
<tr><td colspan="8">车况记录：</td></tr>
<tr><td colspan="8"></td></tr>
<tr><td colspan="8"></td></tr>
<tr><td colspan="8"></td></tr>
<tr><td colspan="8"></td></tr>
<tr><td colspan="8"></td></tr>
</table>

（二）高压安全防护及基本检查

（1）穿戴防护用具，铺设绝缘垫，设置隔离带等安全设备。

（2）对车辆基本检查，开启驻车制动，关闭启动开关。

（3）醒目位置粘贴高压警示牌，贵重物品检查。

表 2-1-2　基本检查

<table>
<tr><td colspan="12">设备工具</td></tr>
<tr><td colspan="3"></td><td colspan="3">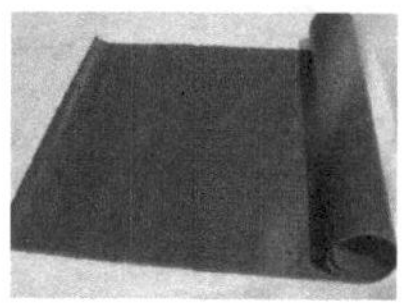</td><td colspan="3"></td><td colspan="3">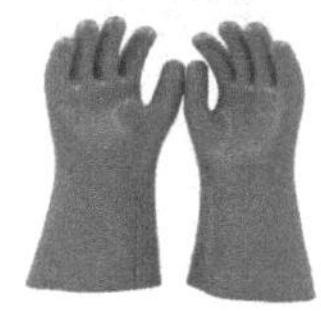</td></tr>
<tr><td colspan="3">□清点正常</td><td colspan="3">□清点正常</td><td colspan="3">□清点正常</td><td colspan="3">□清点正常</td></tr>
<tr><td colspan="12">设备工具</td></tr>
<tr><td colspan="3"></td><td colspan="3">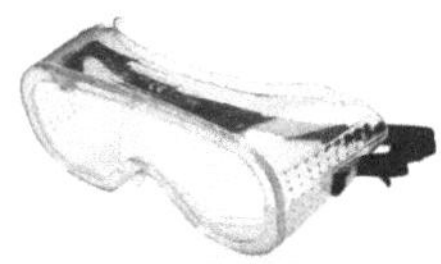</td><td colspan="3"></td><td colspan="3"></td></tr>
<tr><td colspan="3">□清点正常</td><td colspan="3">□清点正常</td><td colspan="3">□清点正常</td><td colspan="3">□清点正常</td></tr>
<tr><td colspan="12">设备工具</td></tr>
<tr><td colspan="3"></td><td colspan="3"></td><td colspan="3"></td><td colspan="3">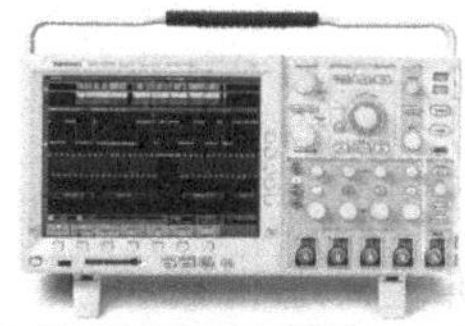</td></tr>
<tr><td colspan="3">□清点正常</td><td colspan="3">□清点正常</td><td colspan="3">□清点正常</td><td colspan="3">□清点正常</td></tr>
<tr><td colspan="12">车辆检查</td></tr>
<tr><td colspan="6" rowspan="6">外观检查：破损处用“○”标出
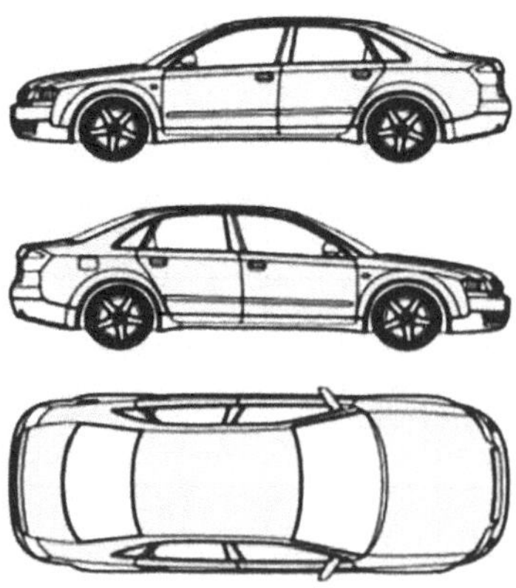</td><td colspan="2" rowspan="2">车内检查</td><td colspan="2">收音机 □</td><td colspan="2">空调 □</td></tr>
<tr><td colspan="2">内饰 □</td><td colspan="2">中控 □</td></tr>
<tr><td colspan="2" rowspan="2">整车检查</td><td colspan="2">轮胎 □</td><td colspan="2">灯光 □</td></tr>
<tr><td colspan="2">底盘 □</td><td colspan="2">刹车 □</td></tr>
<tr><td colspan="2">贵重物品</td><td colspan="4"></td></tr>
<tr><td colspan="2">油量记录</td><td colspan="4">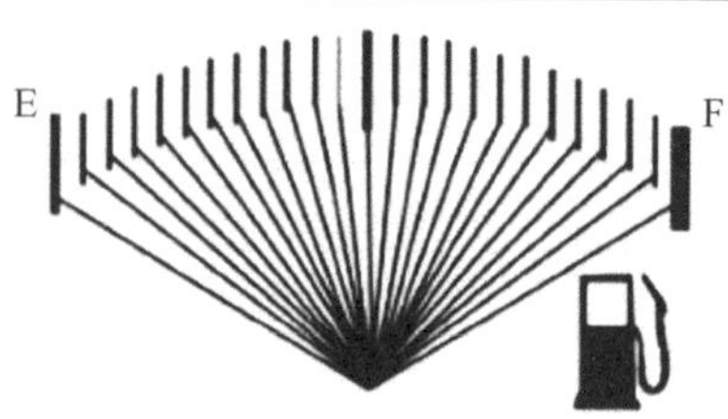</td></tr>
</table>

二、获取信息

（一）引导问题：你知道什么是混合动力汽车吗？

混合动力电动汽车（Hybrid Electrical Vehicle，HEV）是指由两种和两种以上不同类型的动力源作驱动能源，其中至少有一种能提供电能的汽车。

通常所说的混合动力汽车一般指油电混合动力电动汽车，即燃油（汽油、柴油）和电能的混合，是由电机作为发动机的辅助动力驱动的汽车。油电混合动力系统中的能量转换器为发动机和电机，能量储存系统为油箱和动力电池。图 2-1-1 所示为丰田卡罗拉混合动力汽车。

图 2-1-1　丰田卡罗拉混合动力汽车

（二）引导问题：混合动力汽车有哪些类型？

1. 根据结构分类

串联式混合动力汽车（Series Hybrid Electric Vehicle，SHEV）由发动机、发电机、电机控制器、电动机和动力电池等组成，如图 2-1-2 所示。

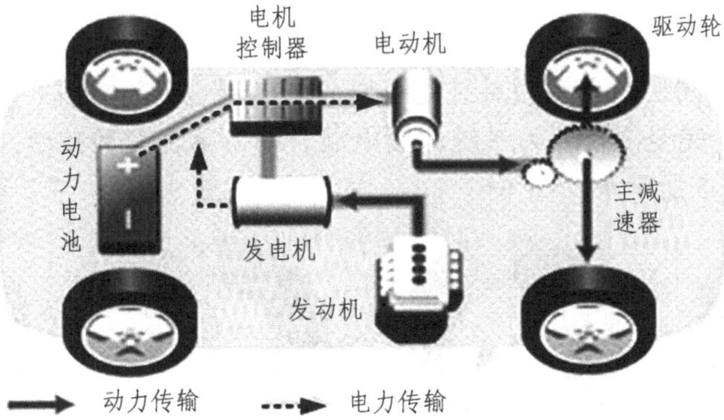

图 2-1-2　串联式混合动力汽车

并联式混合动力汽车（Parallel Hybrid Electric Vehicle，PHEV）车辆驱动力由发动机和电机同时或单独供给，如图 2-1-3 所示。

混联式混合动力系统（Series/Parallel Hybrid Electric Vehicle）由发动机、动力分配机构、发电机、电机控制器、电动机和动力电池等组成，如图 2-1-4 所示。

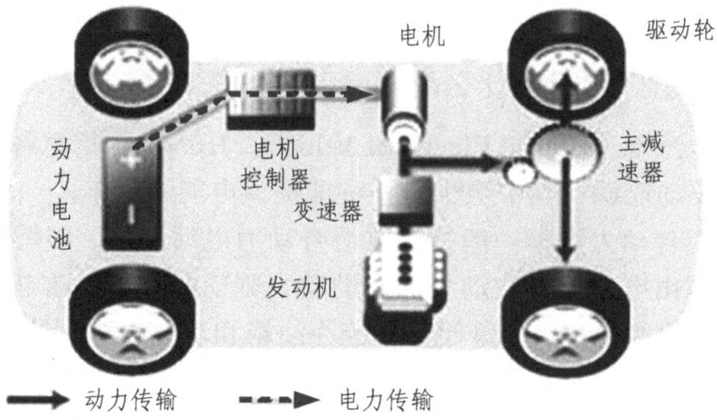

图 2-1-3　并联式混合动力汽车

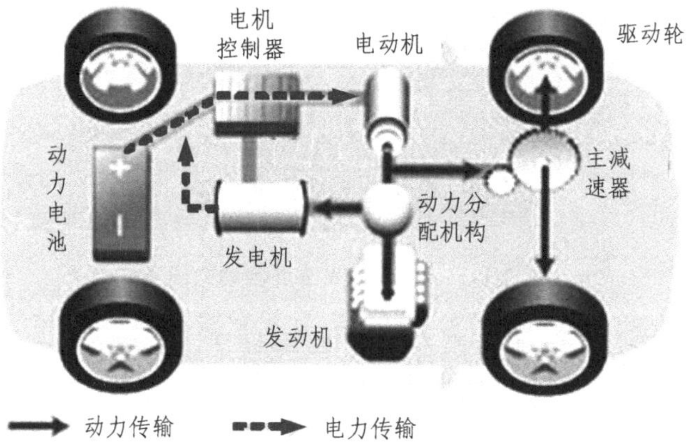

图 2-1-4　混联式混合动力汽车

2. 根据混合程度分类

根据在混合动力系统中电机的输出功率在整个系统输出功率中占的比重，也就是常说的混合度的不同，混合动力系统还可以分为微混合动力系统、轻混合动力系统、中混合动力系统、完全混合动力系统和插电混合动力系统五种类型，它们的电力/燃油所占比例如图 2-1-5 所示。

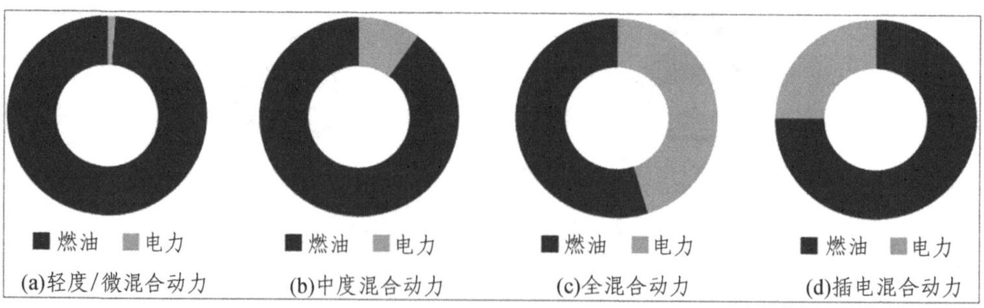

图 2-1-5　电力/燃油所占比例

1）微混合动力系统

微混合动力系统在传统发动机上的起动马达（一般为 12 V）上加装了皮带驱动起

动马达（Belt-alternator Starter Generator，BSG）。该电机为发电起动（Stop-Start）一体式马达，用来控制发动机的起动和停止，从而取消了发动机的怠速，降低了油耗和排放。从严格意义上说，微混合动力系统的汽车不属于真正的混合动力汽车，因为它的马达并没有为汽车行驶提供持续的动力。在微混合动力系统里，马达的电压通常有两种：12 V 和 42 V，其中 42 V 主要用于柴油混合动力系统。 微混合动力系统的代表有 PSA 的 e-HDi 混合动力系统，如图 2-1-6 所示。

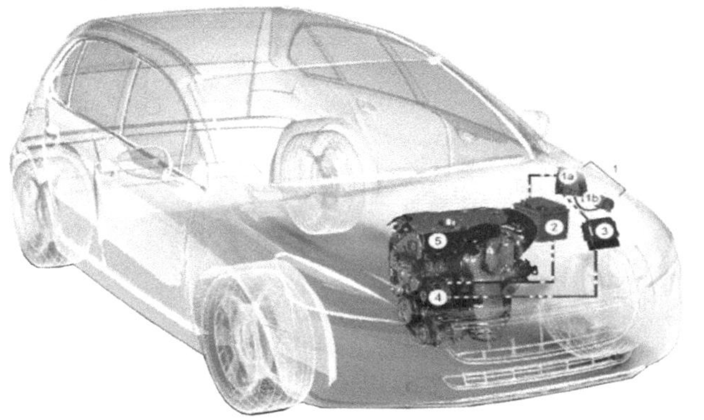

图 2-1-6　标致雪铁龙 e-DHi 微型混合动力系统

2）轻混合动力系统

轻混合动力系统采用了集成起动马达（Integrated Starter Generator，ISG）。与微混合动力系统相比，轻混合动力系统除了能够实现用发电机控制发动机的起动和停止，还能够实现：在减速和制动工况下，对部分能量进行吸收。

在行驶过程中，发动机等速运转，发动机产生的能量可以在车轮的驱动需求和发电机的充电需求之间进行调节。轻混合动力系统的混合度一般在 20%以下。轻混合动力系统代表有铃木 SHVS 混合动力系统和通用 BAS+（eAssist）混合动力系统，如图 2-1-7 所示。

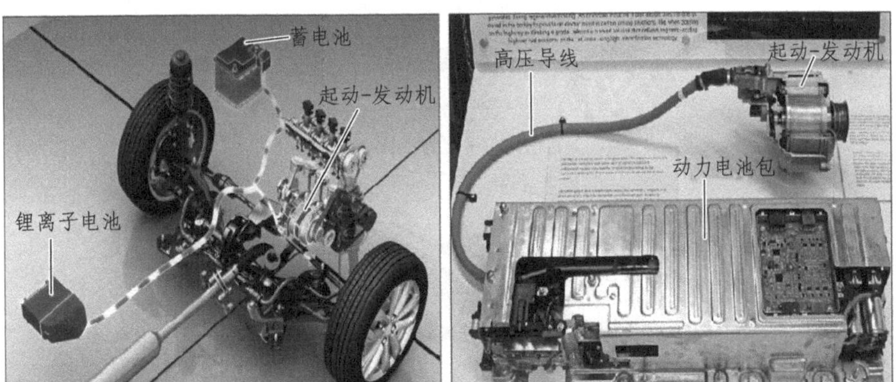

图 2-1-7　铃木 SHVS 混合动力系统和通用 BAS+（eAssist）混合动力系统

3）中混合动力系统

中混合动力系统同样采用了 ISG 系统，但与轻度混合动力系统不同的是高压电机。此外，中混合动力系统还增加了一个功能：在车辆处于加速或者大负荷工况时，电动机能够辅助驱动车轮，从而补充发动机本身动力输出的不足，从而提高了整车的性能。这种系统的混合程度可以达到 30%左右，技术已经成熟，应用比较广泛。中混合动力系统的代表有本田第一代 IMA 混合动力系统，如图 2-1-8 所示。

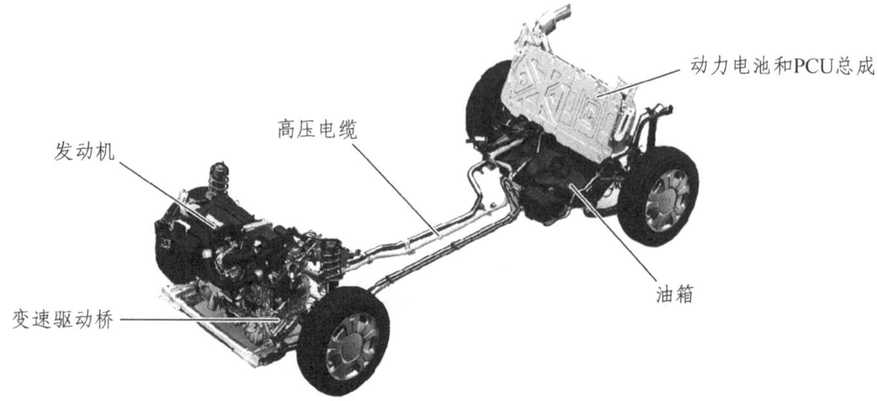

图 2-1-8　本田第一代 IMA 混合动力系统

4）重混合动力系统

重（强或全）混合动力电动汽车是以发动机和（或）电动机为动力源，且电动机可以独立驱动车辆行驶的汽车。与中混合动力系统相比，完全混合动力系统的混合度更高，可以达到 50%以上。技术的发展将使得完全混合动力系统逐渐成为混合动力技术的主要发展方向。完全混合动力系统的代表主要有丰田 THS-Ⅰ、THS-Ⅱ、THS-C 混合动力系统（见图 2-1-9）和本田第二代 SPORT HYBRID（i-DCD、i-MMD、SH-AWD）混合动力系统。

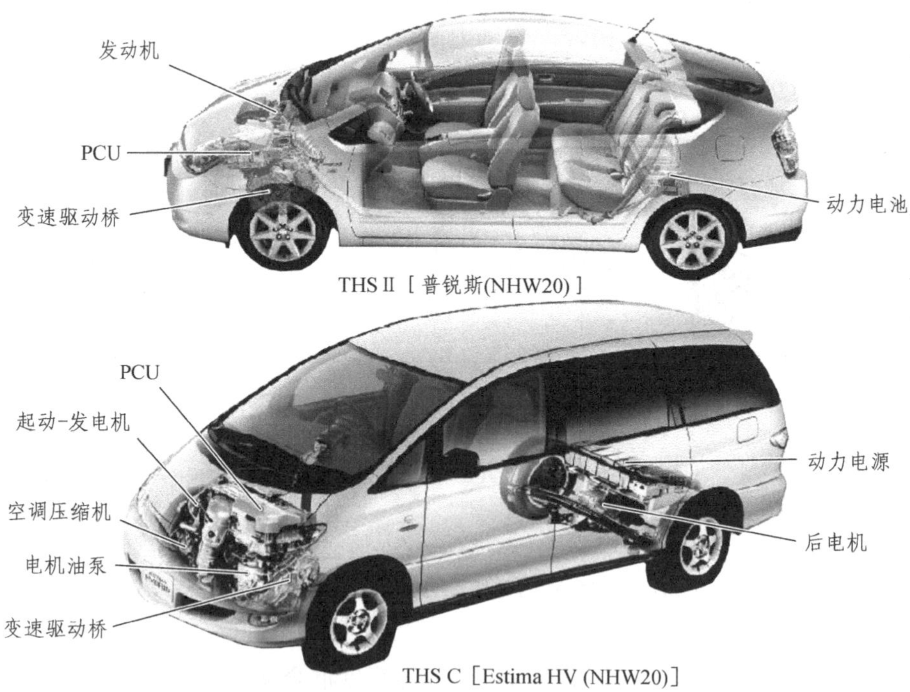

图 2-1-9　丰田 THS-Ⅱ/THS-C 混合动力系统

5）插电式混合动力系统

插电式混合动力系统，是一种将纯电动系统和现有混合动力系统相结合的产物。由于车辆带有外接插入式充电系统，车辆可以单独利用电动机行驶较长的距离，将内燃机的工作比例进一步缩小，提供更好的节油比例，但会消耗一定的电能。同时，又解决了目前纯电动汽车巡航里程短的问题。但随着电池技术的发展，插电式混合动力仅仅是一种过渡方案。丰田普锐斯插电式混合动力系统如图 2-1-10 所示。

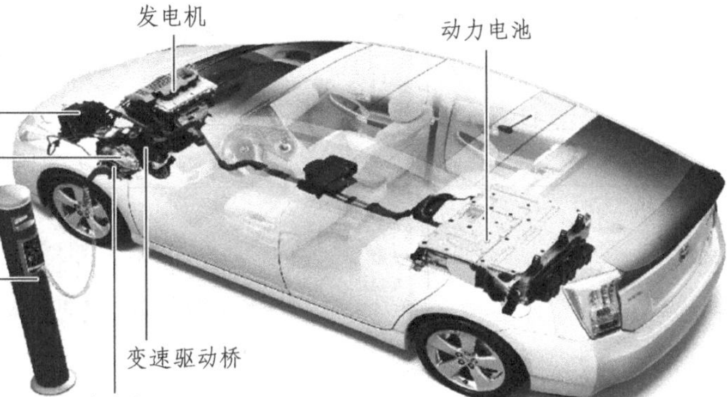

图 2-1-10　丰田普锐斯插电式混合动力系统

以上五种不同的混合方式，都能在一定程度上降低油耗和排放。各大汽车厂商经过去多年研发投入，试验总结，商业应用，形成了各自特色的混合动力技术之路。

三、任务实施

表 2-1-3　任务实施

1. 实施要求	
本操作任务主要完成寻找混合动力汽车关键结构部件。	
2. 实施准备	
（1）防护装备：工作服、绝缘鞋、护目镜、绝缘帽、绝缘手套。 （2）丰田卡罗拉混合动力汽车 1 辆。 （3）车辆举升设备。 （4）辅助材料：高压电维修警示牌、绝缘地垫、干粉灭火器、清洁剂。	
3. 实施步骤	
（1）车辆准备。 准备卡罗拉混合动力汽车 1 辆。这是一款油电混合动力汽车，采用丰田第二代混合动力系统。 这款混合动力车辆使用两种动力源：一种是__________，另一种是__________。	 图 2-1-11　车辆准备

续表

（2）找到车辆铭牌。 混合动力车辆带有高压电，这款车辆混合动力系统最高工作电压可达 650 V。 在对车辆进行维修操作时，一定要先按规范完成对混合动力车辆的下电操作。 车辆铭牌在__________位置。	 图 2-1-12　车辆铭牌位置
（3）找到发动机。 记录发动机型号： _______________。	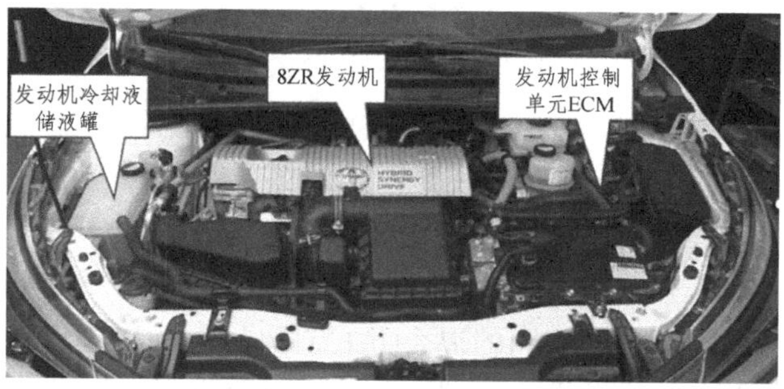 图 2-1-13　找到车辆发动机位置
（4）找到带转换器的逆变器总成 逆变器位置在： ________________。	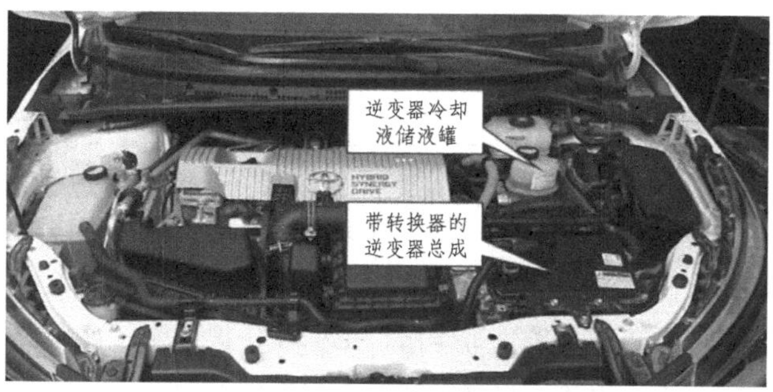 图 2-1-14　找到逆变器位置
（5）逆变器与 HV 动力电池、电动压缩机、MG1、MG2 连接的高压连接器及线束。	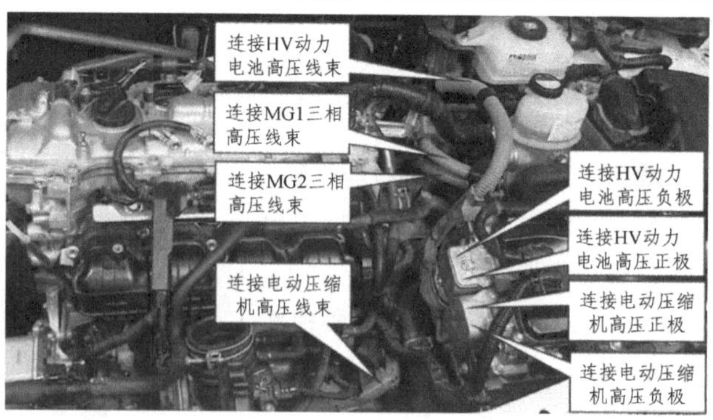 图 2-1-15　高压连接器及线束

续表

<table>
<tr><td>（6）DC-DC 转换器输出的 14 V 正极线束，在保险丝盒内经过一个 125 A 的保险，经 AMD 端子连接到辅助蓄电池正极，给_______充电，同时也给车辆用电器供电。</td><td>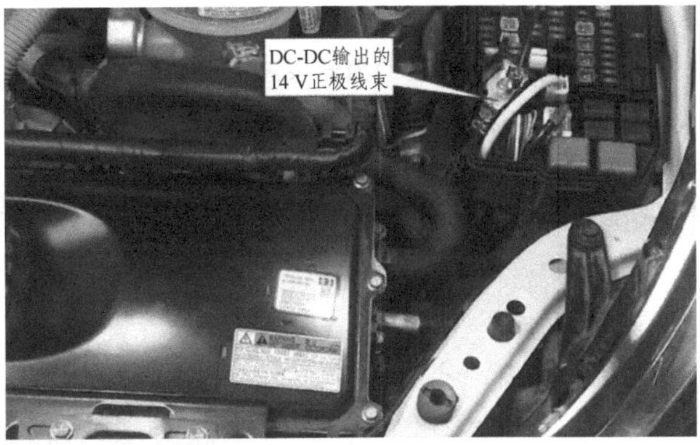

图 2-1-16　DC-DC 线束</td></tr>
<tr><td>（7）找到 HV 动力电池和辅助蓄电池。
卡罗拉混合动力车辆有两个蓄电池，这两个蓄电池都在车辆的__________位置，一个是为车辆低压电气部件供电的辅助蓄电池，一个是存储电能来驱动车辆的 HV 动力电池。</td><td>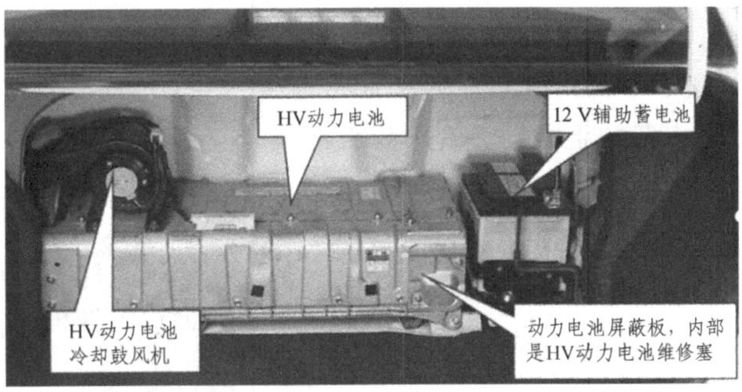

图 2-1-17　HV 动力电池与低压辅助电池</td></tr>
<tr><td>（8）找到前机舱内的跨接起动端子正极、端子负极。</td><td>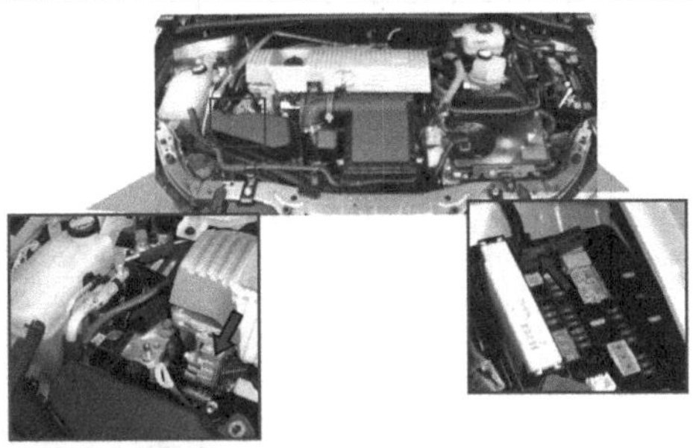
图 2-1-18　前机舱跨接起动端子</td></tr>
<tr><td>（9）找到 P410 混合驱动桥。
卡罗拉混合动力汽车的 P410 混合驱动桥，内部由电机 MG1、电机 MG2、动力分配行星齿轮机构和电动机减速行星齿轮机构组成，MG1 电机主要用于起动发动机和发电，MG2 电机主要用于发电和驱动车轮。</td><td>

图 2-1-19　混合驱动桥</td></tr>
</table>

续表

<table>
<tr><td>（10）找到制动系统部件：制动主缸储液罐总成、制动助力器泵总成、带主缸的制动助力器总成（主要有制动执行器和防滑控制ECU）。</td><td>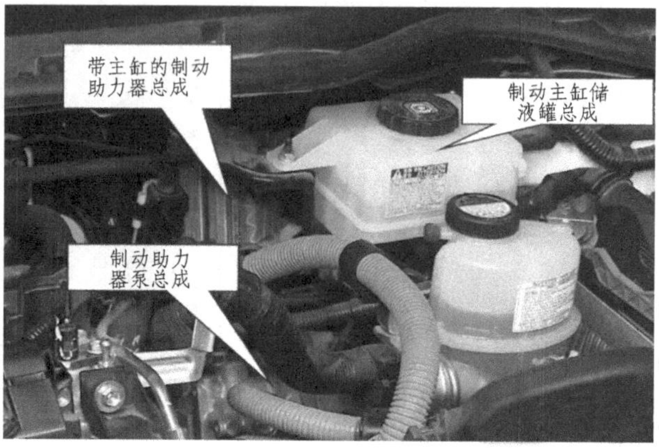

图 2-1-20　制动系统部件</td></tr>
<tr><td>（11）找到组合仪表。
卡罗拉混合动力汽车的组合仪表，主要由混合动力系统指示仪、车速表、多信息显示屏、故障灯、警告灯及指示灯等组成。
记录实训时点亮的仪表灯有：
____
____________________。</td><td>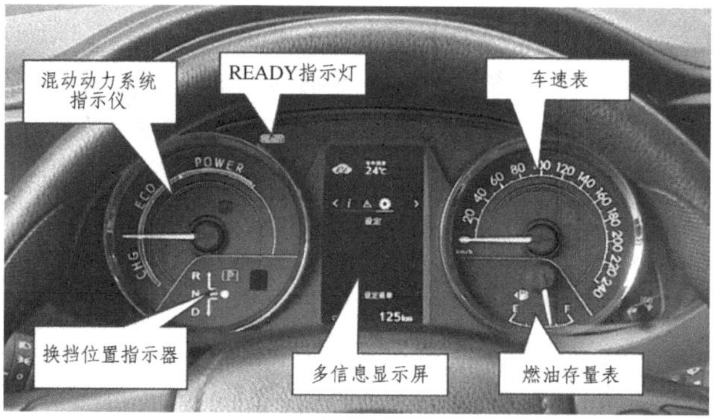

图 2-1-21　组合仪表</td></tr>
<tr><td>（12）找到电源开关、换挡杆、驾驶模式选择按钮及P位置开关。</td><td>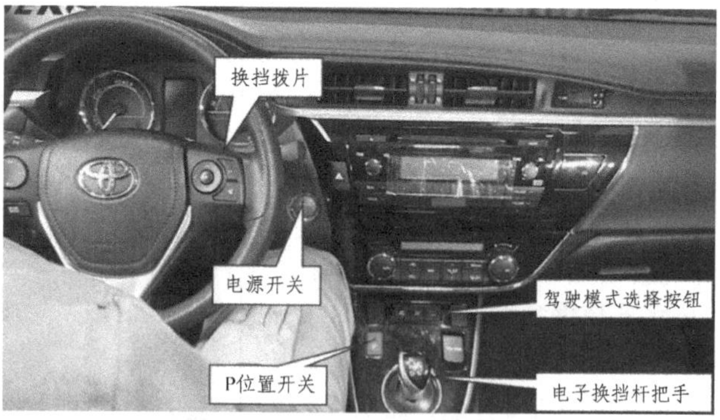

图 2-1-22　中控台等部件</td></tr>
<tr><td colspan="2">4. 整理</td></tr>
<tr><td colspan="2">（1）妥善取回实训工具，放回原处，进行“5S”整理。
（2）撤去高压警示装置、翼子板布，盖上引擎盖。</td></tr>
</table>

续表

5. 质量检验及维修说明					
质量检验表					
交车时间：______年_____月_____日_____时_____分					
序号	质检项目	参考标准	自检	互检	终检
1	线束插头	连接牢固可靠			
2	螺栓扭力	标准力矩			
3	故障码	无			
4	数据流	正常			
5	工具设备整理	归位摆放			
6	场地清洁	清理整洁			
6. 总结与反思					
（如学习过程中遇到什么问题，如何解决的或解决不了的原因，通过实训的收获等）					

四、思政沙龙

各小组同学进行讨论后，选一名代表上台发言。

主题：混合动力汽车与传统汽车有哪些区别，结合自己生活实际，你觉得传统汽车比较实用还是混合动力汽车比较实用，请谈一谈自己的感想和态度。

五、任务考核

（一）知识检验

表 2-1-4　知识检验

项目 2　混合动力汽车驱动电机系统					
任务 1 混合动力汽车动力系统结构		姓名		组别	
		班级		学号	
目标		考核题目			得分
知识目标	1	（1）（单选）由燃料电池和电能蓄储存器构成混合动力电动汽车，则常缩写为（　　）。 A. FCHV　B. HHV　C. HEV　D. HV			

续表

目标		考核题目	得分
知识目标		(2)(单选)不是混合动力汽车简称的是（　　）。 A. HV　B. HEV　C. HE　D. HC	
	2	(判断)PHEV 的显著特点是采用发动机和电动机驱动系统两套独立机构驱动车轮，发动机和电动机通常通过不同的离合器来驱动汽车。（　　）	
技能目标	1	(单选)SHEV 的全称是（　　）。 A. 并联式混合动力电动汽车　B. 串联式混合动力汽车 C. 混联式混合动力汽车　D. 串并联式混合动力汽车	
	2	(判断)从能源转换效率和汽车的行驶性能对串联式、并联式和混联式混合动力系统进行比较的话，混联式混合动力系统的性能低于串联式、并联式系统。（　　）	
总分：　　分			

(二)学生互评

表 2-1-5　学生互评

项目 2　混合动力汽车驱动电机系统											
任务 1 混合动力汽车动力系统结构				姓名				组别			
				班级				学号			
评价项目	分值	等级				评价对象（组别）					
						1	2	3	4	5	6
方案合理	20	优	良	中	差						
		20	18	16	15						
团队合作	10	优	良	中	差						
		10	8	7	5						
组织有序	10	优	良	中	差						
		10	8	7	5						
工作质量	20	优	良	中	差						
		20	18	16	15						
工作效率	10	优	良	中	差						
		10	8	7	5						
工序完整	10	优	良	中	差						
		10	8	7	5						
作业规范	10	优	良	中	差						
		10	8	7	5						
汇报展示	10	优	良	中	差						
		10	8	7	5						
合计	100	各组得分									

（三）师傅评价

表 2-1-6　师傅评价

<table>
<tr><td colspan="6">项目 2　混合动力汽车驱动电机系统</td></tr>
<tr><td colspan="2" rowspan="2">任务 1
混合动力汽车动力系统结构</td><td>姓名</td><td></td><td>组别</td><td></td></tr>
<tr><td>班级</td><td></td><td>学号</td><td></td></tr>
<tr><td>评分项目</td><td>配分</td><td colspan="3">技术要点及扣分</td><td>扣分</td></tr>
<tr><td rowspan="6">1. 安全防护用品使用情况</td><td rowspan="6">8 分</td><td colspan="3">操作时不戴绝缘手套扣 1 分</td><td></td></tr>
<tr><td colspan="3">操作时不戴护目镜扣 1 分（戴近视镜者可不用戴护目镜）</td><td></td></tr>
<tr><td colspan="3">操作时不铺设绝缘地垫扣 1 分</td><td></td></tr>
<tr><td colspan="3">操作时不设置隔离带、高压警示牌扣 1 分</td><td></td></tr>
<tr><td colspan="3">操作时不铺设格栅布、翼子板布扣 1 分</td><td></td></tr>
<tr><td colspan="3">操作时不正确使用绝缘装卸工具扣 3 分</td><td></td></tr>
<tr><td rowspan="3">2. 相关电气仪表工具使用情况</td><td rowspan="3">6 分</td><td colspan="3">万用表挡位、接线错误扣 2 分</td><td></td></tr>
<tr><td colspan="3">绝缘测试仪、放电仪等使用错误扣 2 分</td><td></td></tr>
<tr><td colspan="3">接线插接器、背针等工具使用错误扣 2 分</td><td></td></tr>
<tr><td>3. 故障现象验证及描述</td><td>6 分</td><td colspan="3">设备螺丝松动、REDAY 灯不亮、系统故障灯亮、驱动电机故障灯亮、无续航里程、高压不供电、踩油门无反应、车辆无法行驶、解码仪与驱动电机系统无通信、驱动电机位置传感器故障、驱动电机系统数据流异常等现象
（回答出 6 项及以上得 6 分，6 项以下每少 1 项扣 1 分）</td><td></td></tr>
<tr><td rowspan="3">4. 设备拆装流程</td><td rowspan="3">20 分</td><td colspan="3">未按正确的顺序拆卸、安装设备，每错误一项扣 2 分，共 5 分，扣完为止</td><td></td></tr>
<tr><td colspan="3">拆装设备不正确，如该拆卸的部件没拆、拆了不该拆的部件，每发生一处扣 3 分，共 6 分，扣完为止</td><td></td></tr>
<tr><td colspan="3">拆装过程中发生了接触不良、放置位置不当、不当损坏物品等，每一项扣 3 分，共 9 分，扣完为止</td><td></td></tr>
<tr><td rowspan="3">5. 故障诊断及修复</td><td rowspan="3">54 分</td><td colspan="3">能正确识读电路图，找出需要操作或测试的设备、线束、保险丝、继电器、插接口、引脚等。共 8 分，酌情扣分，扣完为止</td><td></td></tr>
<tr><td colspan="3">按照正确工艺进行残余电压、绝缘测试、放电测试并得出结果。共 6 分，酌情扣分，扣完为止</td><td></td></tr>
<tr><td colspan="3">按照正确工艺进行相关部件的供电、搭铁、唤醒、通信线束的测试并得出正确结果。共 10 分，酌情扣分，扣完为止</td><td></td></tr>
</table>

续表

评分项目	配分	技术要点及扣分	扣分
5. 故障诊断及修复	54 分	按照正确工艺进行相关部件的继电器、保险丝、供电电压等测试并得出正确结果。共 10 分，酌情扣分，扣完为止	
		能找出相关部件的插接口、对应引脚，并按照正确工艺进行测试并得出正确结果。共 10 分，酌情扣分，扣完为止	
		能针对检测结果，判断出故障原因、解除故障或给出正确修复方案。共 10 分，酌情扣分，扣完为止	
6. “5S”情况	6 分	操作完成后，要把设备、工具放回原处，摆放整齐（在考核 40 min 内,一件工具未放回原处或未摆放整齐扣 1 分，工具掉地上扣 2 分，扣完为止）	
合计	共扣分：__________ 总得分：__________		
师傅评语：			

项目 2　混合动力汽车驱动电机系统

<table>
<tr><td rowspan="2">任务 2
混合动力汽车动力系统认知</td><td>姓名</td><td></td><td>组别</td><td></td></tr>
<tr><td>班级</td><td></td><td>学号</td><td></td></tr>
</table>

◎知识目标	◎技能目标	◎思政目标
1. 掌握混合动力电动汽车混合动力系统的主要部件组成。 2. 了解混合动力电动汽车混合动力系统的工作原理	1. 学会拆装混合动力电动汽车混合动力系统的主要部件。 2. 根据混合动力电动汽车混合动力系统的工作原理对其进行检修	1. 培养良好的职业道德和工匠精神。 2. 培养安全意识和团队协作精神。 3. 培养自我管理和自主学习能力

一、任务导入

小王是一汽丰田汽车 4S 店的服务顾问，客户张先生对丰田卡罗拉混合动力汽车特别感兴趣，想让小王介绍下该款混合动力汽车的动力系统。假如你是小王，你能向张先生介绍丰田卡罗拉混合动力汽车的动力系统吗？

（一）请根据客户描述填写信息单

表 2-2-1　信息单

<table>
<tr><td>客户姓名</td><td></td><td>车牌号</td><td></td><td>车型</td><td></td><td>车辆颜色</td><td></td></tr>
<tr><td>客户电话</td><td></td><td>行驶里程</td><td></td><td>VIN 号</td><td colspan="3"></td></tr>
<tr><td colspan="8">维修项目</td></tr>
<tr><td colspan="8">□______km 常规保养　□一般维修　□事故车　□大修　□其他</td></tr>
<tr><td colspan="8">车况记录：</td></tr>
<tr><td colspan="8"></td></tr>
<tr><td colspan="8"></td></tr>
<tr><td colspan="8"></td></tr>
<tr><td colspan="8"></td></tr>
<tr><td colspan="8"></td></tr>
</table>

（二）高压安全防护及基本检查

（1）穿戴防护用具，铺设绝缘垫，设置隔离带等安全设备。

（2）对车辆基本检查，开启驻车制动，关闭启动开关。

（3）醒目位置粘贴高压警示牌，贵重物品检查。

表 2-2-2　基本检查

<table>
<tr><th colspan="5">设备工具</th></tr>
<tr><td></td><td></td><td colspan="2">
</td><td>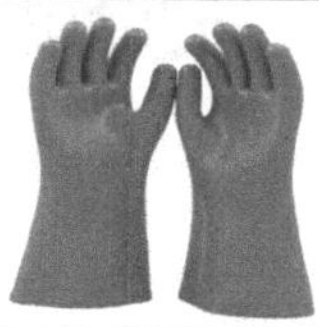</td></tr>
<tr><td>□清点正常</td><td>□清点正常</td><td colspan="2">□清点正常</td><td>□清点正常</td></tr>
<tr><th colspan="5">设备工具</th></tr>
<tr><td></td><td>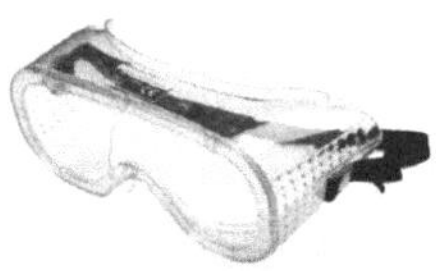</td><td colspan="2"></td><td></td></tr>
<tr><td>□清点正常</td><td>□清点正常</td><td colspan="2">□清点正常</td><td>□清点正常</td></tr>
<tr><th colspan="5">设备工具</th></tr>
<tr><td></td><td></td><td colspan="2"></td><td>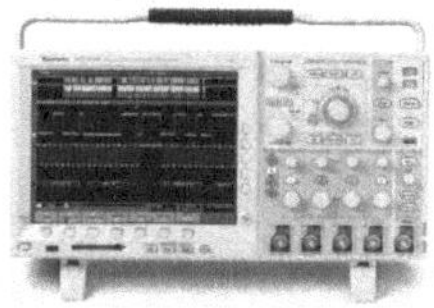</td></tr>
<tr><td>□清点正常</td><td>□清点正常</td><td colspan="2">□清点正常</td><td>□清点正常</td></tr>
<tr><th colspan="5">车辆检查</th></tr>
<tr><td colspan="2" rowspan="6">外观检查：破损处用“○”标出
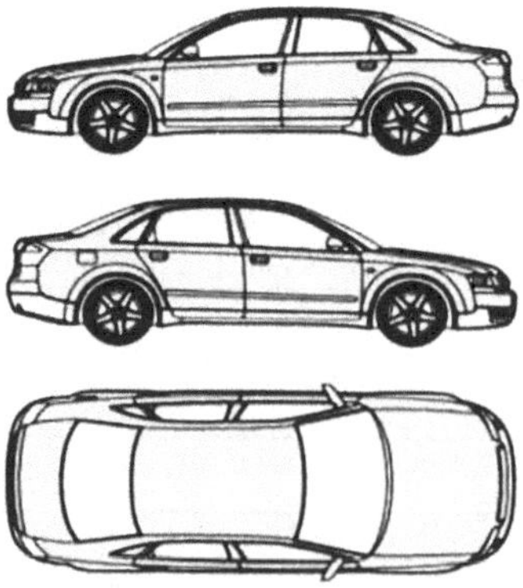</td><td rowspan="2">车内检查</td><td>收音机 □</td><td>空调 □</td></tr>
<tr><td>内饰 □</td><td>中控 □</td></tr>
<tr><td rowspan="2">整车检查</td><td>轮胎 □</td><td>灯光 □</td></tr>
<tr><td>底盘 □</td><td>刹车 □</td></tr>
<tr><td>贵重物品</td><td colspan="2"></td></tr>
<tr><td>油量记录</td><td colspan="2">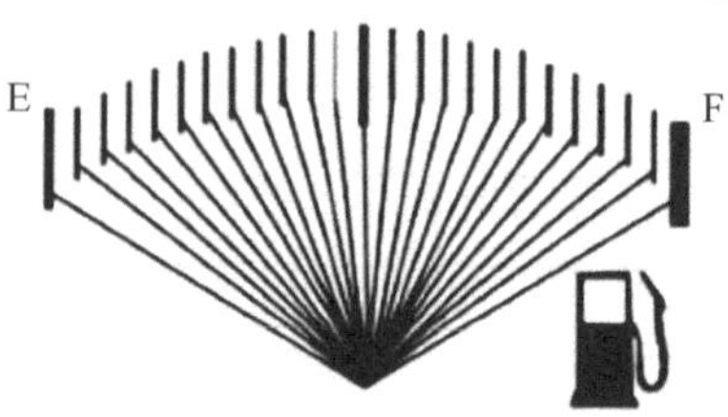
</td></tr>
</table>

二、获取信息

引导问题：混合动力电动汽车混合动力系统的主要部件有哪些？

典型的混合动力电动汽车的混合动力系统主要由发动机、变速箱、PCU、车辆控制单元、电机/发电机、动力电池、高压电缆、冷却系统、制动系统和空调系统等组成。博士公司开发的混合动力系统的组成如图 2-2-1 所示。

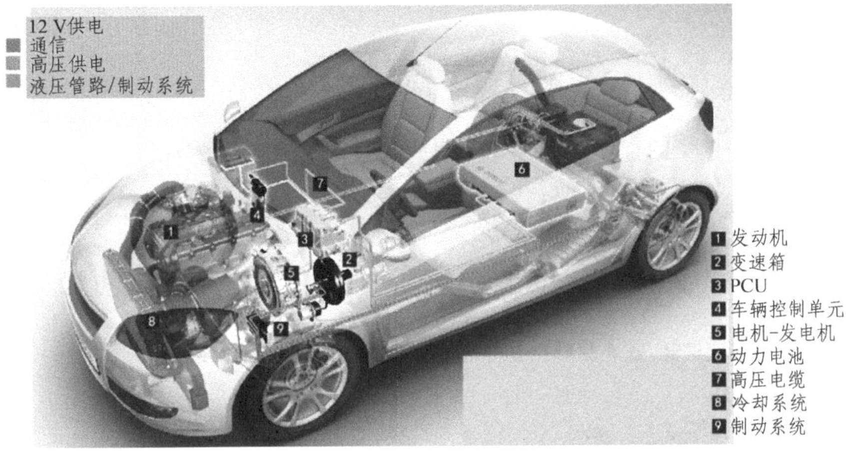

查看彩图

图 2-2-1　混合动力电动汽车混合动力系统的组成

1. 发动机

内燃机是现今应用于汽车最主要的动力装置。在可预见的将来，它将仍是主要的汽车动力装置。在混合动力电动汽车中，内燃机也将是主要电源的第一选择。然而，混合动力电动汽车的工作与传统汽车有所不同，混合动力电动汽车中的发动机需较长时间内以高功率运转，而不需频繁改变功率输出。到目前为止，专为混合动力汽车设计和控制发动机的还没有得到充分的开发。

混合动力汽车可以广泛地采用四冲程内燃机（包括汽油机和柴油机）、二冲程内燃机（包括汽油机和柴油机）、转子发动机、燃气轮机和斯特林发动机等。一般转子发动机和燃气轮机的燃烧效率比较高，排放也比较洁净，采用不同的发动机就可以组成不同的混合动力汽车。丰田和本田的混合动力系统一般都是配备阿特金森循环发动机，如图 2-2-2 所示。

图 2-2-2　阿特金森循环发动机

2. 变速器/变速驱动桥

混合动力电动汽车的变速箱/变速驱动桥主要有两种形式：一是在传统汽车变速箱/变速驱动桥的基础上，即在发动机与变速箱/变速驱动桥之间加入电机/发电机，如图2-2-3所示；二是在传统汽车变速箱/变速驱动桥扭矩输入端和发动机扭矩输出端之间加入电机/发电机，与传统车辆上变速箱/变速驱动桥的区别不大，如图2-2-4所示。

图 2-2-3　电机在变速箱/变速驱动桥扭矩输入端和发动机扭矩输出端之间

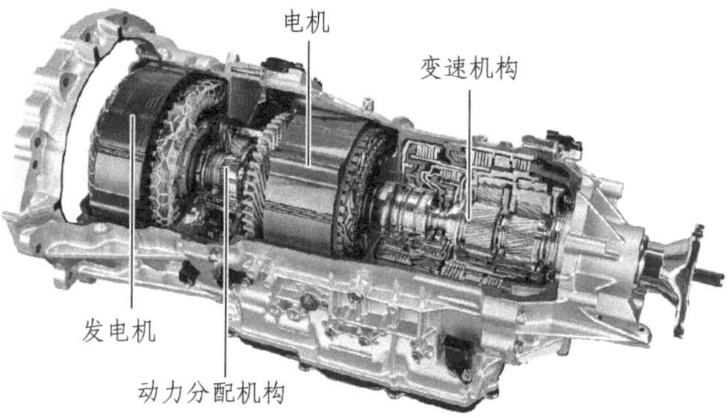

图 2-2-4　电机在变速箱/变速驱动桥内部

3. 功率控制单元（PCU）

功率控制单元（PCU）主要集成了电压转换器和逆变器，内部有冷却液管路。它主要用于升降电压、直流交流转换等。

图2-2-5是丰田THS-Ⅱ混合动力系统的PCU（功率控制单元）主体，主要由集成电路控制面板、双面散热的功率半导体元件、层叠型冷却器及电容器等构成。PCU内的功率半导体从两面进行冷却，过去采用的是单面冷却。

4. 车辆控制单元

执行混合动力系统综合控制，这主要包括发动机、电子控制无级变速器和HV蓄电池等。这里以丰田THS-Ⅱ混合动力系统中的车辆控制单元（HV ECU）为例，简单说明其主要的功能。

丰田THS-Ⅱ混合动力系统中的车辆控制单元（HV ECU）主要实现以下几个功能：

（1）接收来自各传感器及ECU（蓄电池电压传感器、防滑控制ECU和动力转向ECU）的信息，并基于该信息，计算出所需扭矩及输出功率。混合动力车辆控制ECU

将计算结果发送到带转换器的逆变器总成和防滑控制 ECU。

图 2-2-5　丰田 THS-Ⅱ混合动力系统的 PCU

（2）根据目标发动机转速和所需发动机原动力控制智能电子节气门控制系统。

（3）监视动力电池的充电状态（SOC）。

（4）控制动力电池的冷却风扇和 DC-DC 转换器的冷却风扇。

（5）控制 DC-DC 转换器。

5. 电机（电动机/发电机）

电机（电动机/发电机）在混合动力系统中扮演了重要角色，如图 2-2-6 所示。当混合动力电动汽车需要利用电力辅助行驶时，电机（电动机/发电机）就充当电动机的角色，将电能转化为机械能。电机（电动机/发电机）驱动作为辅助动力，来降低燃料的消耗和实现“低污染”，或在纯电动驱动模式时实现“零污染”。当混合动力电动汽车需要再生充电或作补充充电时，电机（电动机/发电机）就充当发电机的角色，将机械转化为电能储存起来或给其他电机补充供电。

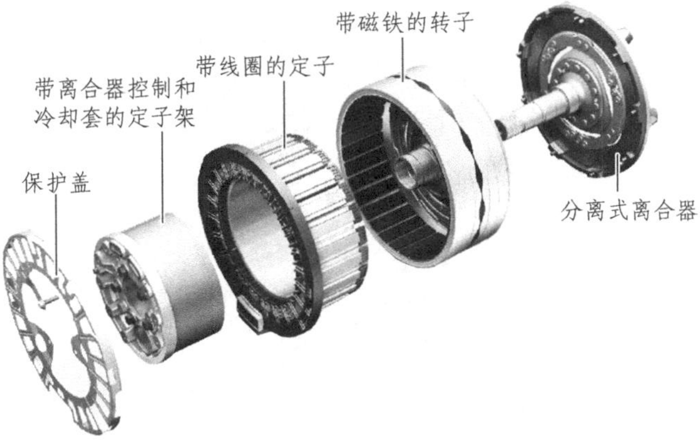

图 2-2-6　奥迪 Q7 e-tron 中的电机

混合动力汽车上电动机系统其工作条件以及其工作模式与传统电动机相比有着很大的区别，这些区别使得工业电动机不适合在汽车上使用。混合动力汽车可以采用直流电动机、交流感应电动机、永磁电动机和开关磁阻电动机等。随着混合动力汽车的发展，直流电动机已经很少采用，多数采用了感应电动机和永磁电动机，开关磁阻电动机应用也得到重视，还可以采用特种电动机为混合动力汽车的驱动电动机，采用不同的电动机就可以组成不同的混合动力汽车。

6. 动力电池

混合动力电动汽车具有两个蓄电池：一个是 12 V 蓄电池，也称之为辅助蓄电池，它主要是为车上常规的用电器提供电压；另一个是高电压蓄电，也称之为动力电池（见图 2-2-7），它存储发电机所产生的电能，向电动机供电，同时经过 DC/DC 降压转换器降压后向车辆 12 V 蓄电池和车身电器等供电。高压直流蓄电池系统储电量和电压随混合动力系统的要求而变化。混合动力汽车的高压直流蓄电池从 36 V 到 600 V 以上不等，所有混合动力设计采用串联连接的蓄电池以获取所需的直流电源电压。

图 2-2-7　通用雪佛兰 Volt 车辆上的动力电池

7. 高压电缆

高压线缆主要用混合动力电动汽车高压电路的连接，它的横截面积较大。高压电缆的颜色为橙色，如图 2-2-8 所示。

图 2-2-8　高压电缆

8. 冷却系统

混合动力电动汽车一般有 HV 冷却系统和发动机冷却系统相互独立的冷却系统，起动发电机由发动机冷却系统进行冷却。奥迪 A3 e-tron 混合动力冷却系统如图 2-2-9 所示。

图 2-2-9　奥迪 A3 e-tron 混合动力冷却系统

9. 制动系统

混合动力电动汽车的制动系统除执行制动控制外，还有另一重要任务就是能量再生制动回收。图 2-2-10 所示为奥迪 Q5 hybrid 车型采用的电动液压组合制动器（EHCB）系统。

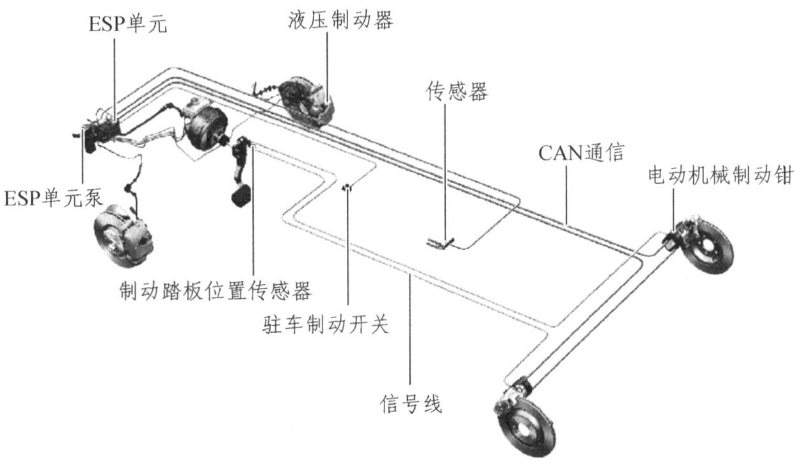

图 2-2-10　奥迪 Q5 hybrid 电动液压组合制动器系统

10. 空调系统

混合动力电动汽车暖风系统主要采用 PTC 加热，冷风系统的压缩机一般采用电动压缩机，PTC 和压缩机都由高压系统直接供电。图 2-2-11 所示为奥迪 Q7 e-tron 的空调系统。

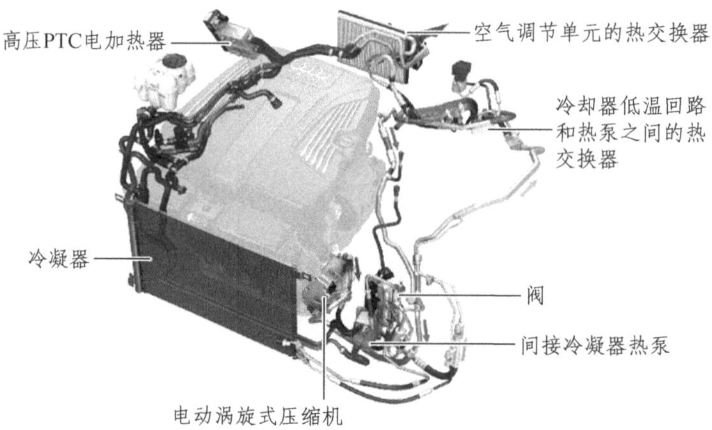

（a）暖风模式

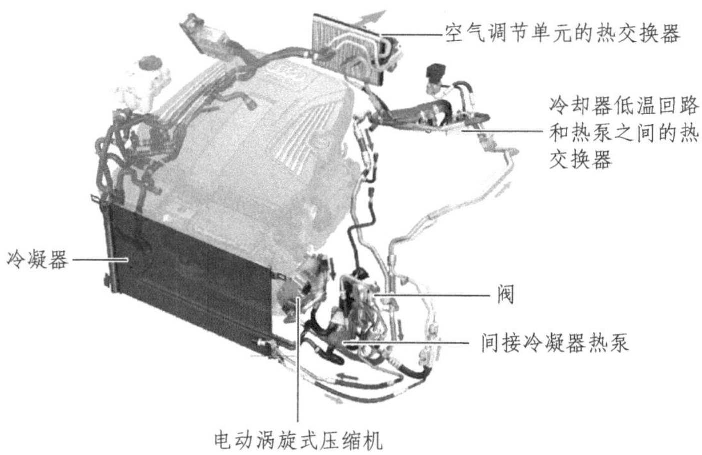

（b）冷风模式

图 2-2-11 奥迪 Q7 e-tron 混合动力空调系统

三、任务实施

表 2-2-3 任务实施

1. 实施要求
本操作任务主要完成混合动力汽车驱动单元类型识别和特点分析。 （1）混合动力汽车驱动单元类型和特点认知； （2）普锐斯混联式混合动力驱动单元运行模式认知。
2. 实施准备
（1）防护装备：高压安全防护设备。 （2）车辆、台架、总成：普锐斯混合动力汽车；混合动力驱动单元挂图、模型及视频资料。 （3）专用工具、设备。 （4）手工工具。

续表

<table>
<tr><th colspan="2">3. 实施步骤</th></tr>
<tr><td>（1）混合动力驱动单元类型和特点认知。
参观实训室的混合动力驱动单元挂图、模型；检索资料，或网上搜索或走访周边汽车销售店面，了解混合动力驱动单元的类型和特点。</td><td>
图 2-2-12　混合动力驱动单元</td></tr>
<tr><td>（2）普锐斯混联式混合动力驱动单元运行模式认知。
对照实车或台架，分析混联式混合动力驱动单元的运行模式。</td><td rowspan="2">
图 2-2-13　启动车辆</td></tr>
<tr><td>（3）启动车辆。</td></tr>
<tr><td>（4）纯电动模式。
由动力电池给驱动电机供电，再由电机驱动车辆行驶。</td><td>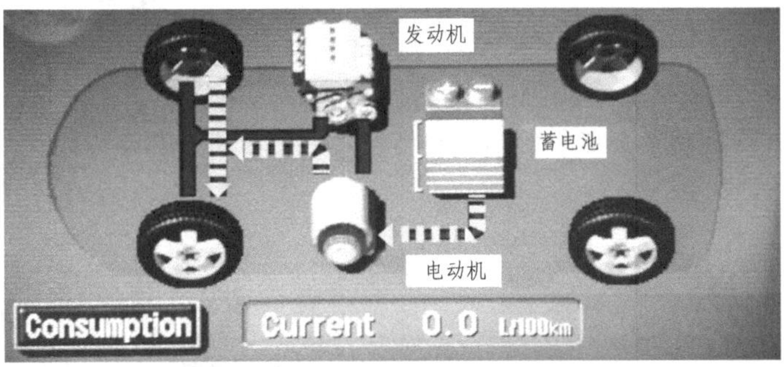

图 2-2-14　纯电动模式</td></tr>
<tr><td>（3）传统燃油模式。
由发动机直接驱动车辆行驶。</td><td>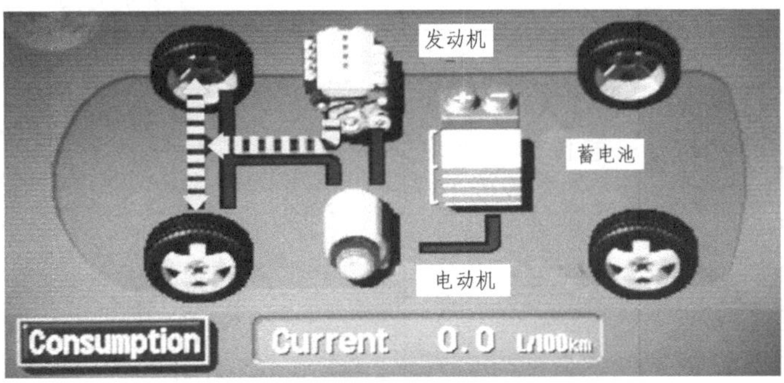

图 2-2-15　传统燃油模式</td></tr>
</table>

续表

<table>
<tr><td>（4）能量回收模式。
在制动或惯性滑行中释放出多余能量，并通过发电机将其转化为电能。</td><td>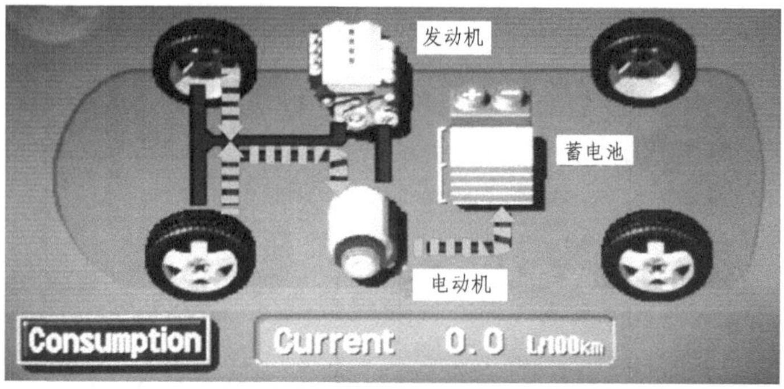

图 2-2-16　能量回收模式</td></tr>
<tr><td>（5）怠速充电模式。
由发动机带动发电机给动力电池充电。</td><td>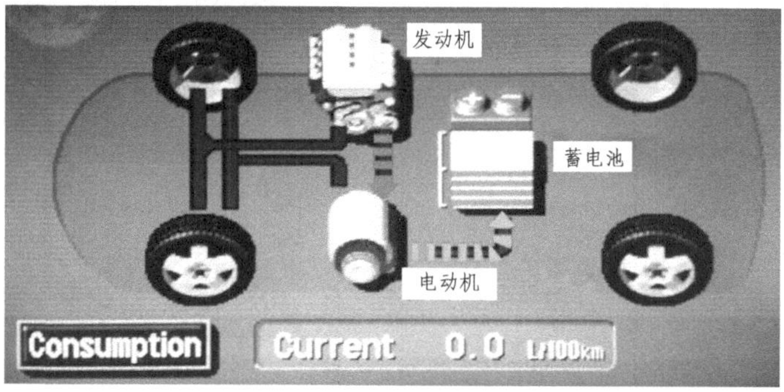

图 2-2-17　怠速充电模式</td></tr>
<tr><td>（6）驱动与发电模式。
由发动机驱动车辆行驶，驱动轮牵引电机给动力电池供电。</td><td>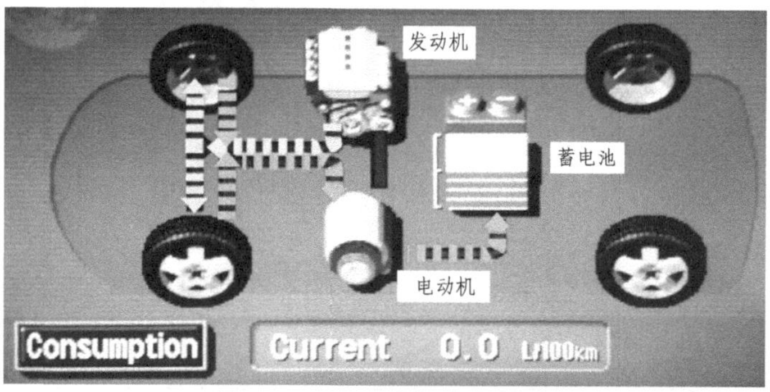

图 2-2-18　驱动与发电模式</td></tr>
<tr><td>（7）全速驱动模式。
需要更大加速度时，电机和发动机一起传输动力驱动车辆行驶。</td><td>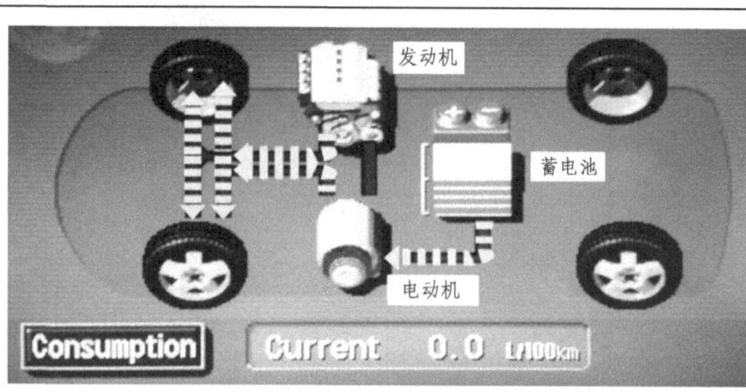

图 2-2-19　全速驱动模式</td></tr>
</table>

续表

4. 整理					
（1）妥善取回实训工具，放回原处，进行“5S”整理。 （2）撤去高压警示装置、翼子板布，盖上引擎盖。					
5. 质量检验及维修说明					
质量检验表					
交车时间：______年_____月_____日_____时_____分					
序号	质检项目	参考标准	自检	互检	终检
1	线束插头	连接牢固可靠			
2	螺栓扭力	标准力矩			
3	故障码	无			
4	数据流	正常			
5	工具设备整理	归位摆放			
6	场地清洁	清理整洁			
6. 总结与反思					
（如学习过程中遇到什么问题，如何解决的或解决不了的原因，通过实训的收获等）					

四、思政沙龙

各小组同学进行讨论后，选一名代表上台发言。

主题：混合动力汽车的动力系统与传统汽车的动力系统比较有哪些优势，请结合自己对混合动力系统的认识谈一谈自己的感受。

五、任务考核

（一）知识检验

表 2-2-4　知识检验

<table>
<tr><td colspan="6">项目 2　混合动力汽车驱动电机系统</td></tr>
<tr><td colspan="2" rowspan="2">任务 2
混合动力汽车动力系统认知</td><td>姓名</td><td></td><td>组别</td><td></td></tr>
<tr><td>班级</td><td></td><td>学号</td><td></td></tr>
<tr><td colspan="2">目标</td><td colspan="3">考核题目</td><td>得分</td></tr>
<tr><td rowspan="5">知识
目标</td><td rowspan="2">1</td><td colspan="3">（1）（单选）混合动力系统维修注意事项错误的是（　　）。
A. 开始工作前，一定要断开电源
B. 检查、维修任何的高压配线和零件时，必须戴绝缘手套并且对高压系统进行操作时放置警示牌
C. 携带卡尺或测量卷尺等，方便测量
D. 一定要按规定扭矩将高压螺钉端子拧紧，完成对高压系统的操作后和重新安装检修塞前，应再次确认在工作平台周围没有遗留任何零件或工具</td><td></td></tr>
<tr><td colspan="3">（2）（单选）以下对混合动力汽车变速驱动桥总成更换注意事项的描述错误的是（　　）。
A. 对高压系统进行操作时，一定要戴上绝缘手套
B. 拆下检修塞后，不要操作电源开关，否则可能损坏混合动力车辆控制 ECU
C. 检修车辆时，请将拆下来的检修塞放到口袋，以防其他技师重新连接检修塞
D. 拆下检修塞后，即可触摸高压连接器和端子</td><td></td></tr>
<tr><td rowspan="3">2</td><td colspan="3">（1）（判断）对混合动力系统进行检查，在检查转换器和变频器前先检查 DTC，并进行相应的故障清除。（　　）</td><td rowspan="3"></td></tr>
<tr><td colspan="3">（2）检查变频器时，用电压表测量电压。同时，用用欧姆表测量电阻。这项检查应该在线束一侧进行，而不是在端子那侧进行。（　　）</td></tr>
<tr><td colspan="3">（3）检查转换器时，“READY”灯时，辅助蓄电池输出电压。熄灭时，转换器输出电压。（　　）</td></tr>
<tr><td>技能
目标</td><td>1</td><td colspan="3">（1）（判断）混合动力汽车是由两种或两种以上的动力来进行驱动的，当前大多数的油电混合动力汽车主要由内燃机和电力两种动力进行驱动。（　　）</td><td></td></tr>
</table>

续表

目标		考核题目	得分
技能目标	1	(2)(判断)混合动力汽车的驱动类型可分为串联式、并联式两种类型。(　　)	
		(3)(判断)串联式混合动力驱动单元是指车辆的驱动力只来源于电机的混合动力汽车。其特点是发动机带动发电机发电，电能通过驱动电机控制器输送给电机，由电机驱动汽车行驶。(　　)	
		(4)(判断)并联式混合动力驱动单元是指车辆的驱动力由电机和发动机同时供给的混合动力汽车。(　　)	
		(5)(判断)混联式混合动力驱动单元是指具备串联式和并联式两种结构的混合动力汽车。其特点是可以在串联混合模式下工作，也可以在并联混合模式下工作。(　　)	
	2	(1)(判断)蓄电池系统自我诊断系统，测量辅助电池电压为 18～22 V。(　　)	
		(2)(判断)混合动力电池系统检查，用欧姆表测量端子间的电阻，标准值为 11～14 Ω。(　　)	
总分： 分			

(二)学生互评

表 2-2-5　学生互评

<table>
<tr><td colspan="12">项目 2　混合动力汽车驱动电机系统</td></tr>
<tr><td colspan="4" rowspan="2">任务 2
混合动力汽车动力系统认知</td><td>姓名</td><td colspan="2"></td><td colspan="2">组别</td><td colspan="3"></td></tr>
<tr><td>班级</td><td colspan="2"></td><td colspan="2">学号</td><td colspan="3"></td></tr>
<tr><td rowspan="2">评价项目</td><td rowspan="2">分值</td><td colspan="4" rowspan="2">等级</td><td colspan="6">评价对象(组别)</td></tr>
<tr><td>1</td><td>2</td><td>3</td><td>4</td><td>5</td><td>6</td></tr>
<tr><td rowspan="2">方案合理</td><td rowspan="2">20</td><td>优</td><td>良</td><td>中</td><td>差</td><td rowspan="2"></td><td rowspan="2"></td><td rowspan="2"></td><td rowspan="2"></td><td rowspan="2"></td><td rowspan="2"></td></tr>
<tr><td>20</td><td>18</td><td>16</td><td>15</td></tr>
<tr><td rowspan="2">团队合作</td><td rowspan="2">10</td><td>优</td><td>良</td><td>中</td><td>差</td><td rowspan="2"></td><td rowspan="2"></td><td rowspan="2"></td><td rowspan="2"></td><td rowspan="2"></td><td rowspan="2"></td></tr>
<tr><td>10</td><td>8</td><td>7</td><td>5</td></tr>
<tr><td rowspan="2">组织有序</td><td rowspan="2">10</td><td>优</td><td>良</td><td>中</td><td>差</td><td rowspan="2"></td><td rowspan="2"></td><td rowspan="2"></td><td rowspan="2"></td><td rowspan="2"></td><td rowspan="2"></td></tr>
<tr><td>10</td><td>8</td><td>7</td><td>5</td></tr>
<tr><td rowspan="2">工作质量</td><td rowspan="2">20</td><td>优</td><td>良</td><td>中</td><td>差</td><td rowspan="2"></td><td rowspan="2"></td><td rowspan="2"></td><td rowspan="2"></td><td rowspan="2"></td><td rowspan="2"></td></tr>
<tr><td>20</td><td>18</td><td>16</td><td>15</td></tr>
<tr><td rowspan="2">工作效率</td><td rowspan="2">10</td><td>优</td><td>良</td><td>中</td><td>差</td><td rowspan="2"></td><td rowspan="2"></td><td rowspan="2"></td><td rowspan="2"></td><td rowspan="2"></td><td rowspan="2"></td></tr>
<tr><td>10</td><td>8</td><td>7</td><td>5</td></tr>
</table>

续表

评价项目	分值	等级				评价对象（组别）					
						1	2	3	4	5	6
工序完整	10	优	良	中	差						
		10	8	7	5						
作业规范	10	优	良	中	差						
		10	8	7	5						
汇报展示	10	优	良	中	差						
		10	8	7	5						
合计	100	各组得分									

（三）师傅评价

表 2-2-6　师傅评价

项目 2　混合动力汽车驱动电机系统					
任务 2 混合动力汽车动力系统认知		姓名		组别	
		班级		学号	
评分项目	配分	技术要点及扣分			扣分
1. 安全防护用品使用情况	8 分	操作时不戴绝缘手套扣 1 分			
		操作时不戴护目镜扣 1 分（戴近视镜者可不用戴护目镜）			
		操作时不铺设绝缘地垫扣 1 分			
		操作时不设置隔离带、高压警示牌扣 1 分			
		操作时不铺设格栅布、翼子板布扣 1 分			
		操作时不正确使用绝缘装卸工具扣 3 分			
2. 相关电气仪表工具使用情况	6 分	万用表挡位、接线错误扣 2 分			
		绝缘测试仪、放电仪等使用错误扣 2 分			
		接线插接器、背针等工具使用错误扣 2 分			
3. 故障现象验证及描述	6 分	设备螺丝松动、REDAY 灯不亮、系统故障灯亮、驱动电机故障灯亮、无续航里程、高压不供电、踩油门无反应、车辆无法行驶、解码仪与驱动电机系统无通信、驱动电机位置传感器故障、驱动电机系统数据流异常等现象 （回答出 6 项及以上得 6 分，6 项以下每少 1 项扣 1 分）			
4. 设备拆装流程	20 分	未按正确的顺序拆卸、安装设备，每错误一项扣 2 分，共 5 分，扣完为止			
		拆装设备不正确，如该拆卸的部件没拆、拆了不该拆的部件，每发生一处扣 3 分，共 6 分，扣完为止			
		拆装过程中发生了接触不良、放置位置不当、损坏物品等，每一项扣 3 分，共 9 分，扣完为止			

续表

评分项目	配分	技术要点及扣分	扣分
5. 故障诊断及修复	54 分	能正确识读电路图，找出需要操作或测试的设备、线束、保险丝、继电器、插接口、引脚等。共 8 分，酌情扣分，扣完为止	
		按照正确工艺进行残余电压、绝缘测试、放电测试并得出结果。共 6 分，酌情扣分，扣完为止	
		按照正确工艺进行相关部件的供电、搭铁、唤醒、通信线束的测试并得出正确结果。共 10 分，酌情扣分，扣完为止	
		按照正确工艺进行相关部件的继电器、保险丝、供电电压等测试并得出正确结果。共 10 分，酌情扣分，扣完为止	
		能找出相关部件的插接口、对应引脚，并按照正确工艺进行测试并得出正确结果。共 10 分，酌情扣分，扣完为止	
		能针对检测结果，判断出故障原因、解除故障或给出正确修复方案。共 10 分，酌情扣分，扣完为止	
6. “5S”情况	6 分	操作完成后，要把设备、工具放回原处，摆放整齐（在考核 40 min 内，一件工具未放回原处或未摆放整齐扣 1 分，工具掉地上扣 2 分，扣完为止）	
合计	共扣分：__________ 总得分：__________		
师傅评语：			

项目 3　新能源汽车驱动电机系统

<table>
<tr><td rowspan="2">任务 1
驱动电机系统认知及更换</td><td>姓名</td><td></td><td>组别</td><td></td></tr>
<tr><td>班级</td><td></td><td>学号</td><td></td></tr>
</table>

◎知识目标	◎技能目标	◎思政目标
1. 能够描述驱动电机的作用。 2. 能够描述驱动电机的特点。 3. 能够描述驱动电机的类型	1. 能够熟练进行高压安全防护作业和基本拆装工具作业。 2. 能够进行驱动电机总成的拆卸与安装	能够通过电机拆装的细节工序，体验工匠精神，培养敬业精神

一、任务导入

一位客户的驱动电机轴承发生了磨损损坏，电机内部也存在机械故障，综合判断，需要更换驱动电机总成。你的主管让你为其更换驱动电机总成，你能完成这个任务吗？

（一）请根据客户描述填写信息单

表 3-1-1　信息单

<table>
<tr><td>客户姓名</td><td></td><td>车牌号</td><td></td><td>车型</td><td></td><td>车辆颜色</td><td></td></tr>
<tr><td>客户电话</td><td></td><td>行驶里程</td><td></td><td>VIN 号</td><td colspan="3"></td></tr>
<tr><td colspan="8">维修项目</td></tr>
<tr><td colspan="8">□______km 常规保养　□一般维修　□事故车　□大修　□其他</td></tr>
<tr><td colspan="8">车况记录：</td></tr>
<tr><td colspan="8"></td></tr>
<tr><td colspan="8"></td></tr>
<tr><td colspan="8"></td></tr>
<tr><td colspan="8"></td></tr>
<tr><td colspan="8"></td></tr>
<tr><td colspan="8"></td></tr>
</table>

（二）高压安全防护及基本检查

（1）穿戴防护用具，铺设绝缘垫，设置隔离带等安全设备。

（2）对车辆基本检查，开启驻车制动，关闭启动开关。

（3）醒目位置粘贴高压警示牌，贵重物品检查。

表 3-1-2 基本检查

<table>
<tr><td colspan="4">设备工具</td></tr>
<tr><td></td><td>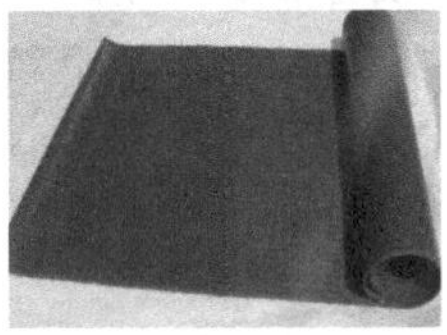</td><td></td><td>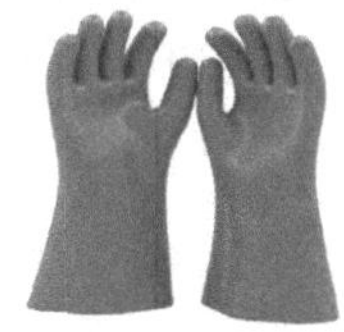</td></tr>
<tr><td>□清点正常</td><td>□清点正常</td><td>□清点正常</td><td>□清点正常</td></tr>
<tr><td colspan="4">设备工具</td></tr>
<tr><td>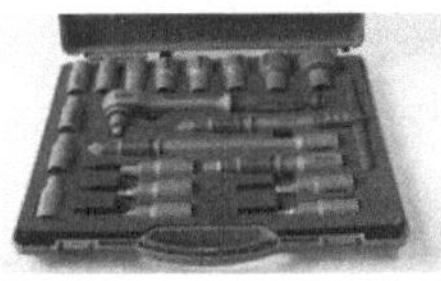</td><td>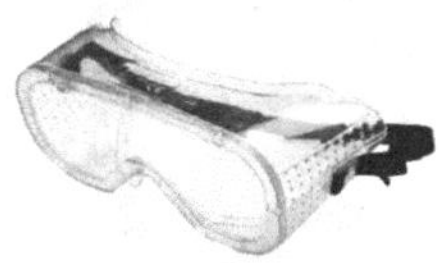</td><td></td><td></td></tr>
<tr><td>□清点正常</td><td>□清点正常</td><td>□清点正常</td><td>□清点正常</td></tr>
<tr><td colspan="4">设备工具</td></tr>
<tr><td></td><td>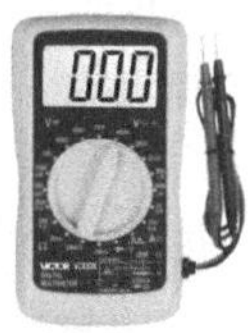</td><td>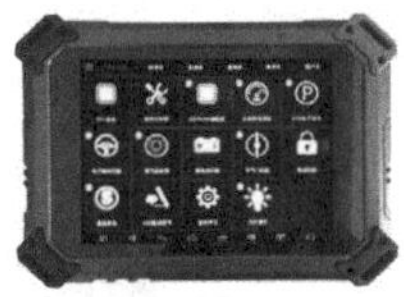</td><td>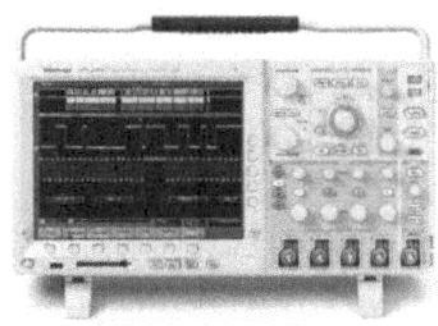</td></tr>
<tr><td>□清点正常</td><td>□清点正常</td><td>□清点正常</td><td>□清点正常</td></tr>
<tr><td colspan="4">车辆检查</td></tr>
<tr><td rowspan="4">外观检查：破损处用“○”标出
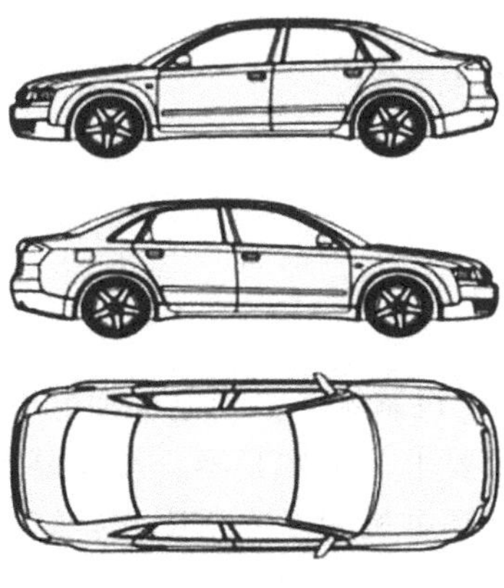</td><td>车内检查</td><td>收音机 □
内饰 □</td><td>空调 □
中控 □</td></tr>
<tr><td>整车检查</td><td>轮胎 □
底盘 □</td><td>灯光 □
刹车 □</td></tr>
<tr><td>贵重物品</td><td colspan="2"></td></tr>
<tr><td>油量记录</td><td colspan="2">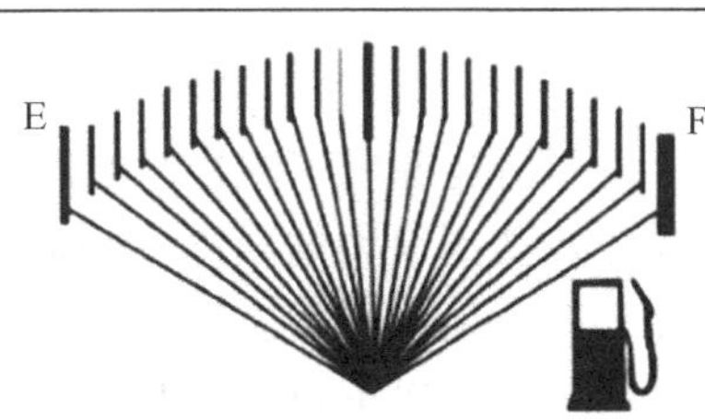</td></tr>
</table>

二、获取信息

（一）引导问题：驱动电机在新能源汽车上的作用是什么？

驱动电机是一种将电能转化成动能，用来驱动其他装置的电气设备。驱动电机是纯电动汽车唯一的动力源，可向外输出转矩，驱动汽车前进或后退；同时也可以作为发电机发电，例如在整车高坡下滑、高速滑行以及制动过程中，此时电机作为发电机将势能或动能转化为电能。图 3-1-1 所示为驱动电机的示意图。

驱动电机负责向整车提供驱动力，是新能源汽车驱动系统的核心部件之一，如图 3-1-2 所示。

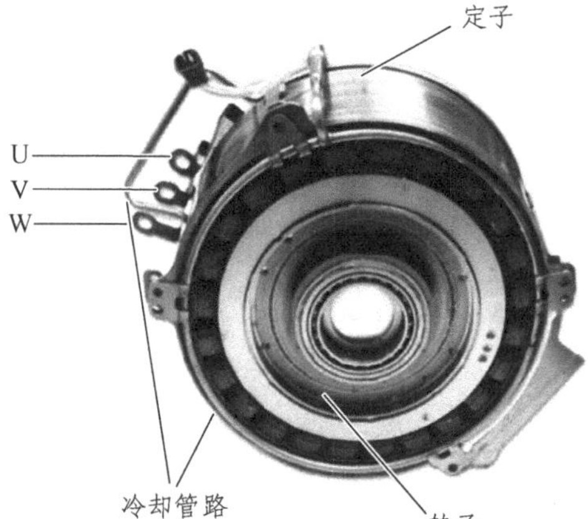

图 3-1-1　驱动电机示意图

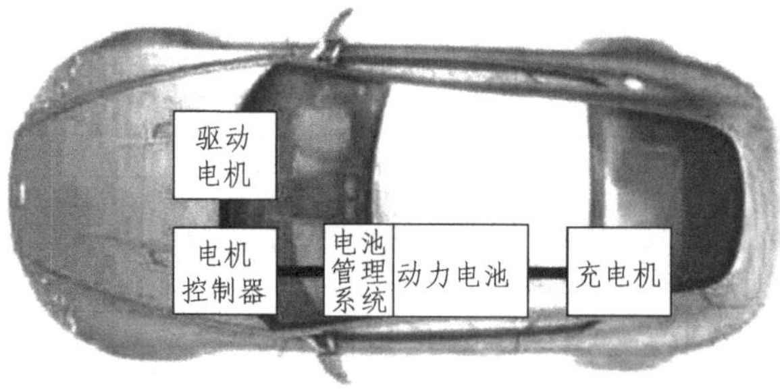

图 3-1-2　新能源汽车的主要部件

（二）引导问题：驱动电机具有哪些特点？

新能源汽车采用的驱动电机有以下特点：

1. 体积小、功率密度大

由于新能源汽车的整车空间有限，这就意味着电机系统（驱动电机和电机控制器）的尺寸将受到很大的限制，因此对驱动电机的第一要求是结构紧凑、尺寸要小。电机设计厂家必须想尽办法缩小驱动电机的体积，即提高电机的功率密度和转矩密度，尤其是乘用车，对电机的体积限制要求很高，因此一般选用高功率密度的永磁同步电机作为驱动电机的解决方案。

2. 效率高、高效区广、重量轻

新能源汽车驱动电机的第二个特点就是效率高、高效区广、重量轻。续航里程一直是新能源汽车的短板，而提升续航里程的方法就是提升驱动电机的效率，保证每一度电都能发挥最大的作用。驱动电机的高效工况区要够广，保证汽车在大部分工况下都是处于高效状态。减轻电机重量，也能间接降低整车的功耗，实现续航里程提升。

（三）引导问题：新能源汽车上采用的驱动电机有哪些类型？

1. 电机的类型

电机从很早以前就已经实用化，并且产品种类、形式也越来越丰富，按照电机电源供给进行分类，主要包括以下 3 种：

1）直流电机

直流电机是输出或输入为直流电的旋转电机，它是能实现电能和机械能互相转换的电机。

图 3-1-3 所示为直流电机的基本结构，它的固定部分定子上，装设了一对直流励磁的静止的主磁极 N 和 S，在旋转部分转子上装设电枢铁心。定子与转子之间有一气隙。在电枢铁心上放置了由 A 和 X 两根导体连成的电枢线圈，线圈首端和末端分别连到两个圆弧形的铜片上，此铜片称为换向片。换向片之间互相绝缘，由换向片构成的整体称为换向器。换向器固定在转轴上，换向片与转轴之间也互相绝缘。在换向片上放置着一对固定不动的电刷 B_1 和 B_2，当电枢旋转时，电枢线圈通过换向片和电刷与外电路接通。

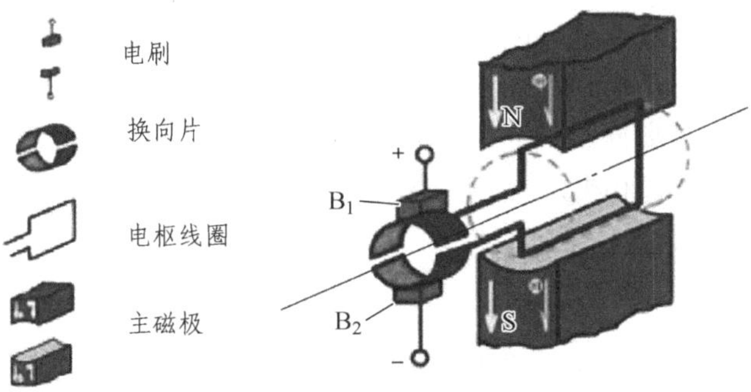

图 3-1-3　直流电机的基本结构

2）交流异步电机

交流异步电机，又称“感应电机”，即转子置于旋转磁场中，在旋转磁场的作用下获得一个转动力矩，因而转子转动。转子是可转动的导体，通常多呈鼠笼状。图 3-1-4 所示为交流异步电机。

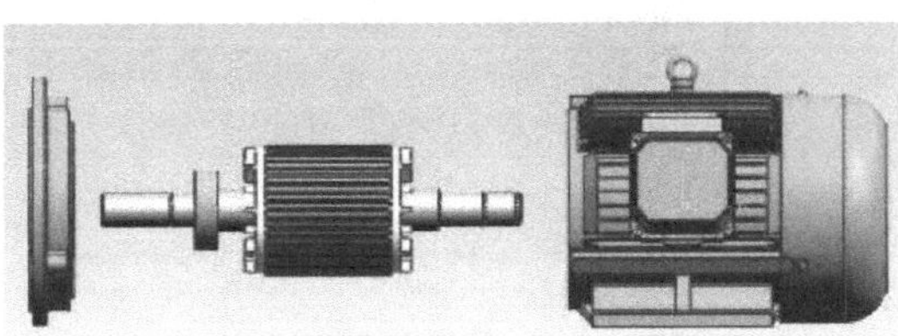

图 3-1-4　交流异步电机

异步电机的笼形导体是将棒状的导体排布在圆周上，在端部通过圆环短路。异步电机的内侧为线槽，在其内部缠绕绕组，绕组由 U、V、W 构成三相绕组。图 3-1-5 所示为感应电机绕组。

三相绕组接通三相交流电后产生旋转磁场，通过磁场旋转，转子导体棒横穿磁场，根据右手法则，在转子内产生电动势，该电动势使得电流在转子导体内流动，再按照左手法则，由转子导体的电流与定子的励磁产生力，产生磁转矩。

异步电机的主要特点是转子与定子磁场变化之间存在转速差。

3）永磁同步电机

同步电机是指转子转速与定子旋转磁场转速同步的电机，如图 3-1-6 所示。

图 3-1-5　感应电机绕组

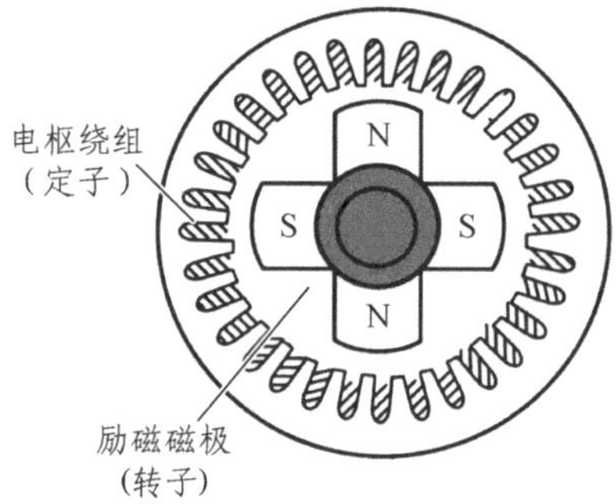

图 3-1-6　同步电机的结构示意图

电机的转子为永磁磁体，转子磁体的 N 极、S 极随着定子绕组的旋转磁场磁极的移动而旋转。磁场产生磁通量，电枢完成电能与机械能的转换。

由于汽车驱动的同步电机几乎都为旋转磁极式，转子使用永磁体。此外，同步电机开环控制容易产生脱离同步运转的情况，因此需要对转子的磁极位置进行检测，根据磁极的变化改变定子三相电缆电流的供给。

2. 常见新能源汽车驱动电机的类型

1）特斯拉驱动电机

特斯拉纯电动汽车的驱动电机为自主研发的三相交流感应电机（见图 3-1-7），拥有最优的缠绕线性，能极大地减少阻力和能量损耗，同时，相对整车，其电机体积非常小。

图 3-1-7　特斯拉驱动电机

通过高性能信号处理器将制动、加速、减速等需求转换为数字信号，控制转动变频器将电池组的直流电与交流电相互转换，以带动三相感应电机提供汽车动力。

2）北汽新能源驱动电机

图 3-1-8 所示为北汽新能源 E150EV 的驱动电机，图 3-1-9 所示为 E150EV 的电机控制器。驱动电机控制方式如下：

驱动电机控制器将动力电池提供的直流电转化为交流电，然后输出给电机。通过电机的正转来实现整车加速、减速；通过电机的反转来实现倒车。驱动电机控制器通过有效的控制策略，控制动力总成以最佳方式协调工作。

图 3-1-8　E150EV 驱动电机

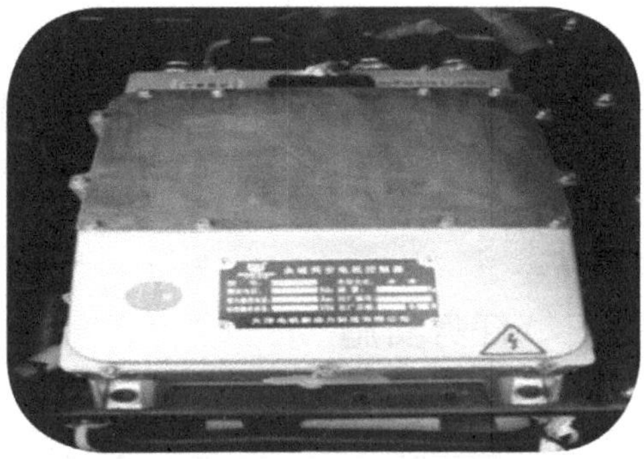

图 3-1-9　E150EV 电机控制器

3）比亚迪驱动电机

比亚迪纯电动汽车使用的驱动电机为交流无刷永磁同步电机，具有高密度、小型轻量化、高效率、高可靠性、高耐久性、强适应性等优点。图 3-1-10 所示为比亚迪 e6 的驱动电机。

图 3-1-10　比亚迪 e6 动电机

驱动电机通过采集电机旋变信号进行工作。当车辆要行驶时，电机通过旋转变压器检测到电机的位置，位置信号通过控制器的处理发送相关信号给控制器 IGBT，逻辑信号控制 IGBT 开断，控制器输出频率、电压可控的近似正弦波的交流电给电机供电。

4）荣威驱动电机

荣威 e5 纯电动汽车使用的驱动电机也是永磁同步电机，电机总成采用油冷的方式冷却，如图 3-1-11 所示。

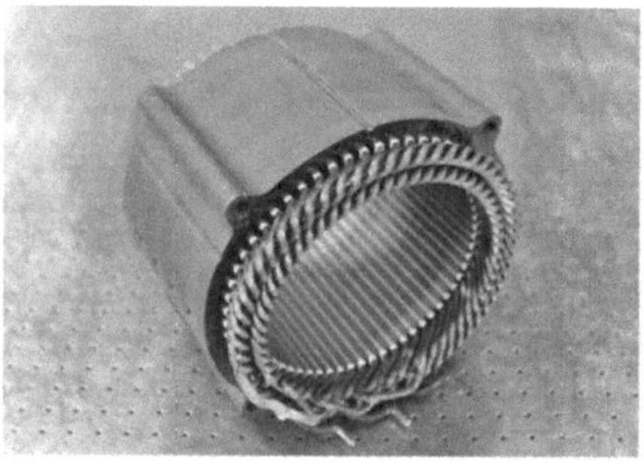

图 3-1-11　荣威 e50 驱动电机

定子是由三相绕组构成的回路，三相绕组分别为 U、V、W，以 Y 形方式连接。Y 形连接方式的特点是每个回路都连接在同一个端点，车辆的高压电缆分别连接到电机的每个绕组上。电机转子的两端都由轴承支撑，定子产生磁场，并推动转子实现顺时针或逆时针转动。

三、任务实施

表 3-1-3　任务实施

<table>
<tr><td colspan="2">1. 实施要求</td></tr>
<tr><td colspan="2">本操作任务主要完成对纯电动汽车驱动电机总成的拆卸和安装。
（1）纯电动汽车驱动电机总成拆卸和安装。
（2）请在拆装操作时，对表格中操作流程的相关数据进行记录。</td></tr>
<tr><td colspan="2">2. 实施准备</td></tr>
<tr><td colspan="2">（1）防护装备：工作服、绝缘鞋、护目镜、绝缘帽、绝缘手套。
（2）北汽新能源纯电动汽车 1 辆、台架、部件总成。
（3）拆装专用工具、设备。
（4）手工工具：新能源汽车维修组合工具。
（5）辅助材料：高压电维修警示牌、绝缘地垫、干粉灭火器、清洁剂。</td></tr>
<tr><td colspan="2">3. 实施步骤</td></tr>
<tr><td>（1）拆卸蓄电池负极端子。
① 拔出点火钥匙，取下水箱盖，如图 3-1-12 所示。
② 选用______mm 扳手拆卸蓄电池负极线固定螺栓，取下负极线，并对负极接头做好防护。</td><td>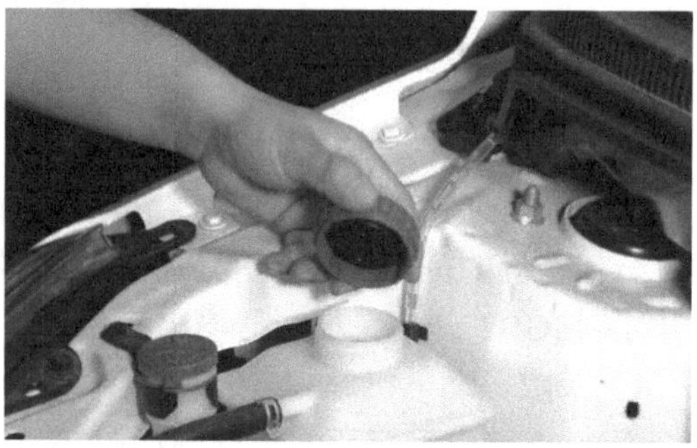
图 3-1-12　取下水箱盖</td></tr>
</table>

续表

（2）拆卸车轮。 ① 使用钳子，拆卸左前轮四颗轮毂螺栓保护帽。 ② 使用弯杆、直杆配合_______mm 套筒，拆松左前轮四颗固定螺栓，如图 3-1-13 所示。 ③ 使用钳子，拆卸右前轮四颗轮毂螺栓保护帽。 ④ 使用弯杆、直杆配合_______mm 套筒，拆松右前轮四颗固定螺栓。 ⑤ 举升车辆至一定高度，使用直杆配合 21 mm 套筒，拆卸左、右前轮各四颗固定螺栓，并拆卸左、右前轮，如图 3-1-14 所示。	 图 3-1-13　拆松左前轮四颗固定螺栓 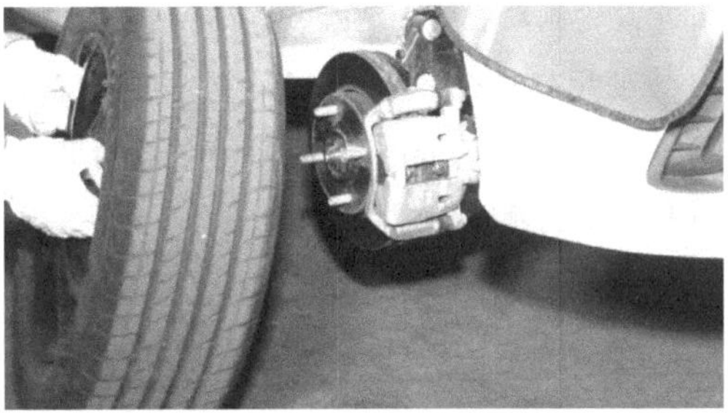 图 3-1-14　拆卸左、右前轮
（3）排放齿轮油。 ① 使用 M10 内六角扳手拆卸齿轮箱放油螺栓。 ② 排空齿轮箱油，如图 3-1-15 所示。 ③ 用手安装齿轮箱放油螺栓。 ④ 使用 M10 内六角扳手拧紧齿轮箱放油螺栓。拧紧标准力矩：______N · m。 ⑤ 使用干净的抹布清洁齿轮箱油迹。	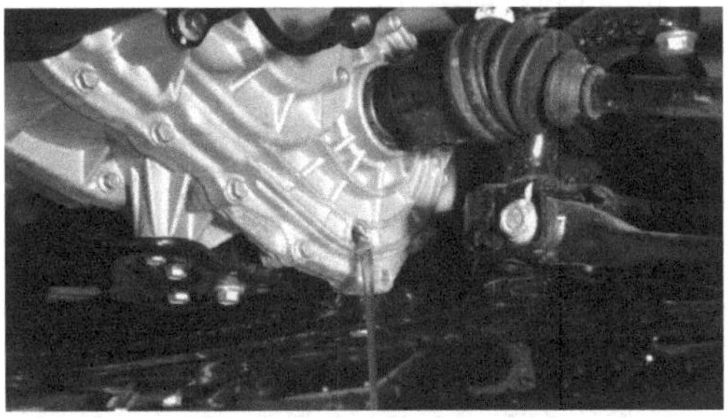 图 3-1-15　排空齿轮箱油
（4）排放冷却液。 ① 拆卸冷却液水箱放水螺栓，如图 3-1-16 所示。 ② 排空冷却液。排空冷却液前，必须确保冷却液已经降到_______ °C 以下。 ③ 拧紧水箱放水螺栓。 ④ 使用干净抹布将放水螺栓处擦拭干净。 ⑤ 拆卸动力电池低压控制线束插接器。 ⑥ 拆卸动力电池高压线束插接器。	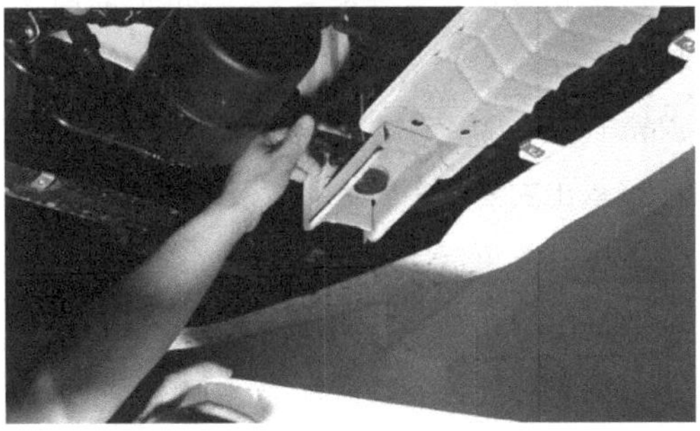 图 3-1-16　拆卸冷却液水箱放水螺栓

续表

<table>
<tr><td>（5）拆卸左前半轴。
① 使用一字螺钉旋具，解开半轴螺栓扣，如图 3-1-17 所示。
② 使用弯杆、直杆配合______mm 套筒，拧松左前半轴固定螺栓。
③ 使用一字螺钉旋具解开 ABS 轮速传感器固定线束。
④ 使用棘轮扳手配合______mm 套筒，拆卸左前轮制动液管固定螺栓。
⑤ 使用棘轮扳手、接杆配合____mm 套筒，另一旁用______mm 开口扳手卡住，拆卸左前轮羊角两颗固定螺栓。
⑥ 取出左前半轴固定螺栓。
⑦ 取出左前半轴总成，如图 3-1-18 所示。</td><td>
图 3-1-17　解开半轴螺栓扣
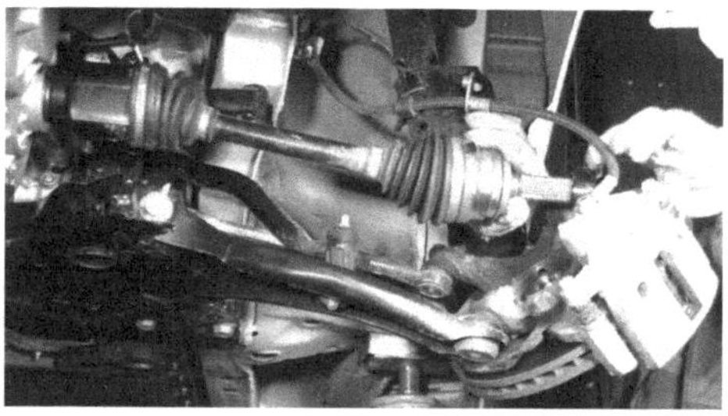
图 3-1-18　取出左前半轴总成</td></tr>
<tr><td>（6）拆卸右前半轴。
① 使用一字螺钉旋具，解开半轴螺栓扣。
② 使用弯杆配合______mm 套筒，拆松右前半轴固定螺栓。
③ 使用一字螺钉旋具解开 ABS 轮速传感器固定线束。
④ 使用快速扳手、直杆配合____mm 套筒，拆卸右前轮制动液管固定螺栓。
⑤ 使用弯杆、直杆配合______mm 套筒，另一旁用______mm 开口扳手卡住，拆卸右前轮羊角两颗固定螺栓。
⑥ 取出右前半轴固定螺栓及其总成。
⑦ 安装羊角，带上固定螺栓，如图 3-1-19 所示。</td><td>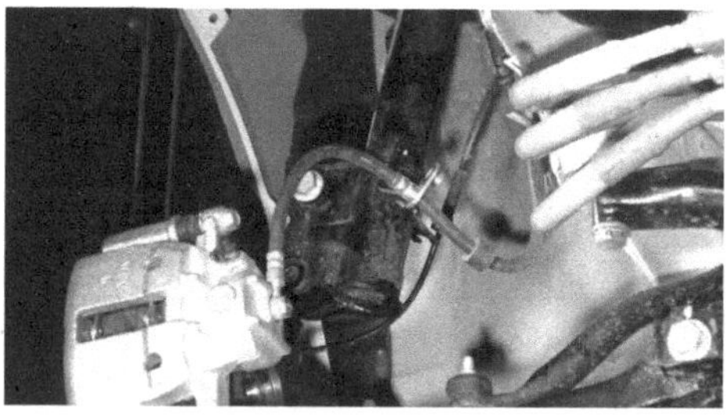
图 3-1-19　安装羊角并带上固定螺栓</td></tr>
</table>

续表

（7）拆卸驱动电机附属零件。 ① 拆卸驱动电机低压线束插接器。 ② 使用一字螺钉旋具解开驱动电机低压线束插接器固定卡扣，如图 3-1-20 所示。 ③ 使用________脱开驱动电机散热出水管卡箍。 ④ 拔下驱动电机散热出水管。	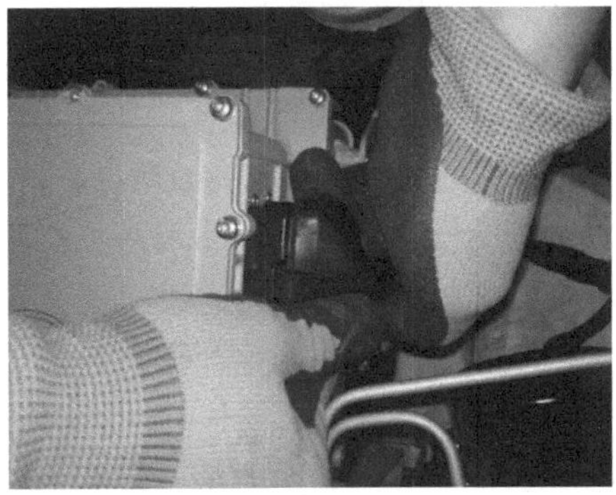 图 3-1-20　取下驱动电机低压线束插接器
（8）拆卸变速器后扭力支架。 ① 选用弯杆、________mm 套筒，拆下变速器后扭力支架固定螺栓，如图 3-1-21 所示。 ② 取出变速器后扭力支架总成。 ③ 降下车辆至一定高度。	 图 3-1-21　拆下变速器后扭力支架固定螺栓
（9）拆卸电机控制器。 ① 使用绝缘一字螺钉旋具，拆下电机控制器低压线束端口。 ② 取出驱动电机控制器三相插接件线束插头，如图 3-1-22 所示。 ③ 拆卸驱动电机控制器正负极高压线缆。 ④ 依次使用________拧松驱动电机控制器散热出水、进水管卡箍，并拔出。 ⑤ 使用绝缘工具拆卸驱动电机控制器总成固定螺栓。 ⑥ 取下驱动电机控制器单元总成，并在干净、干燥环境下存放。 ⑦ 使用________包裹驱动电机控制器三相插接件线束插头。 ⑧ 使用________包裹电机控制器高压线束正极端口和负极端口，如图 3-1-23 所示。	 图 3-1-22　取出电机控制器三相高压线束插头  图 3-1-23　包裹高压线束正极端口和负极端口

续表

<table>
<tr>
<td>（10）拆卸 PDU 总成。
① 使用绝缘一字螺丝刀工具拆卸 PDU 的 12 V 线束三个固定卡扣。
② 取下低压蓄电池正极端口防护盖。
③ 使用绝缘工具______mm 扳手拧松 PDU 的 12 V 线束固定螺栓。
④ 拆卸低压蓄电池正极固定螺栓。
⑤ 使用绝缘一字螺钉旋具，拆卸低压控制线束插接器，如图 3-1-24 所示。
⑥ 拆卸慢充高压线束插接器。
⑦ 拆卸空调高压线束插接器，如图 3-1-25 所示。
⑧ 拆卸高压 PTC 加热控制模块线束插接器，如图 3-1-26 所示。
⑨ 使用绝缘工具拆卸 PDU 动力电池组高压线束固定螺栓，并取出动力电池组高压线束。
⑩ 选用棘轮扳手、接杆和 T30 套筒拆卸电机控制器高压线束固定螺栓，并取出电机控制器高压线。
⑪ 用卡箍钳脱开 PDU 进水、出水管卡箍，并取下。
⑫ 选用棘轮扳手、接杆和______mm 套筒拆卸四颗 PDU 总成固定螺栓。
⑬ 两名维修人员协作取下 PDU 电子分配单元总成，并放置在________环境下存放。</td>
<td>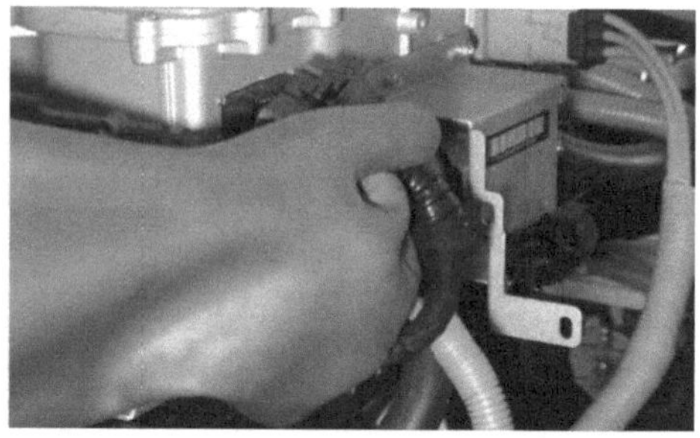
图 3-1-24　拆卸低压控制线束插接器
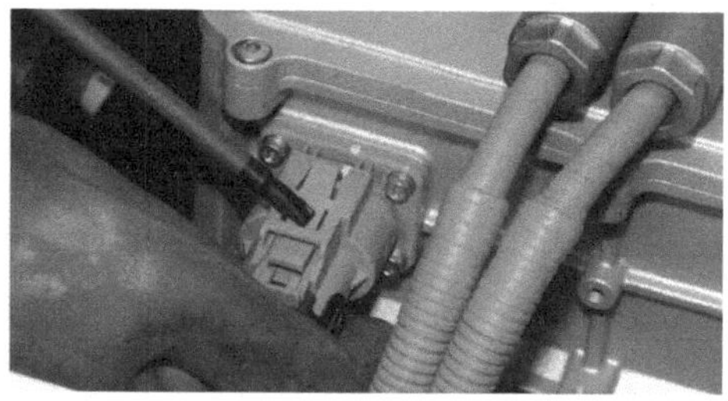
图 3-1-25　拆卸空调高压线束插接器
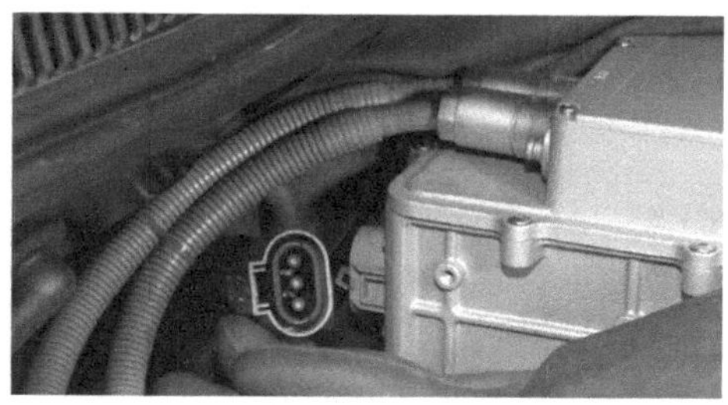
图 3-1-26　拆卸高压 PTC 加热控制模块线束插接器</td>
</tr>
<tr>
<td>（11）拆卸低压蓄电池总成。
① 选用棘轮扳手、______mm 套筒，拆卸低压蓄电池正极线束端口固定螺栓（见图 3-1-27），并取下正极线束。
② 取下固定压块和蓄电池总成。
③ 使用一字螺钉旋具拆卸，蓄电池正极 12 V 线束两个固定卡扣。
④ 选用棘轮扳手、接杆和______mm 套筒，拆卸低压蓄电池托架六颗固定螺栓，并取出电池托架。</td>
<td>
图 3-1-27　拆卸低压蓄电池正极线束端口固定螺栓</td>
</tr>
</table>

续表

<table>
<tr><td colspan="6">（12）拆卸托架总成。
① 选用棘轮扳手、接杆和______mm 套筒，拆卸托架总成四颗固定螺栓。
② 两名维修人员协作取下托架总成。
③ 选用棘轮扳手、接杆和 18mm 套筒，拧松驱动电机与齿轮箱机脚固定螺栓，如图 3-1-28 所示。
④ 将拆卸驱动电机总成在干净、干燥环境下存放。</td><td colspan="2">
图 3-1-28　拧松驱动电机机脚固定螺栓</td></tr>
<tr><td colspan="8">4. 整理</td></tr>
<tr><td colspan="8">（1）妥善取回实训工具，放回原处，进行“5S”整理。
（2）撤去高压警示装置、翼子板布，盖上引擎盖。</td></tr>
<tr><td colspan="8">5. 质量检验及维修说明</td></tr>
<tr><td colspan="8">质量检验表</td></tr>
<tr><td colspan="8">交车时间：______年______月______日______时______分</td></tr>
<tr><td>序号</td><td>质检项目</td><td>参考标准</td><td colspan="2">自检</td><td>互检</td><td colspan="2">终检</td></tr>
<tr><td>1</td><td>线束插头</td><td>连接牢固可靠</td><td colspan="2"></td><td></td><td colspan="2"></td></tr>
<tr><td>2</td><td>螺栓扭力</td><td>标准力矩</td><td colspan="2"></td><td></td><td colspan="2"></td></tr>
<tr><td>3</td><td>故障码</td><td>无</td><td colspan="2"></td><td></td><td colspan="2"></td></tr>
<tr><td>4</td><td>数据流</td><td>正常</td><td colspan="2"></td><td></td><td colspan="2"></td></tr>
<tr><td>5</td><td>工具设备整理</td><td>归位摆放</td><td colspan="2"></td><td></td><td colspan="2"></td></tr>
<tr><td>6</td><td>场地清洁</td><td>清理整洁</td><td colspan="2"></td><td></td><td colspan="2"></td></tr>
<tr><td colspan="8">6. 总结与反思</td></tr>
<tr><td colspan="8">（如学习过程中遇到什么问题，如何解决的或解决不了的原因，通过实训的收获等）</td></tr>
</table>

四、思政沙龙

各小组同学进行讨论后，选一名代表上台发言。

主题：驱动电机总成拆装过程中，有哪些看似“没有必要”的小事、小细节，如果不注意，可能引发各类大小问题。请谈一谈自己的感想和态度。

五、任务考核

（一）知识检验

表 3-1-4　知识检验

<table>
<tr><td colspan="7">项目 3　新能源汽车驱动电机系统</td></tr>
<tr><td colspan="3" rowspan="2">任务 1
驱动电机系统认知及更换</td><td>姓名</td><td></td><td>组别</td><td></td></tr>
<tr><td>班级</td><td></td><td>学号</td><td></td></tr>
<tr><td colspan="2">目标</td><td colspan="4">考核题目</td><td>得分</td></tr>
<tr><td rowspan="9">知识目标</td><td rowspan="3">1</td><td colspan="4">（1）（单选）（　　）是纯电动汽车唯一的动力源，可向外输出转矩，驱动汽车前进后退；同时也可以作为发电机发电。
A. 动力电池　B. 变速器　C. 压缩机　D. 驱动电机</td><td></td></tr>
<tr><td colspan="4">（2）（判断）驱动电机是一种将电能转化成动能，用来驱动其他装置的电气设备。（　　）</td><td></td></tr>
<tr><td colspan="4">（3）驱动电机对于新能源汽车来说就像人的心脏一样重要，它负责给整车提供驱动力，是新能源汽车驱动系统的核心部件之一。（　　）</td><td></td></tr>
<tr><td rowspan="3">2</td><td colspan="4">（1）（多选）属于新能源汽车驱动电机特点的是（　　）。
A. 体积小　B. 功率密度大　C. 重量重　D. 可靠性好</td><td></td></tr>
<tr><td colspan="4">（2）（判断）由于新能源汽车的整车空间有限，因此第一要求驱动电机的结构紧凑、尺寸要小。（　　）</td><td></td></tr>
<tr><td colspan="4">（3）（判断）基于汽车用户的体验，新能源汽车驱动电机还需关注电机自身的安全性和舒适度。（　　）</td><td></td></tr>
<tr><td rowspan="3">3</td><td colspan="4">（1）（单选）（　　）是输出或输入为直流电的旋转电机，它是能实现电能和机械能互相转换的电机。
A. 直流电机　B. 交流异步电机
C. 磁阻电机　D. 永磁同步电机</td><td></td></tr>
<tr><td colspan="4">（2）（单选）（　　），又称“感应电机”，即转子置于旋转磁场中，在旋转磁场的作用下获得一个转动力矩，因而转子转动。转子是可转动的导体，通常多呈鼠笼状。
A. 直流电机　B. 交流异步电机
C. 永磁同步电机　D. 磁阻电机</td><td></td></tr>
<tr><td colspan="4">（3）（判断）同步电机是指转子转速与定子旋转磁场的转速同步的电机，电机的转子为永磁磁体，转子磁体的 N 极、S 极随着定子绕组的旋转磁场磁极的移动而旋转。磁场产生磁通量，电枢完成电能与机械能的转换。（　　）</td><td></td></tr>
</table>

续表

<table>
<tr><th>目标</th><th>考核题目</th><th>得分</th></tr>
<tr><td rowspan="3">技能目标</td><td>（1）（单选）关于纯电动汽车驱动电机的拆卸，第一步要做（　　）。
A. 冷却液的排放　　B. 拆卸轮胎
C. 齿轮油的排放　　D. 拆卸蓄电池负极端子</td><td></td></tr>
<tr><td>（2）（判断）拆卸蓄电池负极前，必须确保点火开关处于关闭状态，并将车钥匙放在口袋，等待 30 min 后方可进行下一步操作。（　　）</td><td></td></tr>
<tr><td>（3）（判断）在维修新能源汽车中，所有橙黄色高压线都有高压互锁装置，须互锁到位。（　　）</td><td></td></tr>
<tr><td colspan="2">总分：　　　分</td><td></td></tr>
</table>

（二）学生互评

表 3-1-5　学生互评

<table>
<tr><td colspan="13">项目 3　新能源汽车驱动电机系统</td></tr>
<tr><td colspan="3" rowspan="2">任务 1
驱动电机系统认知及更换</td><td colspan="2">姓名</td><td colspan="3"></td><td colspan="2">组别</td><td colspan="3"></td></tr>
<tr><td colspan="2">班级</td><td colspan="3"></td><td colspan="2">学号</td><td colspan="3"></td></tr>
<tr><th rowspan="2">评价项目</th><th rowspan="2">分值</th><th colspan="4" rowspan="2">等级</th><th colspan="6">评价对象（组别）</th></tr>
<tr><th>1</th><th>2</th><th>3</th><th>4</th><th>5</th><th>6</th></tr>
<tr><td rowspan="2">方案合理</td><td rowspan="2">20</td><td>优</td><td>良</td><td>中</td><td>差</td><td rowspan="2"></td><td rowspan="2"></td><td rowspan="2"></td><td rowspan="2"></td><td rowspan="2"></td><td rowspan="2"></td></tr>
<tr><td>20</td><td>18</td><td>16</td><td>15</td></tr>
<tr><td rowspan="2">团队合作</td><td rowspan="2">10</td><td>优</td><td>良</td><td>中</td><td>差</td><td rowspan="2"></td><td rowspan="2"></td><td rowspan="2"></td><td rowspan="2"></td><td rowspan="2"></td><td rowspan="2"></td></tr>
<tr><td>10</td><td>8</td><td>7</td><td>5</td></tr>
<tr><td rowspan="2">组织有序</td><td rowspan="2">10</td><td>优</td><td>良</td><td>中</td><td>差</td><td rowspan="2"></td><td rowspan="2"></td><td rowspan="2"></td><td rowspan="2"></td><td rowspan="2"></td><td rowspan="2"></td></tr>
<tr><td>10</td><td>8</td><td>7</td><td>5</td></tr>
<tr><td rowspan="2">工作质量</td><td rowspan="2">20</td><td>优</td><td>良</td><td>中</td><td>差</td><td rowspan="2"></td><td rowspan="2"></td><td rowspan="2"></td><td rowspan="2"></td><td rowspan="2"></td><td rowspan="2"></td></tr>
<tr><td>20</td><td>18</td><td>16</td><td>15</td></tr>
<tr><td rowspan="2">工作效率</td><td rowspan="2">10</td><td>优</td><td>良</td><td>中</td><td>差</td><td rowspan="2"></td><td rowspan="2"></td><td rowspan="2"></td><td rowspan="2"></td><td rowspan="2"></td><td rowspan="2"></td></tr>
<tr><td>10</td><td>8</td><td>7</td><td>5</td></tr>
<tr><td rowspan="2">工序完整</td><td rowspan="2">10</td><td>优</td><td>良</td><td>中</td><td>差</td><td rowspan="2"></td><td rowspan="2"></td><td rowspan="2"></td><td rowspan="2"></td><td rowspan="2"></td><td rowspan="2"></td></tr>
<tr><td>10</td><td>8</td><td>7</td><td>5</td></tr>
<tr><td rowspan="2">作业规范</td><td rowspan="2">10</td><td>优</td><td>良</td><td>中</td><td>差</td><td rowspan="2"></td><td rowspan="2"></td><td rowspan="2"></td><td rowspan="2"></td><td rowspan="2"></td><td rowspan="2"></td></tr>
<tr><td>10</td><td>8</td><td>7</td><td>5</td></tr>
<tr><td rowspan="2">汇报展示</td><td rowspan="2">10</td><td>优</td><td>良</td><td>中</td><td>差</td><td rowspan="2"></td><td rowspan="2"></td><td rowspan="2"></td><td rowspan="2"></td><td rowspan="2"></td><td rowspan="2"></td></tr>
<tr><td>10</td><td>8</td><td>7</td><td>5</td></tr>
<tr><td>合计</td><td>100</td><td colspan="4">各组得分</td><td></td><td></td><td></td><td></td><td></td><td></td></tr>
</table>

（三）师傅评价

表 3-1-6　师傅评价

<table>
<tr><td colspan="6">项目 3　新能源汽车驱动电机系统</td></tr>
<tr><td colspan="2" rowspan="2">任务 1
驱动电机系统认知及更换</td><td>姓名</td><td></td><td>组别</td><td></td></tr>
<tr><td>班级</td><td></td><td>学号</td><td></td></tr>
<tr><th>评分项目</th><th>配分</th><th colspan="3">技术要点及扣分</th><th>扣分</th></tr>
<tr><td rowspan="6">1. 安全防护用品使用情况</td><td rowspan="6">8 分</td><td colspan="3">操作时不戴绝缘手套扣 1 分</td><td></td></tr>
<tr><td colspan="3">操作时不戴护目镜扣 1 分（戴近视镜者可不用戴护目镜）</td><td></td></tr>
<tr><td colspan="3">操作时不铺设绝缘地垫扣 1 分</td><td></td></tr>
<tr><td colspan="3">操作时不设置隔离带、高压警示牌扣 1 分</td><td></td></tr>
<tr><td colspan="3">操作时不铺设格栅布、翼子板布扣 1 分</td><td></td></tr>
<tr><td colspan="3">操作时不正确使用绝缘装卸工具扣 3 分</td><td></td></tr>
<tr><td rowspan="3">2. 相关电气仪表工具使用情况</td><td rowspan="3">6 分</td><td colspan="3">万用表挡位、接线错误扣 2 分</td><td></td></tr>
<tr><td colspan="3">绝缘测试仪、放电仪等使用错误扣 2 分</td><td></td></tr>
<tr><td colspan="3">接线插接器、背针等工具使用错误扣 2 分</td><td></td></tr>
<tr><td>3. 故障现象验证及描述</td><td>6 分</td><td colspan="3">设备螺丝松动、REDAY 灯不亮、系统故障灯亮、驱动电机故障灯亮、无续航里程、高压不供电、踩油门无反应、车辆无法行驶、解码仪与驱动电机系统无通信、驱动电机位置传感器故障、驱动电机系统数据流异常等现象
（回答出 6 项及以上得 6 分，6 项以下每少 1 项扣 1 分）</td><td></td></tr>
<tr><td rowspan="3">4. 设备拆装流程</td><td rowspan="3">20 分</td><td colspan="3">未按正确的顺序拆卸、安装设备，每错误一项扣 2 分，共 5 分，扣完为止</td><td></td></tr>
<tr><td colspan="3">拆装设备不正确，如该拆卸的部件没拆、拆了不该拆的部件，每发生一处扣 3 分，共 6 分，扣完为止</td><td></td></tr>
<tr><td colspan="3">拆装过程中发生了接触不良、放置位置不当、损坏物品等，每一项扣 3 分，共 9 分，扣完为止</td><td></td></tr>
<tr><td rowspan="3">5. 故障诊断及修复</td><td rowspan="3">54 分</td><td colspan="3">能正确识读电路图，找出需要操作或测试的设备、线束、保险丝、继电器、插接口、引脚等。共 8 分，酌情扣分，扣完为止</td><td></td></tr>
<tr><td colspan="3">按照正确工艺进行残余电压、绝缘测试、放电测试并得出结果。共 6 分，酌情扣分，扣完为止</td><td></td></tr>
<tr><td colspan="3">按照正确工艺进行相关部件的供电、搭铁、唤醒、通信线束的测试并得出正确结果。共 10 分，酌情扣分，扣完为止</td><td></td></tr>
</table>

续表

评分项目	配分	技术要点及扣分	扣分
5. 故障诊断及修复	54 分	按照正确工艺进行相关部件的继电器、保险丝、供电电压等测试并得出正确结果。共 10 分，酌情扣分，扣完为止	
		能找出相关部件的插接口、对应引脚，并按照正确工艺进行测试并得出正确结果。共 10 分，酌情扣分，扣完为止	
		能针对检测结果，判断出故障原因、解除故障或给出正确修复方案。共 10 分，酌情扣分，扣完为止	
6. “5S” 情况	6 分	操作完成后，要把设备、工具放回原处，摆放整齐（在考核 40 min 内，一件工具未放回原处或未摆放整齐扣 1 分，工具掉地上扣 2 分，扣完为止）	
合计	共扣分：__________ 总得分：__________		
师傅评语：			

六、知识拓展

直流无刷电机安装视频

直流无刷电机原理讲解

项目 3 新能源汽车驱动电机系统

<table>
<tr><td rowspan="2">任务 2
驱动电机系统性能检测</td><td>姓名</td><td></td><td>组别</td><td></td></tr>
<tr><td>班级</td><td></td><td>学号</td><td></td></tr>
</table>

◎知识目标	◎技能目标	◎思政目标
1. 能够描述驱动电机的性能评价参数和检测方法。 2. 能够描述驱动电机的结构和技术参数特点	1. 能够使用驱动电机状态数据流读取方法。 2. 能够进行驱动电机性能参数检测操作	通过电机性能检测，培养职业素养、工匠精神和劳动责任心

一、任务导入

客户进店维修车辆，怀疑电机的性能达不到厂家宣传的效果，要求进行检测。你的主管让你检测新能源汽车驱动电机的性能，你该如何完成这个任务？

（一）请根据客户描述填写信息单

表 3-2-1 信息单

<table>
<tr><td>客户姓名</td><td></td><td>车牌号</td><td></td><td>车型</td><td></td><td>车辆颜色</td><td></td></tr>
<tr><td>客户电话</td><td></td><td>行驶里程</td><td></td><td>VIN 号</td><td colspan="3"></td></tr>
<tr><td colspan="8">维修项目</td></tr>
<tr><td colspan="8">□______km 常规保养 □一般维修 □事故车 □大修 □其他</td></tr>
<tr><td colspan="8">车况记录：</td></tr>
<tr><td colspan="8"></td></tr>
<tr><td colspan="8"></td></tr>
<tr><td colspan="8"></td></tr>
<tr><td colspan="8"></td></tr>
<tr><td colspan="8"></td></tr>
<tr><td colspan="8"></td></tr>
<tr><td colspan="8"></td></tr>
</table>

（二）高压安全防护及基本检查

（1）穿戴防护用具，铺设绝缘垫，设置隔离带等安全设备。

（2）对车辆基本检查，开启驻车制动，关闭启动开关。

（3）醒目位置粘贴高压警示牌，贵重物品检查。

表 3-2-2　基本检查

<table>
<tr><th colspan="4">设备工具</th></tr>
<tr><td></td><td></td><td>
</td><td>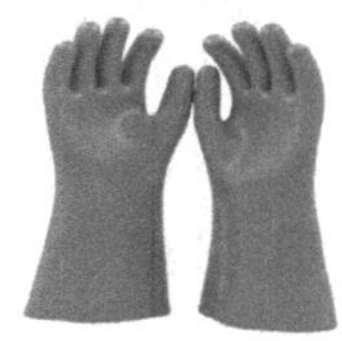</td></tr>
<tr><td>□清点正常</td><td>□清点正常</td><td>□清点正常</td><td>□清点正常</td></tr>
<tr><th colspan="4">设备工具</th></tr>
<tr><td>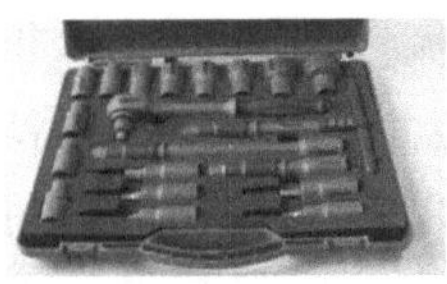</td><td>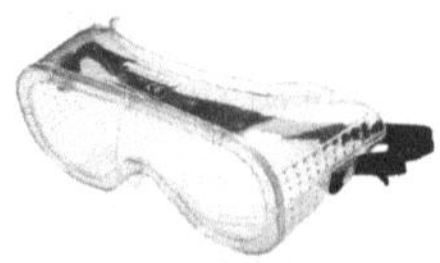</td><td></td><td></td></tr>
<tr><td>□清点正常</td><td>□清点正常</td><td>□清点正常</td><td>□清点正常</td></tr>
<tr><th colspan="4">设备工具</th></tr>
<tr><td></td><td></td><td>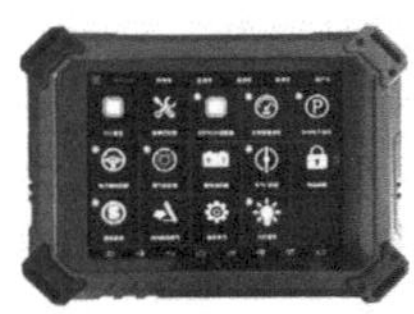</td><td>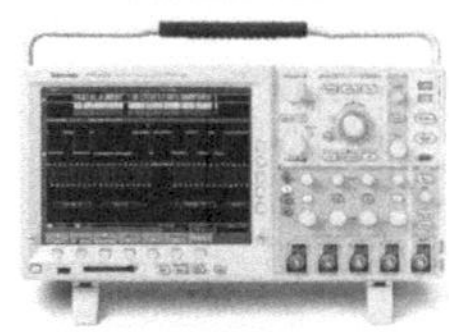</td></tr>
<tr><td>□清点正常</td><td>□清点正常</td><td>□清点正常</td><td>□清点正常</td></tr>
</table>

<table>
<tr><th colspan="4">车辆检查</th></tr>
<tr><td rowspan="7">外观检查：破损处用“○”标出
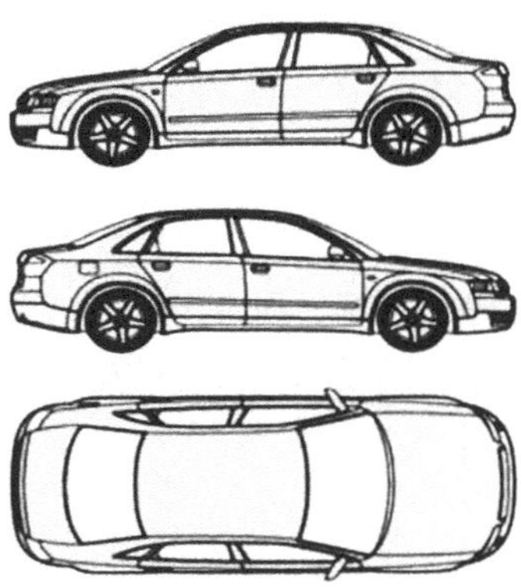</td><td rowspan="2">车内检查</td><td>收音机 □</td><td>空调 □</td></tr>
<tr><td>内饰 □</td><td>中控 □</td></tr>
<tr><td rowspan="2">整车检查</td><td>轮胎 □</td><td>灯光 □</td></tr>
<tr><td>底盘 □</td><td>刹车 □</td></tr>
<tr><td>贵重物品</td><td colspan="2"></td></tr>
<tr><td>油量记录</td><td colspan="2">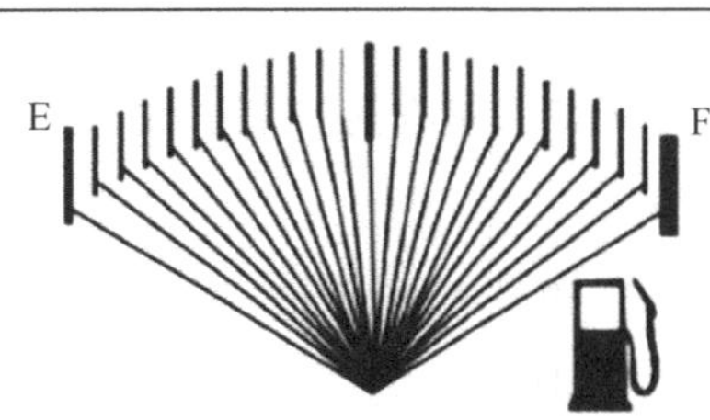
</td></tr>
</table>

二、获取信息

（一）引导问题：新能源汽车驱动电机有哪些性能评价参数？如何检测？

1. 驱动电机主要性能评价参数

驱动电机通常有以下性能评价参数：

1）电量参数

电量参数包括电压、电流、功率、频率、相位、阻抗、介电强度、谐波等。

2）非电量参数

非电量参数包括转速、转矩、温度、噪声、振动等。

通过以上这些参数，能够了解电机运行时的工作特性，对被测电机进行性能评价。

2. 驱动电机基本电量参数的检测

要测量驱动电机的电量参数，就要关注最基本的电量参数：电压、电流、功率、频率和相位。这些参数是通过电子测量仪器进行测量的，根据测量项目的不同，一般会用到电压表、电流表、功率表和频率表等。实际上，当前的电流参数测量技术非常成熟，通常使用功率分析仪（或功率计）即可满足电机所有基本电量参数的测量需求。

功率分析仪（见图 3-2-1）实际上是电压表、电流表、功率表和频率表的有机融合，它实现了高精度的电压、电流、频率、相位实时采集，并实时运算出功率结果，可以为使用者提供精准的电机电量参数测试结果，且不同参数之间的采集在时基上是同步的，保证了数据的有效性。

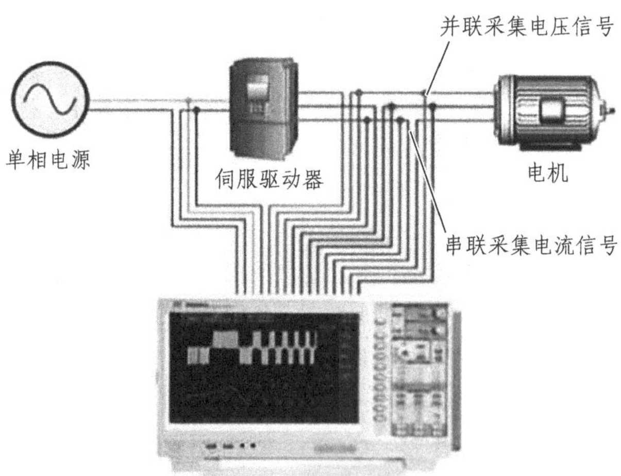

图 3-2-1　功率分析仪

针对这些电量参数的测试，测试仪器有对应的测试指标，如精度、带宽和采样率等，测试人员在选择测试仪器时要注意仪器的指标是否满足自身需要与相关测试标准要求。

3. 电机性能测试

电机性能测试有负载特性测试、*T-n* 曲线测试、耐久性测试、空载测试、堵转测试、起动电流测试等。

1）负载特性测试

测试目的：

负载试验的目的是确定电机的效率、功率因数、转速、定子电流等。

测试方法：

用伺服电动机给被测电机加载，从 150%额定负载逐步降低到 25%额定负载，在此范围至少选取 6 个测试点（必须包含 100%额定负载点），测取其电压、电流、功率、转矩和转速等参数并进行计算。

测试依据标准：

（1）GB/T 22669—2008《三相永磁同步电动机试验方法》第 8 章负载实验。

（2）GB/T 1032—2012《三相异步电动机试验方法》第 7 章负载特性实验。

从负载特性作用上看，主要是针对不同负载情况下电机特性的测试，保证电机在不同适用场合下仍能保持良好地运行，保证电机质量，提高生产、生活效率。

2）*T-n* 曲线测试

测试目的：

绘制出电机的转速、转矩关系特性曲线。

测试方法：

通过控制被测电机的转速，测量转速从 0 到最高转速在不同转速点能输出的最大转矩，绘制出其关系曲线，如图 3-2-2 所示。

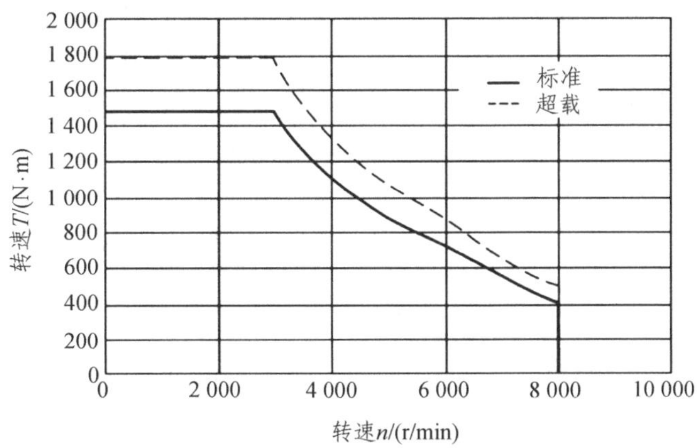

图 3-2-2　永磁同步电机转度与转矩的关系

根据不同转速对应下的转矩来判断电机基本特性，直观地表现电机运行性能，更好地评估电机的运行状态。

3）耐久性测试

在测试软件中，可由用户设定电机按某个测试方案来进行耐久性测试，例如：设定被测电机以 80%的额定转速运行 10 min，之后暂停 5 min，再以 120%的额定转速运行 10min 等。测试该运行过程中的电压、电流、效率、转矩和转速等关键信息。

（二）引导问题：驱动电机控制器是如何进行自检的？

驱动电机控制器在控制驱动电机的同时，还会对驱动电机、相关传感器以及自身控制模块进行实时自检。大多数混合动力汽车或纯电动汽车的驱动电机控制器主要在以下方面实施自检：

1. 电机控制器供电和程序检测

1）供电检测

电机控制器内部会有来自车辆蓄电池的 12 V 参考电源，以运行驱动电机传感器及其他处理器。当连接的参考电源电压过低或过高时，电机控制器将会自动关闭，并对外输出诊断故障码。

2）内部软件的自检测

电机控制器内部包括电机控制单元、逆变器控制单元等，这些部件都有集成电路及 CPU，在正常运行过程中，系统会对其自身读写存储器的能力进行监测，这属于电机控制器的内部故障检测，一般不能进行维修处理。

2. IGBT 性能检测

驱动电机控制器 MCU 会根据整车控制器 VCU 的指令，控制 IGBT 的接通和断开，从而来实现驱动电机的输出或作为发电机工作。在对电机逆变的过程中，通过顺序启动 IGBT 的高电流开关晶体管，控制其相应的驱动电机或发电机的速度、方向和输出转矩。同时，控制器会检测每个 IGBT 的故障情况，当发现相应故障后，会关闭逆变器功能。

3. 驱动电机 U、V、W 三相电流检测

由于驱动电机或发电机使用三相交流电运行，且 IGBT 通常会对应控制驱动电机或发电机的其中一个相，各相分别标识为 U、V、W。电机控制器通过监测连接到各驱动电机或发电机三相的电流传感器，以便检测逆变器是否存在电流过大故障。

大多数电流传感器是驱动电机控制器总成内部的一部分，无法单独维修。

另外，由于所有的电机或发电机相电路是通过电气方式连接的，其电流总量应相同。电机控制器执行一次计算，以确认相电流传感器的精确性。如果 U、V、W 相电流传感器的相电流总量大致相同，则计算结果应接近零。如果 U、V、W 相电流相差较大，则会认为是故障。

4. 电机温度检测

在大多数的电机控制器模块内部会设置有温度传感器，用于检测连接电机电线的温度，以及模块自身集成电路的温度。温度传感器是一个热敏电阻，它的电阻值随温度而改变，具有负温度系数。这表示随着温度升高，电阻减小；随着温度降低，电阻增大。

电机控制器通常向温度传感器提供一个 5 V 参考电压信号，并测量电路中的电压降。当被检测的电缆或集成电路温度低时，传感器电阻大，电机控制器模块检测到高电平信号电压。当温度升高时，传感器电阻减小，信号电压也降低。

5. 驱动电机位置传感器的检测

驱动电机位置传感器由驱动电机控制器监测。根据旋转变压器位置传感器信号，电机控制器监测驱动电机转子的角位置、转速和方向。

位置传感器包含一个主动线圈、两个从动线圈和一个不规则形状的金属转子。金属转子以机械方式固定在驱动电机的轴上。车辆起动时，电机控制器输出一个 7 V 交流电、10 kHz 的励磁信号至主动线圈。主动线圈励磁信号生成一个环绕两个从动线圈和不规则形状转子的磁场。然后，电机控制器模块监测两个从动线圈电路，以获得一个返回信号。不规则金属转子的位置不同，使得从动线圈磁导返回信号的幅值和形状也不同。通过对比两个从动线圈信号，电机控制器能够确定驱动电机转子的精确位置、速度和方向。

6. 电机控制器高压绝缘检测

驱动电机控制器利用若干内部传感器测量混合动力或纯电动汽车来自动力电池的高电压。

驱动电机控制器测试高电压正极电路或高电压负极电路和车辆底盘之间是否存在失去绝缘隔离的情况，当检测到电机控制器或者相关电路在动力电池输出高电压后，存在对车辆底盘的电阻过低情况，系统会将这一情况反馈给整车控制器，并与整车控制器一起切断车辆的高电压，避免发生事故。

三、任务实施

表 3-2-3　任务实施

<table>
<tr><td colspan="2">1. 实施要求</td></tr>
<tr><td colspan="2">本操作任务主要完成对纯电动汽车驱动电机控制器的检测，包括以下内容：
（1）北汽 EC220 电机控制器高压线缆的电流测量及线路检测；
（2）读取北汽 EC220 驱动电机系统数据流。</td></tr>
<tr><td colspan="2">2. 实施准备</td></tr>
<tr><td colspan="2">（1）防护装备：工作服、绝缘鞋、护目镜、绝缘帽、绝缘手套。
（2）车辆：北汽新能源 EC220 纯电动车 1 辆。
（3）专用工具、设备：举升机、电流钳、万用表、故障解码仪。
（4）手工工具：新能源汽车维修组合工具。
（5）辅助材料：高压电维修警示牌和设备、绝缘地垫、干粉灭火器、清洁剂。</td></tr>
<tr><td colspan="2">3. 实施步骤</td></tr>
<tr><td>（1）测量电机控制器高压线缆正极线束电流——设备准备：
① 使用举升机将车轮稍微抬离地面。
② 打开机舱盖，技师 A 将电流钳调到________挡，钳住电机控制器直流高压线缆正极线束，如图 3-2-3 所示。</td><td>
图 3-2-3　电流钳夹住高压正极电缆</td></tr>
</table>

续表

<table>
<tr><td>（2）测量电机控制器高压线缆正极线束电流——测量操作：
① 技师 B 踩住制动踏板，打开点火开关后挂入 D 挡，如图 3-2-4 所示。
② 松开制动踏板，踩下加速踏板。
③ 技师 A 观察电流钳的读数变化并记录变化范围：______ ~ ______A。</td><td>

图 3-2-4　挡位挂入 D 挡操作</td></tr>
<tr><td>（3）测量电机控制器高压线缆正极线束电流——结果诊断：
①判断电流范围是否正常？
②技师 B 踩住制动踏板，挂入 N 挡位，关闭点火开关，如图 3-2-5 所示。
③技师 A 取下电流钳。
④按照同样方法，测量电机控制器高压线缆负极线束电流。</td><td>

图 3-2-5　挂入 N 挡</td></tr>
<tr><td>（4）驱动电机定子绕组线缆检测——线电压测量：
① 车辆断电 5 min 后，佩戴绝缘手套拆开 PDU 盖板，如图 3-2-6 所示。
② 将万用表挡位旋至__________挡，测量 U、V、W 三相线束端子两两之间的电压，记录测得结果。
U 与 V 之间电压：______V。
U 与 W 之间电压：______V。
V 与 W 之间电压：______V。</td><td>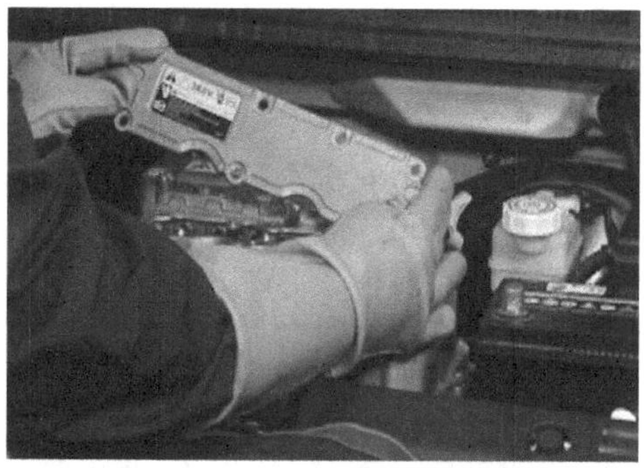
图 3-2-6　取出 PEB 盖板</td></tr>
<tr><td>（5）驱动电机定子绕组线缆检测——相电压测量：
分别测量 U、V、W 三相线束端子与搭铁之间的电压。记录测得结果：
U 相电压：______V。
V 相电压：______V。
W 相电压：______V。</td><td>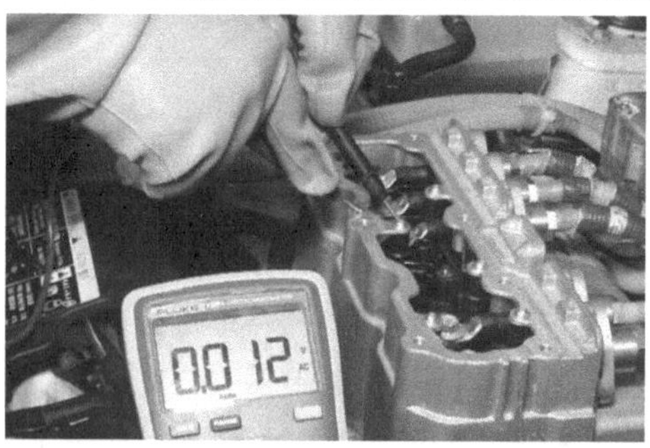

图 3-2-7　测量三相线束端子与搭铁间电压</td></tr>
</table>

续表

（6）驱动电机定子绕组线缆检测——直流电缆测量： ① 将万用表旋至____________挡，测量直流高压线束端子之间的电压。 记录测得结果：_______V。 ② 分别测量两直流高压线束端子与搭铁之间的电压。记录测得结果： 直流正极电缆：_______V。 直流负极电缆：_______V。	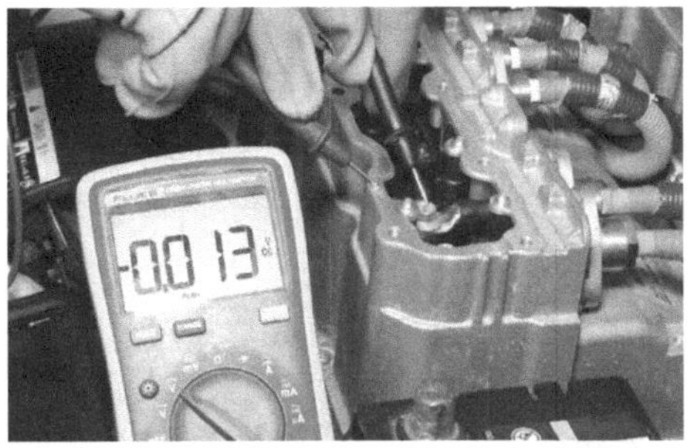 图 3-2-8　测量直流高压线束端子与搭铁间电压
（7）驱动电机定子绕组线缆检测——三相绕组电阻测量： ① 使用绝缘工具及套筒拆卸驱动电机线束压线固定螺栓。 ② 使用万用表________挡，测量 U、V、W 三相线束端子两两之间的电阻，如图 3-2-9 所示。 记录测得结果： U 与 V 之间电阻：_______Ω。 U 与 W 之间电阻：_______Ω。 V 与 W 之间电阻：_______Ω。 测出的电阻值应相等或稍有偏差，若三相电阻差别较大，则说明电机可能有匝间短路。 ③ 将红表笔分别与 U、V、W 三相线束连接，测试每一相与搭铁体之间的电阻值，如图 3-2-10 所示，记录测量结果： U 与搭铁之间电阻：_______Ω。 U 与搭铁之间电阻：_______Ω。 V 与搭铁之间电阻：_______Ω。 电阻应为不显示或无限大，否则对地短路。	 图 3-2-9　测量 U、V、W 三相线束端子间的电阻  图 3-2-10　测量每相与搭铁之间的电阻值

续表

（8）读取驱动电机系统数据流：

①整理设备，将车辆复原。

②连接专用诊断仪，打开车辆启动开关。

③操作专用诊断仪，进入软件界面，如图 3-2-11 所示。

④选择车型：____________。

⑤选择驱动电机系统，读取控制单元故障码，清除故障码后再次读取故障码。

故障码：____________。

⑥读取控制单元数据流，如图 3-2-12 所示。记录相关参数数据，如：

直流母线电压：______V。

直流母线电流：______A。

MCU 低压供电电源电压：______V。

⑦使用举升机，将车辆轮胎稍微抬离地面，踩住刹车，挂入 D 挡，松开制动踏板。观察“制动踏板信号”“挡位信号”等数据流参数变化情况。

⑧轻踩加速踏板，观察“驱动电机转速”“MCU A/B/C 相电流”“驱动电机当前转矩”等参数变化情况。

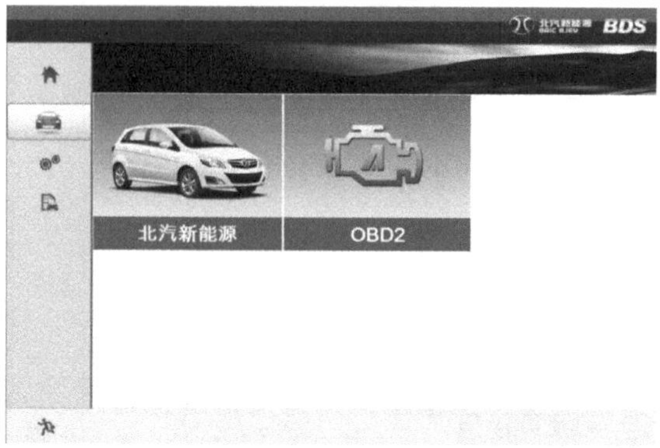

图 3-2-11　驱动电机系统控制单元数据流界面

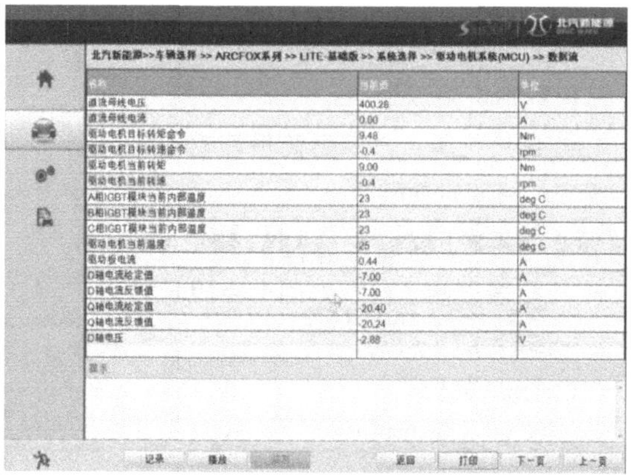

图 3-2-12　驱动电机系统控制单元数据流

4. 整理

（1）妥善取回实训工具，放回原处，进行“5S”整理。

（2）撤去高压警示装置、翼子板布，盖上引擎盖。

5. 质量检验及维修说明

质量检验表

交车时间：______年_____月_____日_____时_____分

序号	质检项目	参考标准	自检	互检	终检
1	线束插头	连接牢固可靠			
2	螺栓扭力	标准力矩			
3	故障码	无			
4	数据流	正常			
5	工具设备整理	归位摆放			
6	场地清洁	清理整洁			

续表

6. 总结与反思
（如学习过程中遇到什么问题，如何解决的或解决不了的原因，通过实训的收获等）

四、思政沙龙

各小组同学进行讨论后，选一名代表上台发言。

主题：汽车的驾驶动力性能参数代表一辆汽车的质量、档次，一直很受消费者的重视。通过对本任务的学习，大家会发现新能源汽车在起步扭矩、动力性能方面相比燃油车的优势。我国燃油车由于起步晚，在汽车动力保障方面一直难以和发达国家竞争，但在新能源汽车方面发展迅速，在动力性能方面不乏优秀车型。请从动力性能方面，举例谈一谈自己熟悉的国产新能源汽车。

五、任务考核

（一）知识检验

表 3-2-4 知识检验

<table>
<tr><td colspan="5">项目 3 新能源汽车驱动电机系统</td></tr>
<tr><td colspan="3" rowspan="2">任务 2
驱动电机系统性能检测</td><td>姓名</td><td></td><td>组别</td><td></td></tr>
<tr><td>班级</td><td></td><td>学号</td><td></td></tr>
<tr><td colspan="2">目标</td><td colspan="4">考核题目</td><td>得分</td></tr>
<tr><td rowspan="4">知识目标</td><td rowspan="4">1</td><td colspan="4">（1）（单选）不属于常见驱动电机的电量参数的是（　　）。
A. 电压　B. 电流　C. 功率　D. 转矩</td><td></td></tr>
<tr><td colspan="4">（2）（单选）不属于常见驱动电机的非电量参数的是（　　）。
A. 频率　B. 转速　C. 转矩　D. 噪声</td><td></td></tr>
<tr><td colspan="4">（3）（判断）功率分析仪实际上是电压表、电流表、功率表和频率表的有机融合，它实现了高精度的电压、电流、频率、相位实时采集，并实时运算出功率结果。（　　）</td><td></td></tr>
<tr><td colspan="4">（4）（判断）电机性能的测量参数有负载特性测试、T-n 曲线测试、耐久测试、空载测试、堵转测试、起动电流测试等。（　　）</td><td></td></tr>
</table>

续表

<table>
<tr><th colspan="2">目标</th><th>考核题目</th><th>得分</th></tr>
<tr><td rowspan="2">知识目标</td><td rowspan="2">2</td><td>（1）（判断）由于驱动电机检测设备价格昂贵，通常使用较少，在实际维修中，通常只进行电机各组成部件的检测。（　　）</td><td></td></tr>
<tr><td>（2）（单选）驱动电机定子绕组检测首先要做的是（　　）。
A. 用 T30 套筒对角拆下 PEB 上的七颗螺栓
B. 将万用表旋至电阻挡，校正万用表
C. 拆下手动维修开关，等待 5 min
D. 拆下 U、V、W 三相线固定在 PEB 外壳上的六颗螺栓，并抽出三根 U、V、W 三相线束</td><td></td></tr>
<tr><td colspan="2" rowspan="2">技能目标</td><td>（1）（判断）关于驱动电机定子绕组的检测，可以分解电机的总成，但要注意人身安全。（　　）</td><td></td></tr>
<tr><td>（2）（判断）正常情况下，在钥匙开关关闭后，高压系统还存在高压电，这是因为电机控制器中高压电容的存在造成的。需要经过一段时间的等待，高压电容中的电能才能完全释放。（　　）</td><td></td></tr>
<tr><td colspan="3">总分：　　　分</td><td></td></tr>
</table>

（二）学生互评

表 3-2-5　学生互评

<table>
<tr><td colspan="12">项目 3　新能源汽车驱动电机系统</td></tr>
<tr><td colspan="3" rowspan="2">任务 2
驱动电机系统性能检测</td><td>姓名</td><td colspan="3"></td><td>组别</td><td colspan="4"></td></tr>
<tr><td>班级</td><td colspan="3"></td><td>学号</td><td colspan="4"></td></tr>
<tr><td rowspan="2">评价项目</td><td rowspan="2">分值</td><td colspan="4" rowspan="2">等级</td><td colspan="6">评价对象（组别）</td></tr>
<tr><td>1</td><td>2</td><td>3</td><td>4</td><td>5</td><td>6</td></tr>
<tr><td rowspan="2">方案合理</td><td rowspan="2">20</td><td>优</td><td>良</td><td>中</td><td>差</td><td rowspan="2"></td><td rowspan="2"></td><td rowspan="2"></td><td rowspan="2"></td><td rowspan="2"></td><td rowspan="2"></td></tr>
<tr><td>20</td><td>18</td><td>16</td><td>15</td></tr>
<tr><td rowspan="2">团队合作</td><td rowspan="2">10</td><td>优</td><td>良</td><td>中</td><td>差</td><td rowspan="2"></td><td rowspan="2"></td><td rowspan="2"></td><td rowspan="2"></td><td rowspan="2"></td><td rowspan="2"></td></tr>
<tr><td>10</td><td>8</td><td>7</td><td>5</td></tr>
<tr><td rowspan="2">组织有序</td><td rowspan="2">10</td><td>优</td><td>良</td><td>中</td><td>差</td><td rowspan="2"></td><td rowspan="2"></td><td rowspan="2"></td><td rowspan="2"></td><td rowspan="2"></td><td rowspan="2"></td></tr>
<tr><td>10</td><td>8</td><td>7</td><td>5</td></tr>
<tr><td rowspan="2">工作质量</td><td rowspan="2">20</td><td>优</td><td>良</td><td>中</td><td>差</td><td rowspan="2"></td><td rowspan="2"></td><td rowspan="2"></td><td rowspan="2"></td><td rowspan="2"></td><td rowspan="2"></td></tr>
<tr><td>20</td><td>18</td><td>16</td><td>15</td></tr>
<tr><td rowspan="2">工作效率</td><td rowspan="2">10</td><td>优</td><td>良</td><td>中</td><td>差</td><td rowspan="2"></td><td rowspan="2"></td><td rowspan="2"></td><td rowspan="2"></td><td rowspan="2"></td><td rowspan="2"></td></tr>
<tr><td>10</td><td>8</td><td>7</td><td>5</td></tr>
</table>

续表

评价项目	分值	等级				评价对象（组别）					
						1	2	3	4	5	6
工序完整	10	优	良	中	差						
		10	8	7	5						
作业规范	10	优	良	中	差						
		10	8	7	5						
汇报展示	10	优	良	中	差						
		10	8	7	5						
合计	100	各组得分									

（三）师傅评价

表 3-2-6　师傅评价

项目 3　新能源汽车驱动电机系统					
任务 2 驱动电机系统性能检测		姓名		组别	
		班级		学号	
评分项目	配分	技术要点及扣分			扣分
1. 安全防护用品使用情况	8 分	操作时不戴绝缘手套扣 1 分			
		操作时不戴护目镜扣 1 分（戴近视镜者可不用戴护目镜）			
		操作时不铺设绝缘地垫扣 1 分			
		操作时不设置隔离带、高压警示牌扣 1 分			
		操作时不铺设格栅布、翼子板布扣 1 分			
		操作时不正确使用绝缘装卸工具扣 3 分			
2. 相关电气仪表工具使用情况	6 分	万用表挡位、接线错误扣 2 分			
		绝缘测试仪、放电仪等使用错误扣 2 分			
		接线插接器、背针等工具使用错误扣 2 分			
3. 故障现象验证及描述	6 分	设备螺丝松动、REDAY 灯不亮、系统故障灯亮、驱动电机故障灯亮、无续航里程、高压不供电、踩油门无反应、车辆无法行驶、解码仪与驱动电机系统无通信、驱动电机位置传感器故障、驱动电机系统数据流异常等现象（回答出 6 项及以上得 6 分，6 项以下每少 1 项扣 1 分）			
4. 设备拆装流程	20 分	未按正确的顺序拆卸、安装设备，每错误一项扣 2 分，共 5 分，扣完为止			
		拆装设备不正确，如该拆卸的部件没拆、拆了不该拆的部件，每发生一处扣 3 分，共 6 分，扣完为止			

续表

评分项目	配分	技术要点及扣分	扣分
4. 设备拆装流程	20 分	拆装过程中发生了接触不良、放置位置不当、损坏物品等，每一项扣 3 分，共 9 分，扣完为止	
5. 故障诊断及修复	54 分	能正确识读电路图，找出需要操作或测试的设备、线束、保险丝、继电器、插接口、引脚等。共 8 分，酌情扣分，扣完为止	
		按照正确工艺进行残余电压、绝缘测试、放电测试并得出结果。共 6 分，酌情扣分，扣完为止	
		按照正确工艺进行相关部件的供电、搭铁、唤醒、通信线束的测试并得出正确结果。共 10 分，酌情扣分，扣完为止	
		按照正确工艺进行相关部件的继电器、保险丝、供电电压等测试并得出正确结果。共 10 分，酌情扣分，扣完为止	
		能找出相关部件的插接口、对应引脚，并按照正确工艺进行测试并得出正确结果。共 10 分，酌情扣分，扣完为止	
		能针对检测结果，判断出故障原因、解除故障或给出正确修复方案。共 10 分，酌情扣分，扣完为止	
6. “5S” 情况	6 分	操作完成后，要把设备、工具放回原处，摆放整齐（在考核 40 min 内，一件工具未放回原处或未摆放整齐扣 1 分，工具掉地上扣 2 分，扣完为止）	
合计	共扣分：__________ 总得分：__________		
师傅评语：			

六、知识拓展

高压控制盒、电机控制器虚拟仿真学习

高压控制盒、电机控制器检测实训操作演示

项目 4　新能源汽车电机控制系统

任务 1 电机控制器认知与检修	姓名		组别	
	班级		学号	

◎知识目标	◎技能目标	◎思政目标
1. 能够描述电机控制器的功能。 2. 能够描述常见车型驱动电机控制器的安装位置、结构组成和特点。 3. 能够制定电机控制器的检测方案。 4. 能够描述电机控制器的数据流读取方法	1. 能够进行高压安全防护作业和电气检修作业。 2. 能够进行驱动电机控制器相关参数的检测。 3. 能够根据驱动电机控制器检测结果进行故障诊断分析并进行维修	通过对电机控制器关键部件 IGBT 的学习，了解我国芯片技术现状，激发学生学习热情，为实现民族复兴而奋斗

一、任务导入

一辆纯电动汽车无法运行，你的主管初步判断驱动电机控制器发生故障，让你对电机控制器进行电气检查，找出故障点，你能完成这个任务吗？

（一）请根据客户描述填写信息单

表 4-1-1　信息单

客户姓名		车牌号		车型		车辆颜色	
客户电话		行驶里程		VIN 号			
维修项目							
□______km 常规保养		□一般维修		□事故车	□大修	□其他	
车况记录：							

（二）高压安全防护及基本检查

（1）穿戴防护用具，铺设绝缘垫，设置隔离带等安全设备。

（2）对车辆基本检查，开启驻车制动，关闭启动开关。

（3）醒目位置粘贴高压警示牌，贵重物品检查。

表 4-1-2　基本检查

<table>
<tr><th colspan="4">设备工具</th></tr>
<tr><td></td><td></td><td>
</td><td>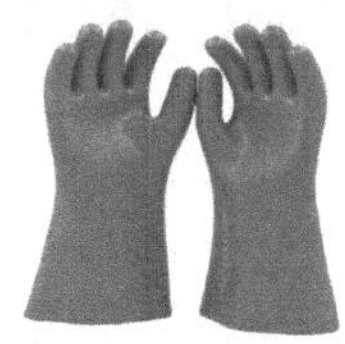</td></tr>
<tr><td>□清点正常</td><td>□清点正常</td><td>□清点正常</td><td>□清点正常</td></tr>
<tr><th colspan="4">设备工具</th></tr>
<tr><td>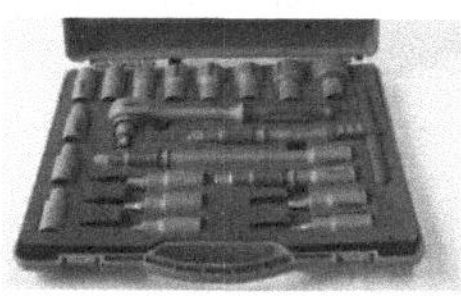</td><td>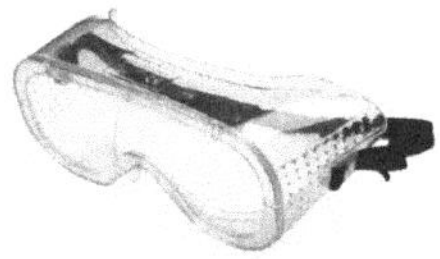</td><td></td><td></td></tr>
<tr><td>□清点正常</td><td>□清点正常</td><td>□清点正常</td><td>□清点正常</td></tr>
<tr><th colspan="4">设备工具</th></tr>
<tr><td></td><td></td><td></td><td>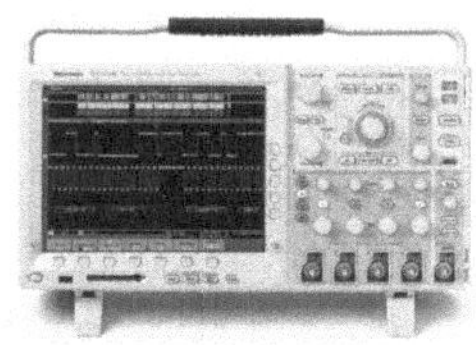</td></tr>
<tr><td>□清点正常</td><td>□清点正常</td><td>□清点正常</td><td>□清点正常</td></tr>
<tr><th colspan="4">车辆检查</th></tr>
<tr><td rowspan="7">外观检查：破损处用“○”标出
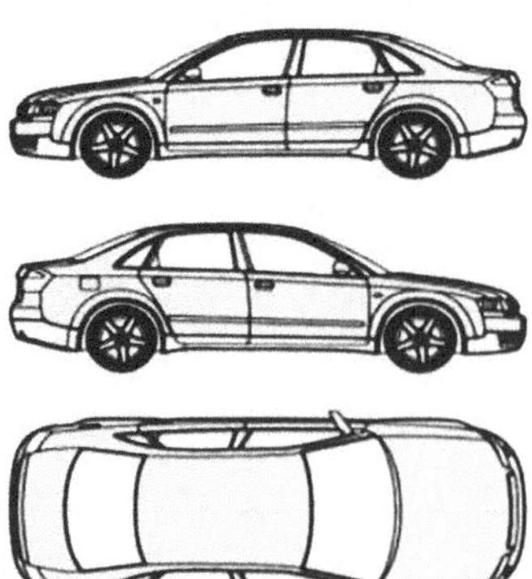</td><td rowspan="2">车内检查</td><td>收音机 □</td><td>空调 □</td></tr>
<tr><td>内饰 □</td><td>中控 □</td></tr>
<tr><td rowspan="2">整车检查</td><td>轮胎 □</td><td>灯光 □</td></tr>
<tr><td>底盘 □</td><td>刹车 □</td></tr>
<tr><td>贵重物品</td><td colspan="2"></td></tr>
<tr><td>油量记录</td><td colspan="2">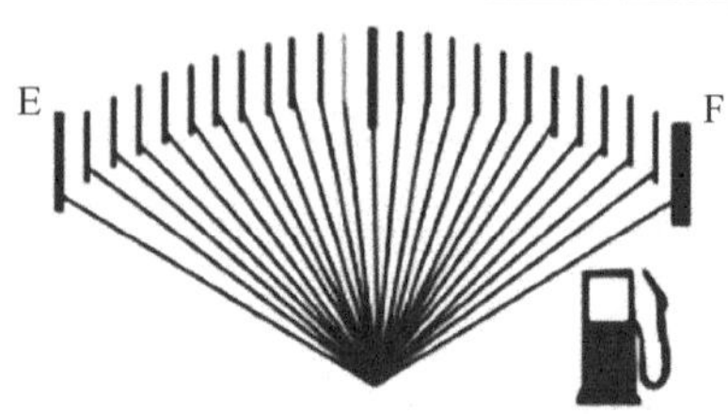
</td></tr>
</table>

二、获取信息

（一）引导问题：驱动电机控制器的功能及结构特点是什么？

驱动电机控制器，通常简称 MCU，主要用于管理和控制驱动电机的转速、旋转方向以及将驱动电机作为发电机发电。MCU 的功能类似于传统汽车的发动机控制单元。

以下介绍具有代表性的比亚迪 e6、比亚迪秦以及北汽新能源 EV 系列车型驱动电机控制器的安装位置、结构与特点。

1. 比亚迪 e6 驱动电机控制器

1）驱动电机控制器的功能和安装位置

比亚迪 e6 的驱动电机控制器是纯电动汽车整车驱动控制系统的核心，它的作用至关重要。它类似于传统内燃机汽车的油量调节机构，都是通过调节加速踏板的幅度来进行车速和牵引力的控制。但是电机控制器与油量调节机构相比较，其结构、功能更为复杂全面。电机控制器接收加速踏板的加减速信号，同时接收制动踏板、电机转速、车速、电机电枢电压、电流、冷却液温度等信号，经过对这些信号的分析完成对电机的精确控制。此外，电机控制器在电机发生过流、过压以及过热情况都会自动切断主电路，以保护汽车以及乘员的安全。图 4-1-1 所示为比亚迪 e6 电机控制器，安装在前机舱右侧，靠近 DC/DC 变换器的位置。

图 4-1-1　比亚迪 e6 电机控制器

驱动电机控制器类型为电压型逆变器，利用 IGBT（绝缘栅双极型晶体管）将直流电转换为交流电，额定电压为 318 V，主要功能是控制电动机和发电机等根据不同工况控制电机的正反转、功率、转矩、转速等，即控制电机的前进、倒退和维持电动汽车的正常运转，关键零部件为 IGBT，目的是控制电流的工作，保证能够输出合适的电流参数。

驱动电机控制器总成包含上中下三层，上下层为电机控制单元，中层为水道冷却单元，总成还包括低压插接件、两根动力电池正负极插接件、三根 U、V、W 三相线插接件和两个水套接头及其他周边附件，如图 4-1-2 所示。

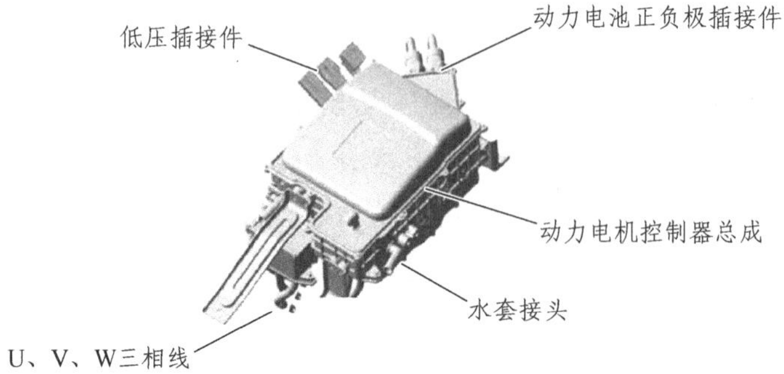

图 4-1-2　电机控制器主要接口示意图

2）电机控制器的主要功能

（1）控制电机正向驱动、反向驱动、正转发电、反转发电。

（2）控制电机的动力输出，同时对电机进行保护。

（3）通过 CAN 与其他控制模块通信，接收并发送相关信号，间接控制车上相关系统正常运行。

（4）制动能量回馈控制。

（5）自身内部故障的检测和处理。

2. 比亚迪秦驱动电机控制器与 DC/DC 变换器总成

1）安装位置

比亚迪秦驱动电机控制器与 DC/DC 变换器总成在整车的安装位置，如图 4-1-3 所示。

图 4-1-3　比亚迪秦驱动电机控制器与 DC/DC 变换器总成安装位置

2）结构

比亚迪秦驱动电机控制器与 DC/DC 变换器总成结构如图 4-1-4 所示。

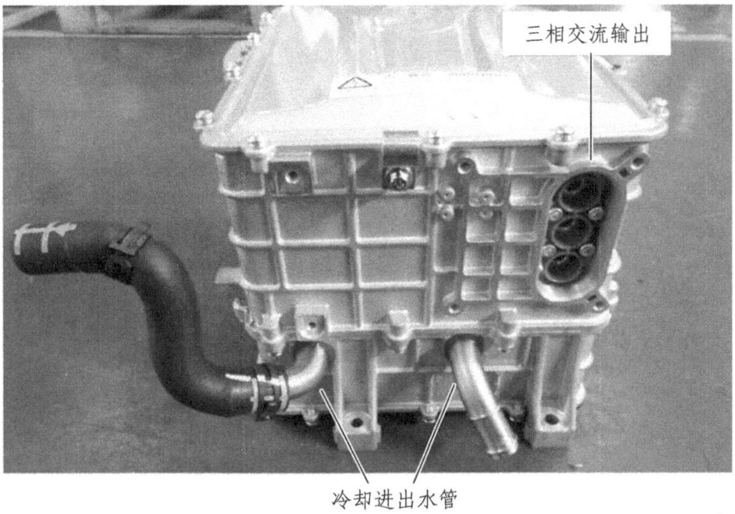

图 4-1-4　比亚迪秦驱动电机控制器与 DC/DC 变换器总成结构

驱动电机控制器的功用如下：

（1）作为动力系统的总控制中心，控制驱动电机的运行，根据工况控制电机的正反转、功率、转矩、转速等；协调发动机管理系统工作。图 4-1-5 所示为比亚迪秦挡位控制器、驱动电机控制器与电机控制示意图。

（2）通过硬件采集电机的旋变、温度，以及制动踏板、加速踏板信号。

（3）通过 CAN 通信采集制动踏板深度、加速踏板深度、挡位信号、驻车开关信号、起动命令、电池管理控制器相关数据、电机控制器的故障信息。

（4）内部处理的信号有直流母线电压、交流三相电流、IGBT 温度、电机的三相绕组阻值。

图 4-1-5　比亚迪秦挡位控制器、驱动电机控制器与电机控制示意图

3）参数

比亚迪秦驱动电机控制器与 DC/DC 变换器总成的参数见表 4-1-3。

表 4-1-3　比亚迪秦驱动电机控制器与 DC/DC 变换器总成的参数

类别	项目	参数
驱动电机	工作电压等级	480 V
	最大功率	110 kW
	额定能量转换效率	≥95%

3. 北汽新能源 EV 驱动电机控制器与 DC/DC 变换器

1）安装位置

图 4-1-6 所示为北汽 E150EV 电机控制器在整车上的位置。

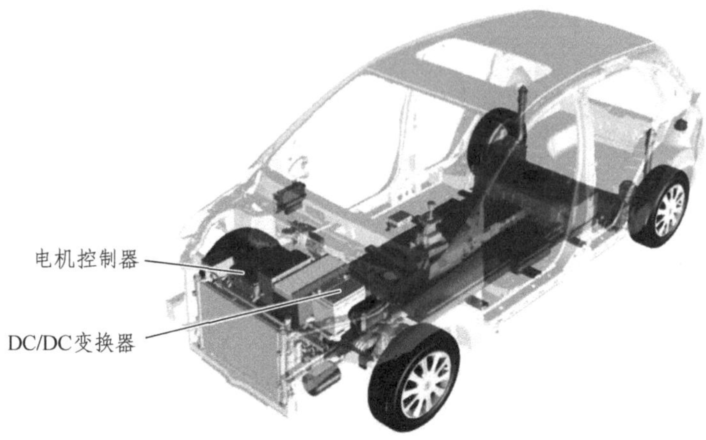

图 4-1-6　北汽 E150EV 电机控制器在整车上的位置

图 4-1-7 所示为北汽 E150EV 前舱部件位置。

图 4-1-7　北汽 E150EV 前舱部件位置

如图 4-1-8 所示为北汽 EV200 前舱部件位置。

图 4-1-8　北汽 EV200 前舱部件位置

2）结构

驱动电机控制器 MCU 的结构如图 4-1-9 所示，其内部采用三相两电平电压源型逆变器，是驱动电机系统的控制核心，称为智能功率模块，它以 IGBT（绝缘栅双极型晶体管）为核心，辅以驱动集成电路、主控集成电路。MCU 对所有的输入信号进行处理，并将驱动电机控制系统运行状态信息通过 CAN 发送给整车控制器 VCU。驱动电机控制器内含故障诊断电路，当电机出现异常时，达到一定条件后，它将会激活一个错误代码并发送给 VCU 整车控制器，同时也会储存该故障码和相关数据。

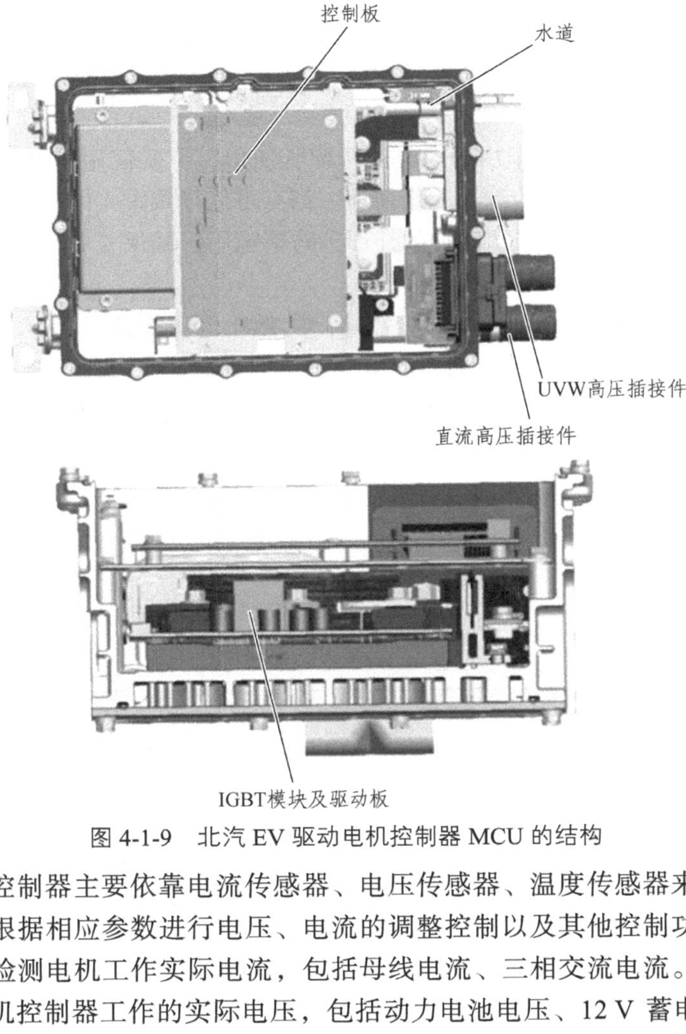

图 4-1-9　北汽 EV 驱动电机控制器 MCU 的结构

驱动电机控制器主要依靠电流传感器、电压传感器、温度传感器来进行电机运行状态的监测，根据相应参数进行电压、电流的调整控制以及其他控制功能的完成。电流传感器用于检测电机工作实际电流，包括母线电流、三相交流电流。电压传感器用于检测供给电机控制器工作的实际电压，包括动力电池电压、12 V 蓄电池电压。温度传感器用于检测电机控制系统的工作温度，包括 IGBT 模块的温度。图 4-1-10 所示为北汽 EV 驱动电机控制器、IGBT 模块、电流传感器。

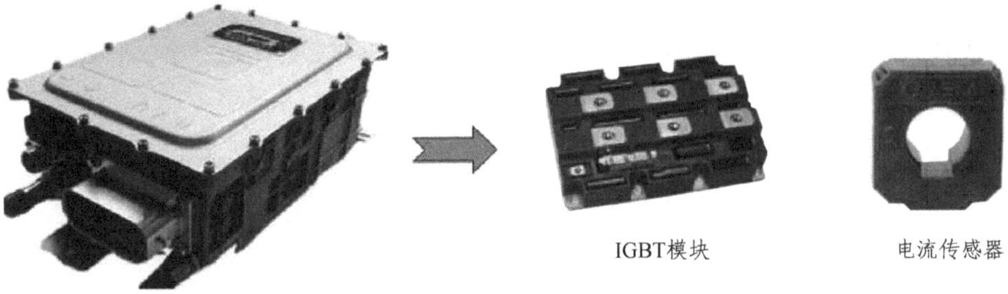

图 4-1-10　北汽 EV 驱动电机控制器、IGBT 模块、电流传感器

（二）引导问题：驱动电机控制器运行时需要注意哪些事项？

驱动电机控制器运行时必须注意以下事项：

（1）电机控制器上电顺序要求：在给电机控制器上高压电源之前，必须先将低压控制电源接通。断电时，先断开高压电源，再断开低压控制电源。

（2）电机控制器不能应用在与标称电压不符的电源上，否则电机控制器不能正常工作，或者会被烧毁。

（3）电机控制器只能与车用动力电池组配套使用，不要使用整流电源。

（4）故障出现在电机及控制器的任何地方都有可能导致重大的设备损坏，甚至是严重的人身伤害，因此还必须采取附加的外部预防措施用于确保安全运行，即使在故障未出现时也应如此。

（5）车辆停止使用或长期驻车时，需将高、低压电源断开。

（6）装有该型号电机及其控制器的电动车辆出现故障，被拖车拖走维修时必须保证该电动车辆挡位处于空挡位置，实现电机轴与变速器输入的物理连接脱离，避免电机高压发电造成系统损坏以及安全事故。

三、任务实施

（一）虚拟演练

表 4-1-4　虚拟演练

<table>
<tr><td colspan="2">1. 实施要求</td></tr>
<tr><td colspan="2">本操作任务主要完成对电机控制器的结构认识和在运行过程观察原理。
（1）利用虚拟仿真软件，对电机控制器进行结构件认识，并在运行后观察原理；
（2）请在检测操作时，对表格中操作流程的相关数据进行记录。</td></tr>
<tr><td colspan="2">2. 实施准备</td></tr>
<tr><td colspan="2">（1）设备准备：计算机或 AR/VR 虚拟现实增强设备。
（2）软件环境：虚拟仿真软件“纯电动汽车动力系统虚拟结构原理展示台”。
（3）多媒体教室。</td></tr>
<tr><td colspan="2">3. 实施步骤</td></tr>
<tr><td>（1）找到电机控制器。
打开虚拟结构原理展示平台，点击“电驱系统——驱动电机控制器”。
思考：驱动电机位于车辆的哪个位置？</td><td>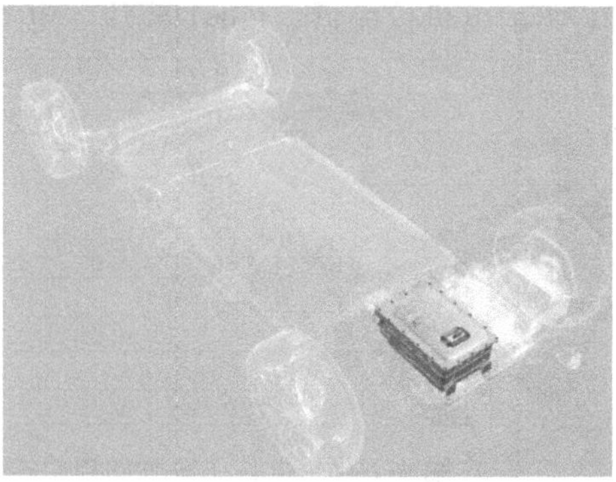
图 4-1-11　驱动电机控制器</td></tr>
</table>

续表

<table>
<tr><td>（2）观察内部结构。
点击拆开设备按钮，观察电机控制器内部组成。
思考：电机控制器内部包含的组件有哪些？以及各有什么作用？</td><td>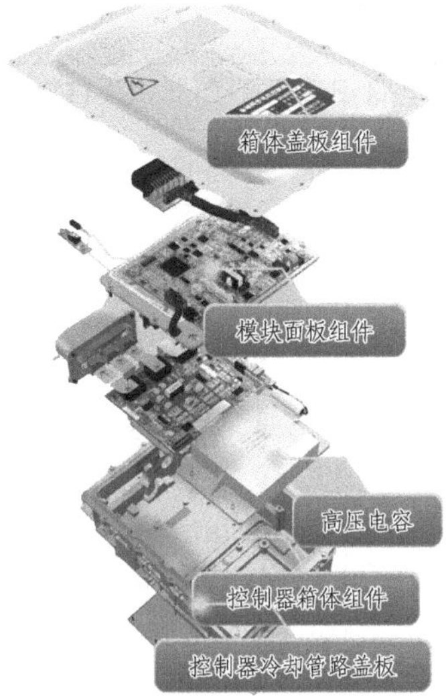

图 4-1-12　驱动电机控制内部结构</td></tr>
<tr><td>（3）运行原理观察。
① 点击“运行”按钮。选择“驱动模式”，观察驱动模式下的电流走向，描述电机控制器的控制过程。
② 选择“能量回收模式”，观察能量回收模式下的电流走向，描述电机控制器的控制过程。
③ 选择“监测”，观察“电压”“电流”“温度”监测设备的位置。</td><td>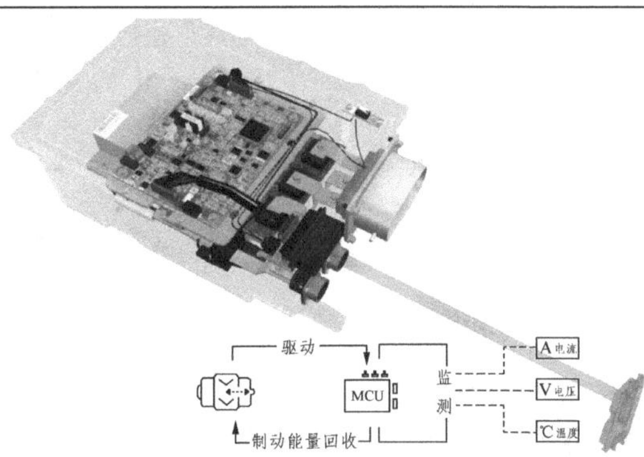

图 4-1-13　驱动电机控制器运行原理</td></tr>
<tr><td colspan="2">4. 整理</td></tr>
<tr><td colspan="2">（1）妥善取回实训工具，放回原处，进行“5S”整理。
（2）撤去高压警示装置、翼子板布，盖上引擎盖。</td></tr>
</table>

（二）实车实训

表 4-1-5　实车实训

1. 实施要求
本操作任务主要完成对电机控制器的电路故障分析和检测维修。 （1）电机控制器电路故障分析及检测维修； （2）请在检测操作时，对表格中操作流程的相关数据进行记录。
2. 实施准备
（1）防护装备：工作服、绝缘鞋、护目镜、绝缘帽、绝缘手套。 （2）北汽新能源纯电动汽车 1 辆、台架、部件总成。 （3）电气检测工具：万用表、示波器。 （4）手工工具：新能源汽车维修组合工具。 （5）辅助材料：高压电维修警示牌、绝缘地垫、干粉灭火器、清洁剂。

续表

3. 实施步骤

（1）MCU 电路识读，例如北汽 LITE 纯电动汽车：

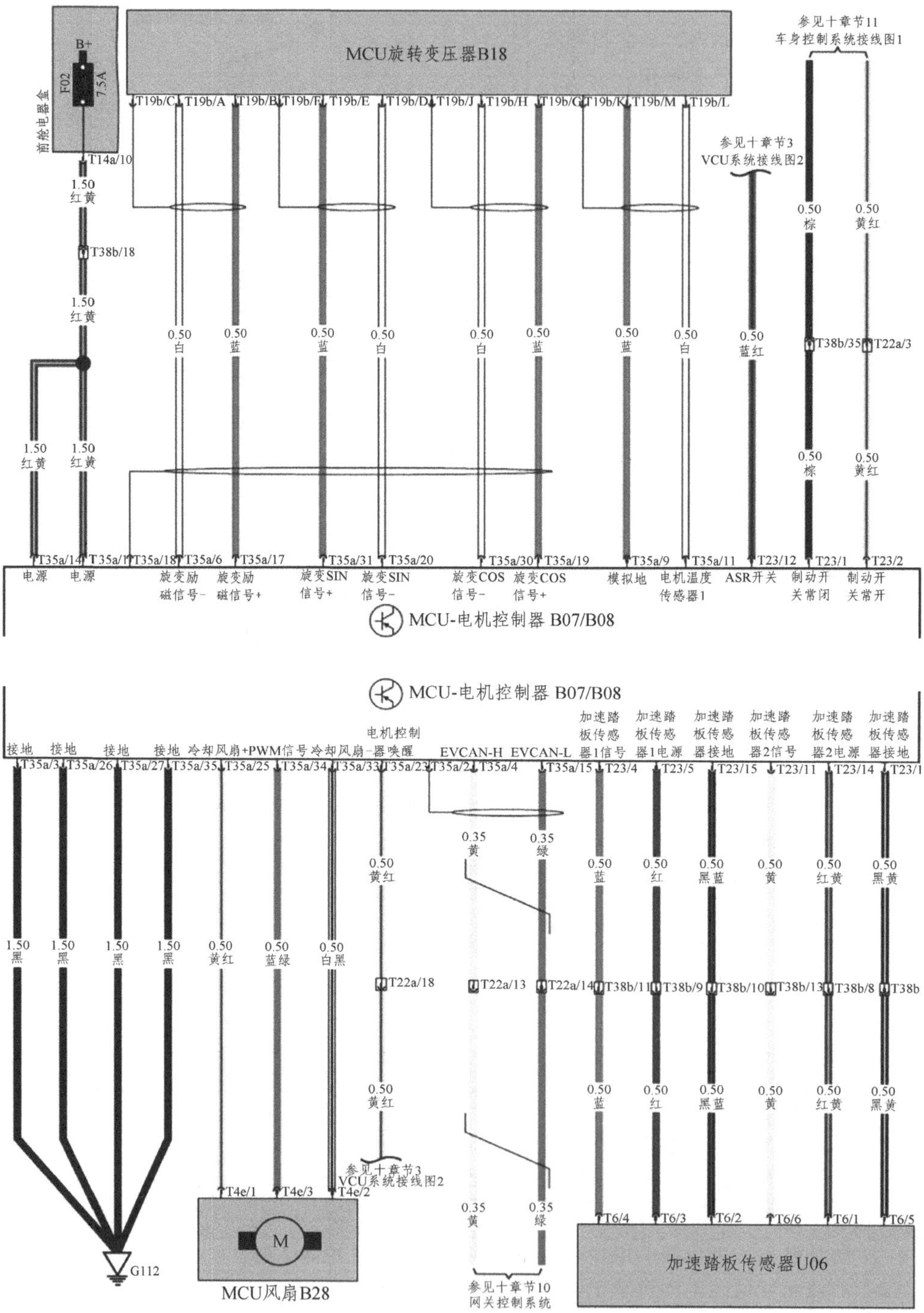

图 4-1-14 北汽 LITE 电动汽车电机控制器 MCU 电路结构

续表

（2）车辆防护。 ① 铺设车内防护用品，将车辆停放在绝缘垫上。 ② 车辆挡位旋入 N 挡。 ③ 开启驻车制动，关闭启动开关。 ④ 设置隔离带。 ⑤ 铺设翼子板布。 ⑥ 粘贴高压警示牌。	 图 4-1-15　车辆安全防护
（3）验证故障现象。 ① 打开启动开关，车辆________指示灯不亮。 ② ____________等故障指示灯点亮。 ③ 车辆无法行驶。 ④ 关闭启动开关。	 图 4-1-16　故障现象验证
（4）读取故障码。 ① 连接诊断仪，打开启动开关。 ② 操作诊断仪，选择车型进行_____系统测试。 ③ 读取故障码并记录结果：_______。 ④ 退出诊断仪。 ⑤ 关闭启动开关。	 图 4-1-17　读取故障码
（5）检查 MCU 供电线及其电压。 ① 打开前舱电器盒盖，观察供电保险丝_____是否正常，并检测电阻阻值_____Ω。 ② 测量供电保险丝接头处电压，数值为________V。 ③ 检查电机控制器供电线引脚________与________电压值，数值_____V。	 图 4-1-18　MCU 供电保险丝

续表

（6）检查 MCU 供电线、搭铁线电阻。

① 断电，拆卸蓄电池正负极桩头，并将正负极桩头固定好。

② 断开电机控制器 T35 插头。

③ 测量 MCU 电源线与供电保险丝间电阻线束阻值______Ω。

④ 测量 MCU 搭铁线________、________与蓄电池负极间线束阻值，分别为______Ω、______Ω。

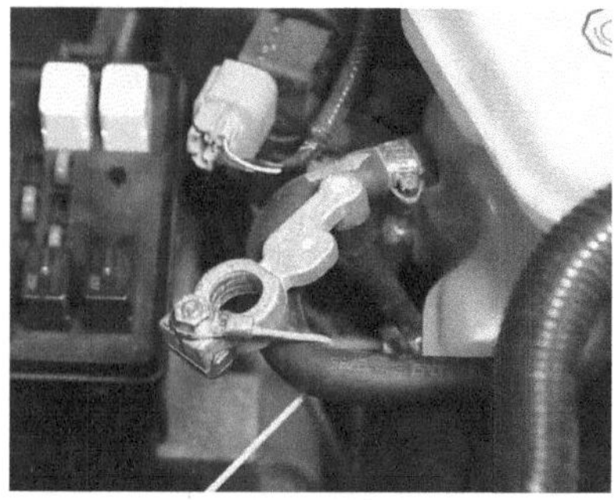

图 4-1-19　拆卸蓄电池正负极

（7）检查 MCU 唤醒线。

① 断开整车控制器 T81 插头。

② 测量整车控制器 T81/79 号针脚到电机控制器唤醒线针脚______间线束电阻值。

③ 连接整车控制器与电机控制器插头，连接蓄电池正负极。

④ 对电机控制器唤醒线针脚进行带电电压测试，测量结果为______V。

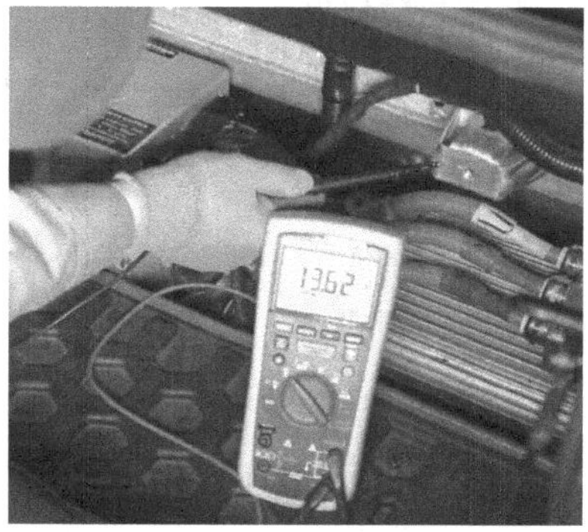

图 4-1-20　MCU 唤醒线电压检测

（8）故障记录分析。

检查到故障点记录：

____

____

故障诊断分析结果：

____

____

排除故障后故障现象记录：

____

____

图 4-1-21　维修结果观察

4. 整理

（1）妥善取回实训工具，放回原处，进行“5S”整理。

（2）撤去高压警示装置、翼子板布，盖上机舱盖。

5. 质量检验及维修说明

质量检验表

交车时间：______年______月______日______时______分

序号	质检项目	参考标准	自检	互检	终检
1	线束插头	连接牢固可靠			
2	螺栓扭力	标准力矩			

续表

3	故障码	无			
4	数据流	正常			
5	工具设备整理	归位摆放			
6	场地清洁	清理整洁			
6. 总结与反思					
（如学习过程中遇到什么问题，如何解决的或解决不了的原因，通过实训的收获等）					

四、思政沙龙

新能源汽车电控系统主要包含整车控制器、电机控制器、电池管理系统，其中我国唯独电机控制器的制造相对落后，主要是因为核心零部件“IGBT”90%以上都依赖进口。目前国内能够量产高压大功率 IGBT 芯片并用于新能源汽车的企业，只有中车时代和比亚迪两家。

虽然国内 IGBT 国产化已有了一定突破，但依然面临“卡脖子”的风险，国产替代任重道远。请各位同学分组思考并讨论：我们在面对高端半导体芯片，特别是 IGBT 这种卡脖子风险较大的问题时，作为学生，我们该怎么办？

五、任务考核

（一）知识检验

表 4-1-6　知识检验

项目 4　新能源汽车电机控制系统					
任务 1 电机控制器认知与检修		姓名		组别	
		班级		学号	
目标		考核题目			得分
知识目标	1	（1）（判断）驱动电机控制器在控制驱动电机的同时，还会对驱动电机、相关的传感器以及自身控制模块进行实时自检。（　　）			
		（2）（多选）下面混合动力汽车或纯电动汽车驱动电机控制器自检的说法正确的是（　　）。 A. 控制器供电和程序自检　　B. IGBT 性能自检 C. 电机温度检测　　D. 驱动电机位置传感器的自检			

续表

<table>
<tr><th colspan="2">目标</th><th>考核题目</th><th>得分</th></tr>
<tr><td rowspan="3">知识目标</td><td>1</td><td>（3）（判断）在大多数的电机控制器模块内部会设置有温度传感器，用于检测连接电机电缆的温度，以及模块自身集成电路的温度。温度传感器是一个热敏电阻，它的电阻值随温度而改变，具有负温度系数。（　　）</td><td></td></tr>
<tr><td rowspan="2">2</td><td>（1）（判断）对于比亚迪 e6 故障诊断仪，通常是把车辆起动后，再连接故障诊断仪。（　　）</td><td></td></tr>
<tr><td>（2）（判断）用故障诊断仪可以读取到驱动电机控制器的相关数据流，维修技师可以与维修手册相关的参考值进行对比，以判断驱动电机的工作运行状态，然后进行相应的检修。（　　）</td><td></td></tr>
<tr><td colspan="2" rowspan="3">技能目标</td><td>（1）（单选）测量电机控制器高压线缆正极线束电流需要用到的仪表是（　　）。
A. 电流表　B. 万用表　C. 电流钳　D. 解码仪</td><td></td></tr>
<tr><td>（2）（单选）比亚迪 e6 VTOG 高压电源电路检测，读取 VTOG 数据流，查看电池高压是否供给 VTOG 控制器。说法有误的一项是（　　）。
A. 动力电机母线电压为 0～199 V，故障可能是动力电池电压过低
B. 动力电机母线电压为 200～400 V，无故障
C. 动力电机母线电压大于 400 V，故障可能是动力电池电压过高
D. 动力电机母线电压小于 20 V，故障为高压弱</td><td></td></tr>
<tr><td>（3）（判断）在实操过程中不需要戴护目镜。（　　）</td><td></td></tr>
<tr><td colspan="3">总分：　　　分</td><td></td></tr>
</table>

（二）学生互评

表 4-1-7　学生互评

<table>
<tr><td colspan="13">项目 4　新能源汽车电机控制系统</td></tr>
<tr><td colspan="6" rowspan="2">任务 1
电机控制器认知与检修</td><td>姓名</td><td colspan="2"></td><td>组别</td><td colspan="3"></td></tr>
<tr><td>班级</td><td colspan="2"></td><td>学号</td><td colspan="3"></td></tr>
<tr><td rowspan="2">评价项目</td><td rowspan="2">分值</td><td colspan="4" rowspan="2">等级</td><td colspan="7">评价对象（组别）</td></tr>
<tr><td>1</td><td>2</td><td>3</td><td>4</td><td>5</td><td colspan="2">6</td></tr>
<tr><td rowspan="2">方案合理</td><td rowspan="2">20</td><td>优</td><td>良</td><td>中</td><td>差</td><td></td><td></td><td></td><td></td><td></td><td colspan="2"></td></tr>
<tr><td>20</td><td>18</td><td>16</td><td>15</td><td></td><td></td><td></td><td></td><td></td><td colspan="2"></td></tr>
<tr><td rowspan="2">团队合作</td><td rowspan="2">10</td><td>优</td><td>良</td><td>中</td><td>差</td><td></td><td></td><td></td><td></td><td></td><td colspan="2"></td></tr>
<tr><td>10</td><td>8</td><td>7</td><td>5</td><td></td><td></td><td></td><td></td><td></td><td colspan="2"></td></tr>
<tr><td rowspan="2">组织有序</td><td rowspan="2">10</td><td>优</td><td>良</td><td>中</td><td>差</td><td></td><td></td><td></td><td></td><td></td><td colspan="2"></td></tr>
<tr><td>10</td><td>8</td><td>7</td><td>5</td><td></td><td></td><td></td><td></td><td></td><td colspan="2"></td></tr>
</table>

续表

评价项目	分值	等级				评价对象（组别）					
						1	2	3	4	5	6
工作质量	20	优	良	中	差						
		20	18	16	15						
工作效率	10	优	良	中	差						
		10	8	7	5						
工序完整	10	优	良	中	差						
		10	8	7	5						
作业规范	10	优	良	中	差						
		10	8	7	5						
汇报展示	10	优	良	中	差						
		10	8	7	5						
合计	100	各组得分									

（三）师傅评价

表 4-1-8　师傅评价

项目 4　新能源汽车电机控制系统					
任务 1 电机控制器认知与检修		姓名		组别	
		班级		学号	
评分项目	配分	技术要点及扣分			扣分
1. 安全防护用品使用情况	8 分	操作时不戴绝缘手套扣 1 分			
		操作时不戴护目镜扣 1 分（戴近视镜者可不用戴护目镜）			
		操作时不铺设绝缘地垫扣 1 分			
		操作时不设置隔离带、高压警示牌扣 1 分			
		操作时不铺设格栅布、翼子板布扣 1 分			
		操作时不正确使用绝缘装卸工具扣 3 分			
2. 相关电气仪表工具使用情况	6 分	万用表挡位、接线错误扣 2 分			
		绝缘测试仪、放电仪等使用错误扣 2 分			
		接线插接器、背针等工具使用错误扣 2 分			
3. 故障现象验证及描述	6 分	设备螺丝松动、REDAY 灯不亮、系统故障灯亮、驱动电机故障灯亮、无续航里程、高压不供电、踩油门无反应、车辆无法行驶、解码仪与驱动电机系统无通信、驱动电机位置传感器故障、驱动电机系统数据流异常等现象 （回答出 6 项及以上得 6 分，6 项以下每少 1 项扣 1 分）			

续表

评分项目	配分	技术要点及扣分	扣分
4. 设备拆装流程	20分	未按正确的顺序拆卸、安装设备，每错误一项扣2分，共5分，扣完为止	
		拆装设备不正确，如该拆卸的部件没拆、拆了不该拆的部件，每发生一处扣3分，共6分，扣完为止	
		拆装过程中发生了接触不良、放置位置不当、损坏物品等，每一项扣3分，共9分，扣完为止	
5. 故障诊断及修复	54分	能正确识读电路图，找出需要操作或测试的设备、线束、保险丝、继电器、插接口、引脚等。共8分，酌情扣分，扣完为止	
		按照正确工艺进行残余电压、绝缘测试、放电测试并得出结果。共6分，酌情扣分，扣完为止	
		按照正确工艺进行相关部件的供电、搭铁、唤醒、通信线束的测试并得出正确结果。共10分，酌情扣分，扣完为止	
		按照正确工艺进行相关部件的继电器、保险丝、供电电压等测试并得出正确结果。共10分，酌情扣分，扣完为止	
		能找出相关部件的插接口、对应引脚，并按照正确工艺进行测试并得出正确结果。共10分，酌情扣分，扣完为止	
		能针对检测结果，判断出故障原因、解除故障或给出正确修复方案。共10分，酌情扣分，扣完为止	
6. “5S”情况	6分	操作完成后，要把设备、工具放回原处，摆放整齐（在考核40 min内，一件工具未放回原处或未摆放整齐扣1分，工具掉地上扣2分，扣完为止）	
合计	共扣分：__________　总得分：__________		
师傅评语：			

项目 4　新能源汽车电机控制系统

<table>
<tr><td rowspan="2">任务 2
旋转变压器认知与检修</td><td>姓名</td><td></td><td>组别</td><td></td></tr>
<tr><td>班级</td><td></td><td>学号</td><td></td></tr>
</table>

◎知识目标	◎技能目标	◎思政目标
1. 能够描述旋转变压器的组成及其原理。 2. 能够描述旋转变压器的功能。 3. 能够制定旋转变压器的故障检测方案	1. 能够进行高压安全防护作业和电气检修作业。 2. 能够进行旋转变压器相关参数的检测。 3. 能够根据旋转变压器检测结果进行故障诊断分析并进行维修	通过对旋转变压器的学习，了解其基本原理和技术累积，探讨我国新能源汽车的发展历程，回顾行业发展的不易，增强科技报国意识

一、任务导入

一位客户的纯电动汽车仪表盘显示高压上电正常，但车辆却无法行驶。这时维修主管怀疑是不是驱动电机的旋转变压器发生了故障，安排你对旋转变压器进行具体的故障检测，你该如何进行？

（一）请根据客户描述填写信息单

表 4-2-1　信息单

<table>
<tr><td>客户姓名</td><td></td><td>车牌号</td><td></td><td>车型</td><td></td><td>车辆颜色</td><td></td></tr>
<tr><td>客户电话</td><td></td><td>行驶里程</td><td></td><td>VIN 号</td><td colspan="3"></td></tr>
<tr><td colspan="8">维修项目</td></tr>
<tr><td colspan="8">□______km 常规保养　　□一般维修　　□事故车　　□大修　　□其他</td></tr>
<tr><td colspan="8">车况记录：</td></tr>
<tr><td colspan="8"></td></tr>
<tr><td colspan="8"></td></tr>
<tr><td colspan="8"></td></tr>
<tr><td colspan="8"></td></tr>
<tr><td colspan="8"></td></tr>
<tr><td colspan="8"></td></tr>
</table>

（二）高压安全防护及基本检查

（1）穿戴防护用具，铺设绝缘垫，设置隔离带等安全设备。

（2）对车辆基本检查，开启驻车制动，关闭启动开关。

（3）醒目位置粘贴高压警示牌，贵重物品检查。

表 4-2-2　基本检查

<table>
<tr><th colspan="4">设备工具</th></tr>
<tr><td></td><td>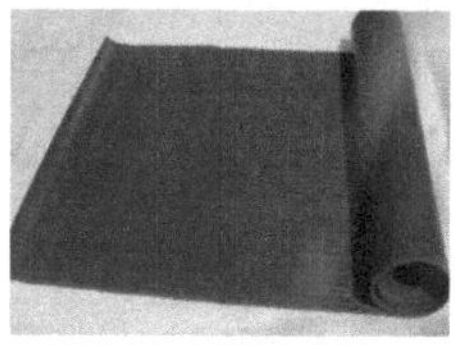</td><td>
</td><td>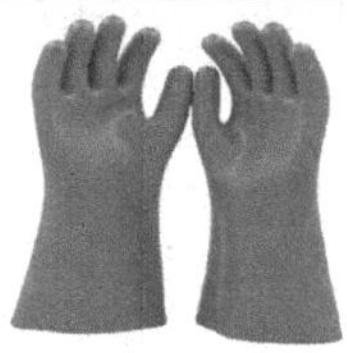</td></tr>
<tr><td>□清点正常</td><td>□清点正常</td><td>□清点正常</td><td>□清点正常</td></tr>
<tr><th colspan="4">设备工具</th></tr>
<tr><td>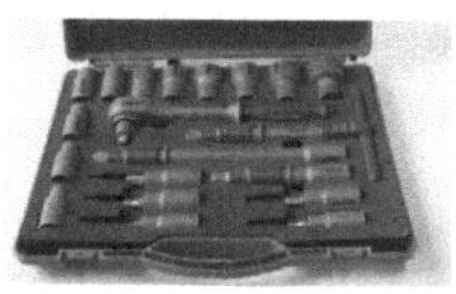</td><td>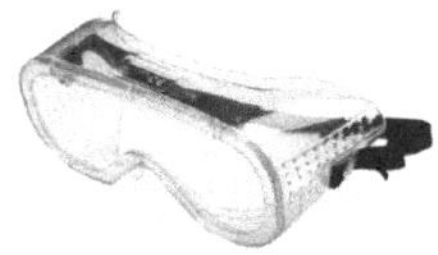</td><td></td><td></td></tr>
<tr><td>□清点正常</td><td>□清点正常</td><td>□清点正常</td><td>□清点正常</td></tr>
<tr><th colspan="4">设备工具</th></tr>
<tr><td></td><td></td><td></td><td>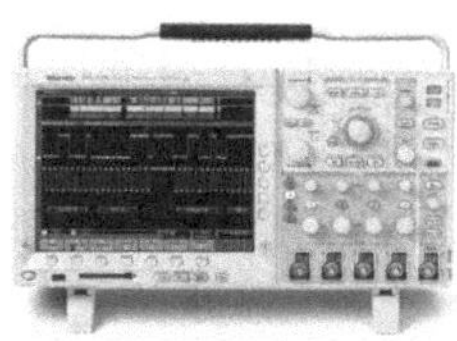</td></tr>
<tr><td>□清点正常</td><td>□清点正常</td><td>□清点正常</td><td>□清点正常</td></tr>
<tr><th colspan="4">车辆检查</th></tr>
<tr><td rowspan="7">外观检查：破损处用“○”标出
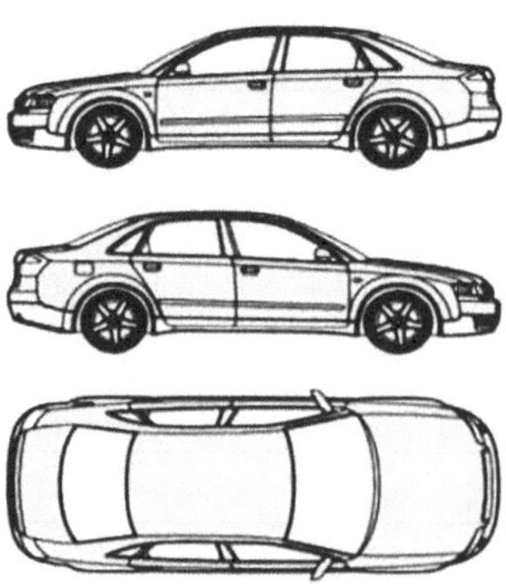</td><td rowspan="2">车内检查</td><td>收音机 □</td><td>空调 □</td></tr>
<tr><td>内饰 □</td><td>中控 □</td></tr>
<tr><td rowspan="2">整车检查</td><td>轮胎 □</td><td>灯光 □</td></tr>
<tr><td>底盘 □</td><td>刹车 □</td></tr>
<tr><td>贵重物品</td><td colspan="2"></td></tr>
<tr><td>油量记录</td><td colspan="2">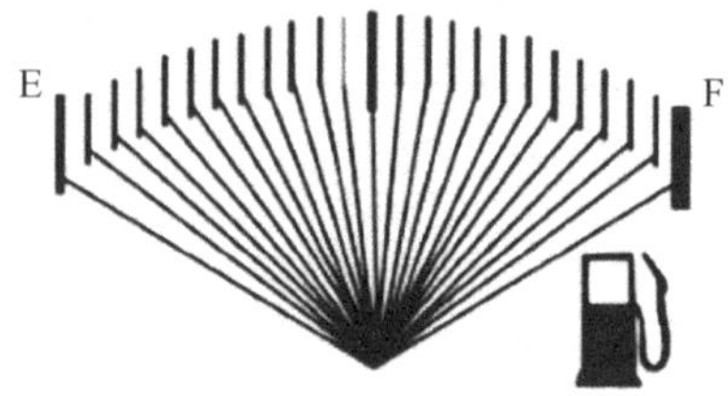
</td></tr>
</table>

二、获取信息

(一）引导问题：什么是旋转变压器？有什么用？

旋转变压器也称旋变传感器，是一种输出电压随转子转角变化的信号元件。它安装在驱动电机内部，和转子同轴，时刻检测电机转速和转子角度并反馈给电机控制器，以随时对电机进行控制。旋转变压器的结构及其安装位置如图 4-2-1 所示。

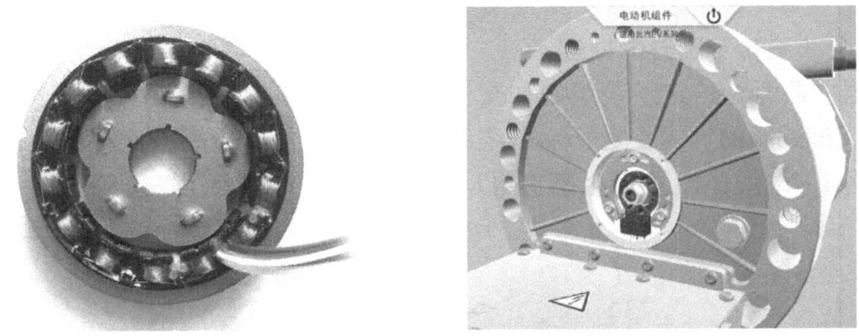

图 4-2-1　旋转变压器及其安装位置

旋转变压器由电机控制器模块监测，根据旋转变压器的信号，电机控制器监测电机的角位置、转速和方向。旋转变压器包含一个励磁线圈、两个驱动线圈和一个不规则形状的金属转子。金属转子以机械方式固定在电机轴上。将点火开关置于 ON 位置时，电机控制模块输出一个 5 V 交流电、一定频率的励磁信号至主动线圈。主动线圈励磁信号生成一个环绕两个从动线圈和不规则形状转子的磁场。然后，电机控制模块监测两个从动线圈电路，以获得一个返回信号。不规则形状金属转子的位置引起从动线圈的磁感应返回信号发生大小和形状的变化。通过比较两个从动线圈信号，电机控制模块能确定电机转子旋转角度、转速和方向。

(二）引导问题：常见的旋转变压器有哪些？

1. 正余弦旋转变压器

旋转变压器按输出电压与转子转角间的函数关系，分为正余弦旋转变压器、线性旋转变压器、比例式旋转变压器。

1）正余弦旋转变压器的结构

正余弦旋转变压器的定子铁心、转子铁心均由导磁性能良好的电工钢片叠成，两个铁心上分别绕有定子绕组和转子绕组。

在定子槽中分别布置有两个空间互成 90°的绕组，一个是定子励磁绕组，另一个是定子交轴绕组，两套绕组结构完全相同，如图 4-2-2 所示，其中引线端 S_1 与 S_3 为定子励磁绕组，S_2 与 S_4 为交轴绕组。

在转子槽中分别布置有两个空间互成 90°的绕组，一个是正弦输出绕组，另一个是余弦输出绕组，两套绕组的结构完全相同，如图 4-2-3 所示，其中引线端 R_1 与 R_3 为余弦输出绕组，引线端 R_2 与 R_4 为正弦输出绕组。

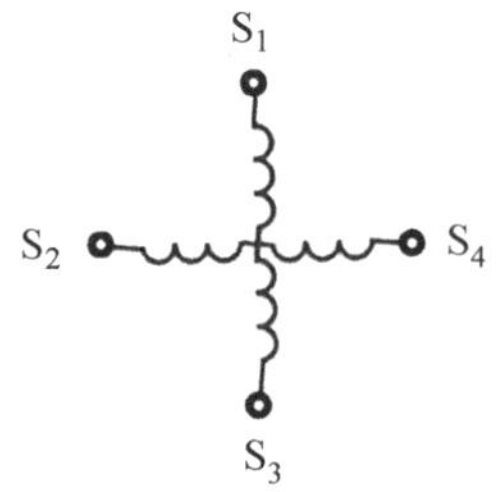

图 4-2-2　定子绕组结构

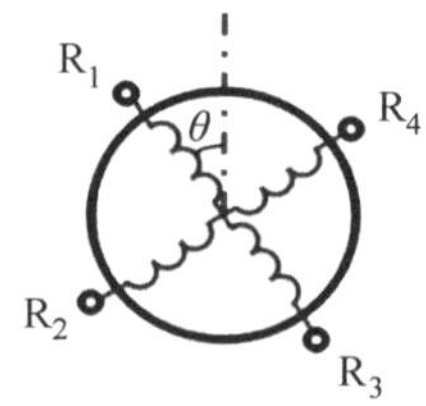

图 4-2-3　转子绕组结构

2）正余弦旋转变压器的原理

变压器空载时，给定子绕组施加交流励磁电压，定子和转子间的气隙内便产生一个磁场 B_S，该磁场的轴线在定子励磁绕组轴线上，根据电磁感应定律，磁场 B_S 会在转子输出绕组 R_1R_3 和 R_2R_4 中产生感应电动势 E_{R1} 和 E_{R2}，如图 4-2-4 所示。

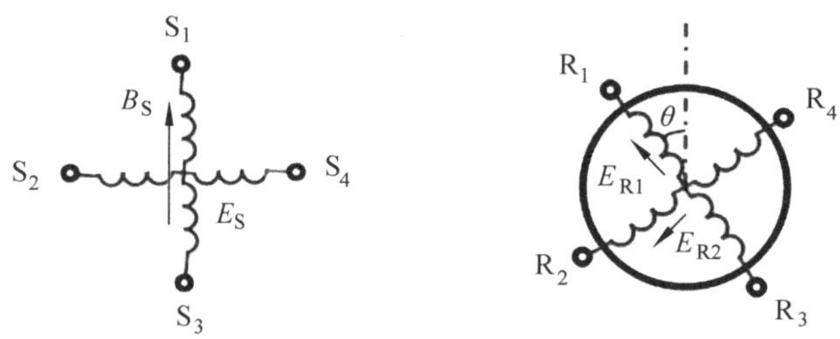

图 4-2-4　正余弦旋转变压器的工作原理

2. 磁阻式旋转变压器

磁阻式旋转变压器依据电磁感应原理，利用转子旋转时，转子与定子间气隙变化和磁阻变化，使输出绕组产生感应电压随机械转角做相应正弦或余弦变化的角度传感元件。磁阻式旋转变压器是一种新型结构高精度角位置传感器，具有结构简单、工作可靠及适应高速运行等特点。

磁阻式旋转变压器的工作原理与传统绕线式旋转变压器的工作原理不同。传统绕线式旋变的气隙均匀，通过转子信号绕组与定子励磁绕组间相对位置变化来计算转子的转角。而磁阻式旋变信号绕组和励磁绕组均固定在旋转变压器的定子上，只通过转子凸级效应产生具有正弦轨迹的气隙磁导变化，在信号绕组感应出正、余弦信号。其转子仅由带齿的电工钢片叠成，并没有绕组，实现无接触运行。定子冲片内圆冲制有若干大齿，又称极靴，每个大齿上冲制有若干等分小齿，绕组安放在大齿槽中。转子外圆表面冲制有若干等分小齿，其数目与极对数相等。输出和输入绕组均为集中绕制，其余正余弦绕组匝数按正弦规律变化。

磁阻式多级旋转变压器的工作原理如图 4-2-5 所示，以其中的 5 个定子齿、4 个转子齿为例，定子槽内安置了逐槽反向串接的输入绕组 1-1，以及两个间隔绕制反向串接的输出绕组 2-2 和 3-3。当转子相对定子转动时，气隙磁导发生变化，每转过一个转子齿距，气隙磁导变化一个周期，转过一周，则变化齿数数量个周期。气隙磁导的变化导致输入和输出绕组间互感的变化，输出绕组感应电势也发生变化。

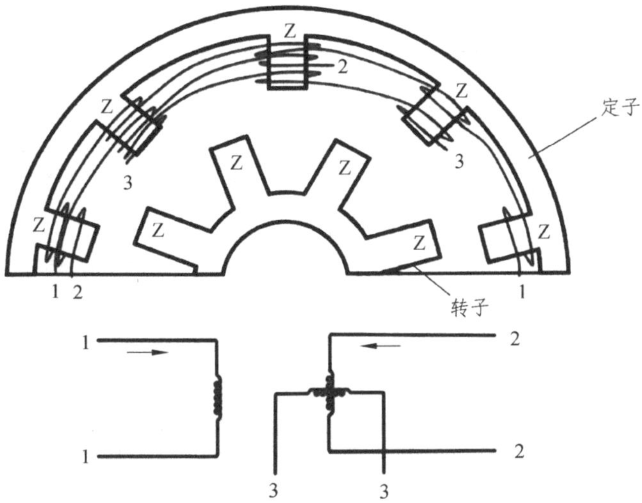

图 4-2-5　磁阻式多级旋转变压器的工作原理

三、任务实施

（一）模拟演练

表 4-2-3　模拟演练

<table>
<tr><td colspan="2">1. 实施要求</td></tr>
<tr><td colspan="2">本操作任务主要完成对旋转变压器的基本结构认识和参数测量。
（1）旋转变压器基本参数、励磁绕组及正余弦绕组参数测量。
（2）请在检测操作时，对表格中操作流程的相关数据进行记录。</td></tr>
<tr><td colspan="2">2. 实施准备</td></tr>
<tr><td colspan="2">（1）设备准备：新能源电机驱动控制实验系统平台。
（2）电气检测工具：万用表、示波器。</td></tr>
<tr><td colspan="2">3. 实施步骤</td></tr>
<tr><td>（1）旋转变压器参数认识。
实验平台上的驱动电机为内置“旋转变压器”的永磁同步电机。该编码器属于定制型号，可自行查找任意一款旋转变压器，并将具体参数填写如下：
厂家/品牌：________
型号：________
额定励磁电压：________
励磁频率：________
变压比：________
电气误差：________
阻抗：________
相位移：________
零位电压：________
基准电气零位：________</td><td>

图 4-2-6　旋转变压器</td></tr>
</table>

续表

（2）旋转变压器结构认知。

观察实验平台，找出驱动电机的旋转变压器结构。得知其管脚定义如下：

正弦绕组输出 sin+：T6b/1

正弦绕组输出 sin-：T6b/2

余弦绕组输出 cos+：T6b/3

余弦绕组输出 cos-：T6b/4

励磁绕组输入 S1：T6b/5

励磁绕组输入 S2：T6b/6

思考：结合电路结构和旋转变压器结构，请问驱动电机上的旋转变压器工作原理和功能是什么？

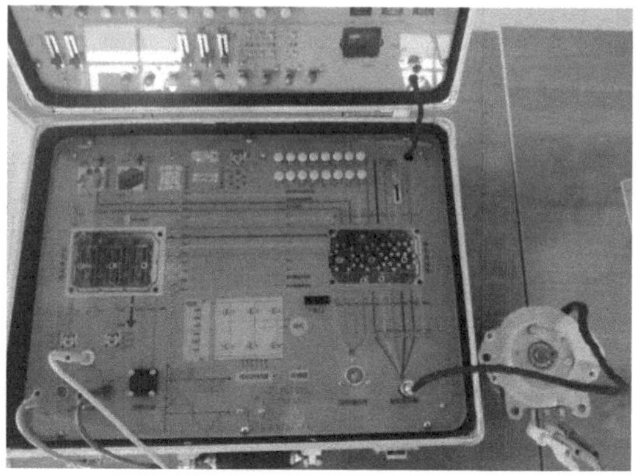

图 4-2-7　电机驱动控制教学平台平面图

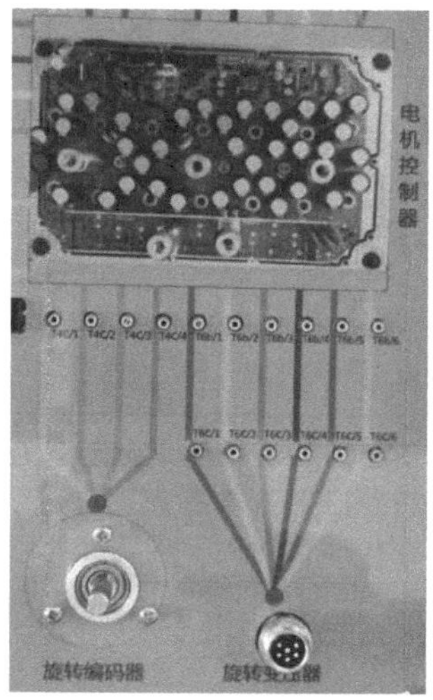

图 4-2-8　旋转变压器管脚示意图

（3）旋转变压器电阻测量。

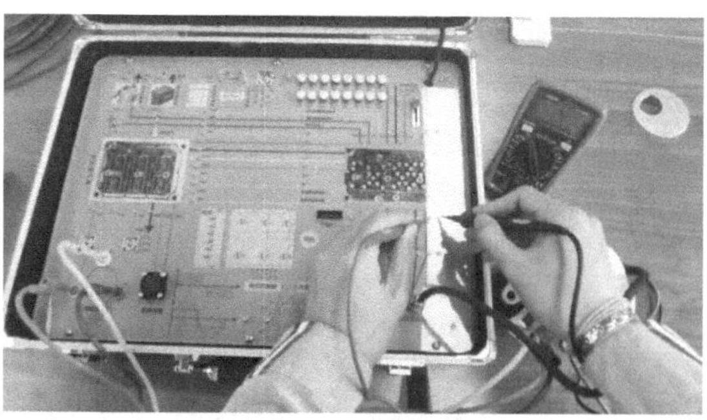

图 4-2-9　旋转变压器电阻测量

旋转变压器电阻测量操作视频

观察旋转变压器引脚。拔除旋转变压器插头，使用万用表对旋转变压器插头管脚之间的电阻进行测量，并将测量结果记录到下表内：

续表

测量工具	测量点	测量电阻/Ω	备注
万用表	T6b/1—T6b/2		正弦线圈阻值
	T6b/3—T6b/4		余弦线圈阻值
	T6b/5—T6b/6		励磁线圈阻值
	T6b/1—T6b/6		线圈之间阻值 1
	T6b/3—T6b/6		线圈之间阻值 2
	T6b/1—T6b/3		线圈之间阻值 3

（4）旋转变压器电压测量。

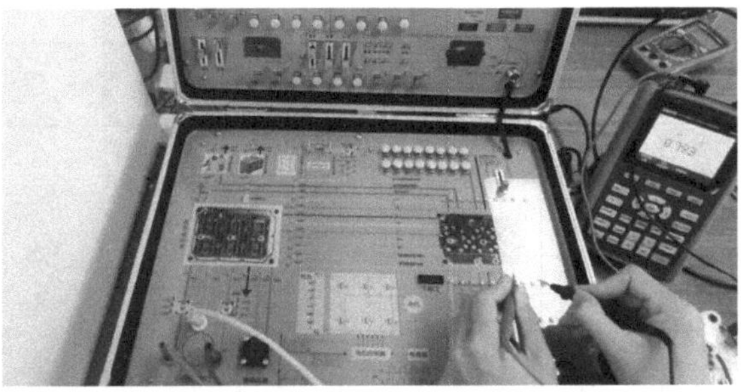

图 4-2-10　旋转变压器电压测量

旋转变压器电压测量操作视频

① 接通实验平台的+12 V、+24 V 电源，对实验平台上电。

② 确保实验平台没有设置任何故障的情况下，改变加速踏板、挡位开关、制动开关的状态，使电机在不同速度、方向进行旋转，并进行下一步的测量。

③ 使用万用表测量不同转速下的旋转变压器正弦、余弦、励磁绕组电压值，并记录到下表内：

万用表挡位	测量点	测量电压/V	备注
直流电压挡位	T6b/1—T6b/2		
	T6b/3—T6b/4		
	T6b/5—T6b/6		
交流电压挡	T6b/1—T6b/2		
	T6b/3—T6b/4		
	T6b/5—T6b/6		

思考：在不同转速下，励磁线圈（输入）、正弦线圈（输出）、余弦线圈（输出）的电压有什么变化规律？

续表

（5）旋转变压器波形测量。

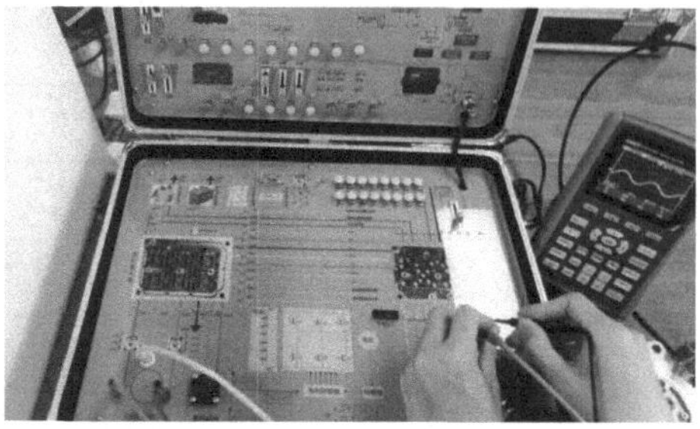

图 4-2-11　旋转变压器波形测量　　　　旋转变压器波形测量操作视频

使用示波器对励磁线圈（输入）、正弦线圈（输出）、余弦线圈（输出）绕组的相对波形进行测量，并将波形和参数填入下表内：

序号	测量点	波形	波形备注
1	正弦绕组： 探针：______ 接地线：______		周期：______S 幅值：______V 倍率：______X 耦合：交流
2	余弦绕组： 探针：______ 接地线：______		周期：______S 幅值：______V 倍率：______X 耦合：交流
3	励磁绕组： 探针：______ 接地线：______		周期：______S 幅值：______V 倍率：______X 耦合：交流

续表

（7）旋转变压器模拟故障诊断。

① 移除实验平台的+12 V 电源、24 V 动力电源，对实验平台下电。

② 拨动实验平台面板上“K1”开关，模拟设置该故障发生；其他故障开关保持不设故障状态。

③ 插上实验平台的+12 V 电源、24 V 动力电源，对实验平台上电。

④ 操作实验平台，记录此时实验平台工作的异常情况到下表内，并对异常情况进行简单预估分析。

序号	正常状态	异常状态	故障可能性分析
1			
2			
3			
4			

⑤ 根据分析到的故障可能性，制定故障排查方法，进行故障排查，并将故障排查过程记录在下表内。

序号	故障可能性	排查方法及结果	最终故障原因
1			
2			
3			
4			

思考：为什么会造成这样的故障结果？

⑥ 绘制故障电路图。

4. 整理

（1）妥善取回实训工具，放回原处，进行“5S”整理。

（2）撤去高压警示装置、翼子板布，盖上机舱盖。

（二）实车实训

表 4-2-4　实车实训

1. 实施要求
本操作任务主要完成对纯电动汽车的旋转变压器原理认识及参数检测。 （1）纯电动汽车旋转变压器相关电路图的查找与识读。 （2）请在测量操作时，对表格中操作流程的相关数据进行记录。
2. 实施准备
（1）防护装备：工作服、绝缘鞋、护目镜、绝缘帽、绝缘手套。 （2）北汽新能源纯电动汽车 1 辆、台架、部件总成。 （3）电气检查专用工具、设备。 （4）手工工具：新能源汽车维修组合工具。 （5）辅助材料：高压电维修警示牌、绝缘地垫、干粉灭火器、清洁剂。
3. 实施步骤
（1）识读旋转变压器电路图，以北汽 EC160 为例。 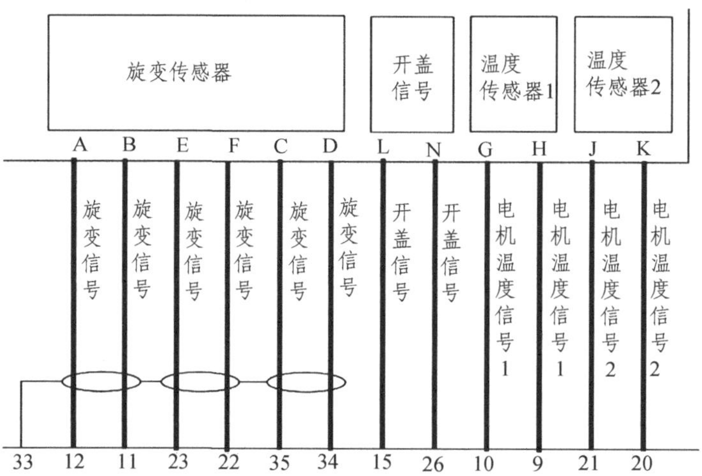 图 4-2-12　EC160 旋变传感器与 MCU 接线图 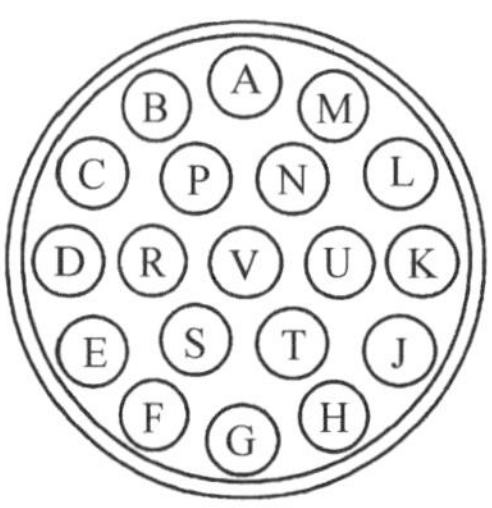 图 4-2-13　EC160 电机低压信号插口  图 4-2-14　电机控制器低压信号插口

续表

（2）车辆防护。 ①铺设车内防护用品，将车辆停放在绝缘垫上。 ②车辆挡位旋入 N 挡。 ③开启驻车制动，关闭启动开关。 ④设置隔离带。 ⑤铺设翼子板布。 ⑥粘贴高压警示牌。	 图 4-2-15　车辆安全防护
（3）验证故障现象。 ①打开启动开关。 ②仪表显示 READY 指示灯____________（点亮或不点亮）。 ③系统故障指示灯与________________故障指示灯点亮。 ④车辆无法行驶。 ⑤关闭启动开关。	 图 4-2-16　故障现象验证
（4）读取故障码。 ①连接诊断仪，打开启动开关。 ②操作诊断仪，选择车型进行__________系统测试。 ③读取故障码并记录结果：__________。 ④退出诊断仪。 ⑤关闭启动开关。	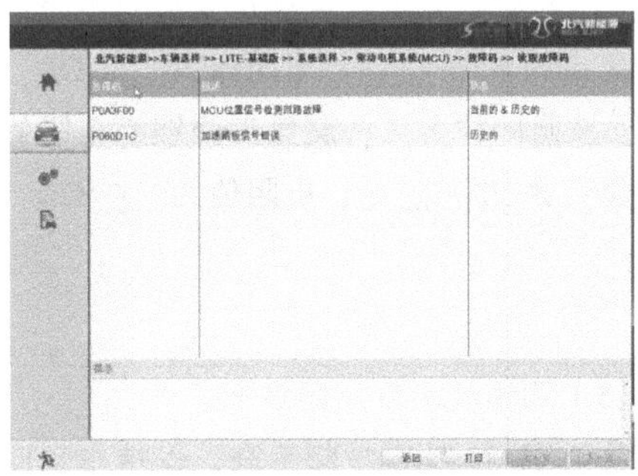 图 4-2-17　读取故障码
（3）检查旋转变压器及其线路。 ①断电，拆卸蓄电池正负极桩头，并将正负极桩头固定好。 ②拆卸驱动电机控制器总成连接插头。 ③拆卸驱动电机低压插头。	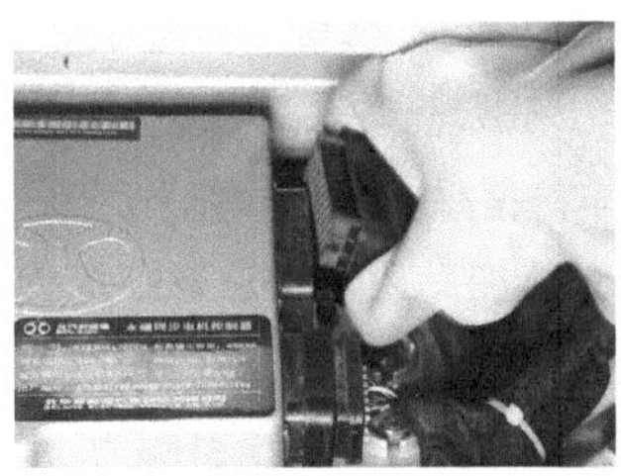 图 4-2-18　拆卸电机控制器总成连接插头  图 4-2-19　拆卸驱动电机低压插头

续表

<table>
<tr>
<td>（4）测量旋转变压器阻值及其线束阻值。
① 使用万用表，测量旋变器与电机控制器间 6 根旋变信号线自身的阻值，应小于 1Ω。6 根信号线的测量点分别为：35—C、34—D、23—E、____—____、____—____、____—____。
② 使用万用表测量电机控制器与驱动电机间 6 根旋变信号线与车身搭铁间的阻值，6 根线测量结果：____Ω、____Ω、____Ω、____Ω、____Ω、____Ω（正常值应为无穷大）。
③ 安装驱动电机低压插接器，使用万用表在电机控制器总成控制插头端，测量旋转变压器励磁绕组电阻值，测量点为 12—____，电阻值为____Ω。
④ 按照同样方法，测量正弦绕组电阻值，测量点为 35—____，电阻值为____Ω。
⑤ 按照同样方法，测量正弦绕组电阻值，测量点为 23—____，电阻值为____Ω。</td>
<td>
图 4-2-20　测量 6 根旋变信号线阻值
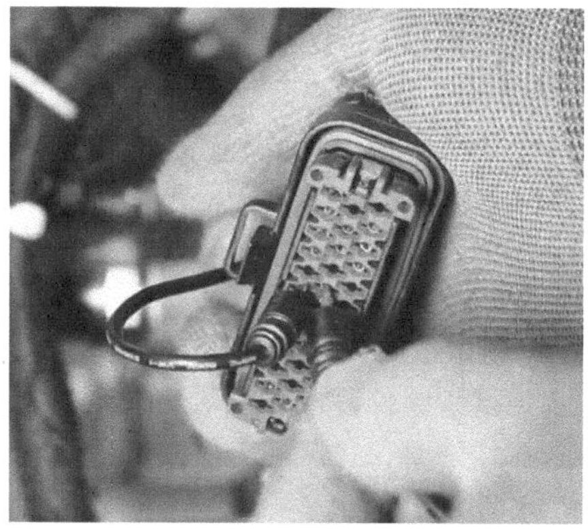
图 4-2-21　测量旋变 3 个绕组阻值</td>
</tr>
<tr>
<td>（5）测量旋转变压器波形。
① 车辆 N 挡，拉起手刹，保持车辆原地不动。
② 利用背插针，连接旋变励磁信号线引脚______与示波器信号输入端。连接示波器搭铁线与车身搭铁。
③ 测量旋变励磁信号波形，应为正弦波。
④ 使用相同方法测量旋变正弦、余弦信号波形。测量的正弦信号线引脚为______，测量的余弦信号线引脚为______。</td>
<td>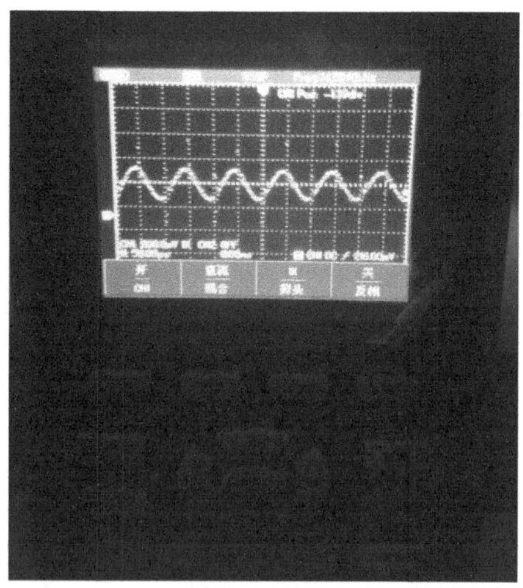
图 4-2-22　取下驱动电机低压线束插接器</td>
</tr>
</table>

续表

（6）记录波形。

① 使用示波器对励磁线圈（输入）绕组的波形进行测量，并将波形和参数填入下表内：

序号	测量点	波形	波形备注
1	励磁绕组： 探针： 接地线：		周期：_____S 幅值：_____V 倍率：_____X 耦合：交流

② 使用示波器对正弦（输出）绕组的相对波形进行测量，并将波形和参数填入下表内：

序号	测量点	波形	波形备注
2	正弦绕组： 探针： 接地线：		周期：_____S 幅值：_____V 倍率：_____X 耦合：交流

③ 车辆挂入 D 挡，稍微移动车辆，其间注意观察波形变化，停车后重新挂回 N 挡，拉起手刹。再次记录正弦绕组波形及其参数：

序号	测量点	波形	波形备注
3	正弦绕组 2： 探针： 接地线：		周期：_____S 幅值：_____V 倍率：_____X 耦合：交流

思考：车辆移动时，波形出现了什么变化？为何会有如此变化？

续表

<table>
<tr><td colspan="6">4. 整理</td></tr>
<tr><td colspan="6">（1）妥善取回实训工具，放回原处，进行“5S”整理。
（2）撤去高压警示装置、翼子板布，盖上引擎盖。</td></tr>
<tr><td colspan="6">5. 质量检验及维修说明</td></tr>
<tr><td colspan="6">质量检验表</td></tr>
<tr><td colspan="6">交车时间：______年______月______日______时______分</td></tr>
<tr><td>序号</td><td>质检项目</td><td>参考标准</td><td>自检</td><td>互检</td><td>终检</td></tr>
<tr><td>1</td><td>线束插头</td><td>连接牢固可靠</td><td></td><td></td><td></td></tr>
<tr><td>2</td><td>螺栓扭力</td><td>标准力矩</td><td></td><td></td><td></td></tr>
<tr><td>3</td><td>故障码</td><td>无</td><td></td><td></td><td></td></tr>
<tr><td>4</td><td>数据流</td><td>正常</td><td></td><td></td><td></td></tr>
<tr><td>5</td><td>工具设备整理</td><td>归位摆放</td><td></td><td></td><td></td></tr>
<tr><td>6</td><td>场地清洁</td><td>清理整洁</td><td></td><td></td><td></td></tr>
<tr><td colspan="6">6. 总结与反思</td></tr>
<tr><td colspan="6">（如学习过程中遇到什么问题，如何解决的或解决不了的原因，通过实训的收获等）</td></tr>
</table>

四、思政沙龙

旋转变压器看似小巧简单，实则它用到了很多电学原理和技术，如电磁感应、交流互感、信息编码、闭环反馈、电机控制等，制造过程也涉及智控加工、材料物理、工业设计等。可以说，汽车上每一个零部件的出现，都充满了先辈的智慧和辛苦汗水。

一个小巧简单的零件都如此深奥，可见我国汽车制造行业这些年国产化的逐步实现和质量的提升，也付出了不少努力。钱学森 30 年前建议我国大力发展新能源汽车，如今我们终于可以说没有辜负他的期待，但未来仍然任重道远。请各位同学课后主动了解这背后的故事，并以小组为单位，进行研讨汇总，最后每组选一名代表为大家分享交流。

五、任务考核

(一) 知识检验

表 4-2-5　知识检验

<table>
<tr><td colspan="6">项目 4　新能源汽车电机控制系统</td></tr>
<tr><td colspan="2" rowspan="2">任务 2
旋转变压器认知与检修</td><td>姓名</td><td></td><td>组别</td><td></td></tr>
<tr><td>班级</td><td></td><td>学号</td><td></td></tr>
<tr><td colspan="2">目标</td><td colspan="3">考核题目</td><td>得分</td></tr>
<tr><td rowspan="6">知识目标</td><td rowspan="3">1</td><td colspan="3">(1)(判断)旋转变压器的输出波形是直流电。(　　)</td><td></td></tr>
<tr><td colspan="3">(2)(判断)电机系统上电顺序要求：在给电机控制器上高压电源之前，必须先将低压控制电源接通。断电时，先断开高压电源，再断开低压控制电源。(　　)</td><td></td></tr>
<tr><td colspan="3">(3)(判断)驱动电机位置传感器由驱动电机控制器监测。根据旋转变压器的位置信号，电机控制器监测驱动电机转子的角位置、转速和方向。(　　)</td><td></td></tr>
<tr><td rowspan="3">2</td><td colspan="3">(1)(判断)驱动电机控制器发生故障时，可以利用故障检测仪器读取故障码和数据流。(　　)</td><td></td></tr>
<tr><td colspan="3">(2)(多选)以下属于旋转变压器内的绕组结构的有(　　)。
A. 励磁绕组　　B. 限流绕组
C. 正弦绕组　　D. 余弦绕组</td><td></td></tr>
<tr><td colspan="3">(3)(单选)新能源汽车电机上监控电机转子转动位置的传感器是(　　)。
A. 温度传感器　　B. 真空度传感器
C. 旋变传感器　　D. 电流传感器</td><td></td></tr>
<tr><td colspan="2" rowspan="3">技能目标</td><td colspan="3">1.(单选)旋变传感器的正余弦绕组输出波形在电气上相差相位为(　　)。
A. 360°　　B. 180°　　C. 90°　　D. 45°</td><td></td></tr>
<tr><td colspan="3">2.(判断)测量旋转变压器的绕组阻值时，应该断开蓄电池正负极，进行断电测量。(　　)</td><td></td></tr>
<tr><td colspan="3">3.(单选)磁阻式旋转变压器的信号绕组输出波形幅值会因为车辆的移动而变化的原因是(　　)。
A. 励磁绕组与信号绕组发生相对运动
B. 转子转动引发气隙磁阻大小的变化
C. 励磁绕组输入信号波形随车辆移动而变化
D. 信号绕组阻值随转子移动而变化</td><td></td></tr>
<tr><td colspan="5">总分：　　　分</td><td></td></tr>
</table>

（二）学生互评

表 4-2-6　学生互评

<table>
<tr><td colspan="12">项目 4　新能源汽车电机控制系统</td></tr>
<tr><td colspan="4" rowspan="2">任务 2
旋转变压器认知与检修</td><td>姓名</td><td colspan="3"></td><td>组别</td><td colspan="3"></td></tr>
<tr><td>班级</td><td colspan="3"></td><td>学号</td><td colspan="3"></td></tr>
<tr><td rowspan="2">评价项目</td><td rowspan="2">分值</td><td colspan="4" rowspan="2">等级</td><td colspan="6">评价对象（组别）</td></tr>
<tr><td>1</td><td>2</td><td>3</td><td>4</td><td>5</td><td>6</td></tr>
<tr><td rowspan="2">方案合理</td><td rowspan="2">20</td><td>优</td><td>良</td><td>中</td><td>差</td><td rowspan="2"></td><td rowspan="2"></td><td rowspan="2"></td><td rowspan="2"></td><td rowspan="2"></td><td rowspan="2"></td></tr>
<tr><td>20</td><td>18</td><td>16</td><td>15</td></tr>
<tr><td rowspan="2">团队合作</td><td rowspan="2">10</td><td>优</td><td>良</td><td>中</td><td>差</td><td rowspan="2"></td><td rowspan="2"></td><td rowspan="2"></td><td rowspan="2"></td><td rowspan="2"></td><td rowspan="2"></td></tr>
<tr><td>10</td><td>8</td><td>7</td><td>5</td></tr>
<tr><td rowspan="2">组织有序</td><td rowspan="2">10</td><td>优</td><td>良</td><td>中</td><td>差</td><td rowspan="2"></td><td rowspan="2"></td><td rowspan="2"></td><td rowspan="2"></td><td rowspan="2"></td><td rowspan="2"></td></tr>
<tr><td>10</td><td>8</td><td>7</td><td>5</td></tr>
<tr><td rowspan="2">工作质量</td><td rowspan="2">20</td><td>优</td><td>良</td><td>中</td><td>差</td><td rowspan="2"></td><td rowspan="2"></td><td rowspan="2"></td><td rowspan="2"></td><td rowspan="2"></td><td rowspan="2"></td></tr>
<tr><td>20</td><td>18</td><td>16</td><td>15</td></tr>
<tr><td rowspan="2">工作效率</td><td rowspan="2">10</td><td>优</td><td>良</td><td>中</td><td>差</td><td rowspan="2"></td><td rowspan="2"></td><td rowspan="2"></td><td rowspan="2"></td><td rowspan="2"></td><td rowspan="2"></td></tr>
<tr><td>10</td><td>8</td><td>7</td><td>5</td></tr>
<tr><td rowspan="2">工序完整</td><td rowspan="2">10</td><td>优</td><td>良</td><td>中</td><td>差</td><td rowspan="2"></td><td rowspan="2"></td><td rowspan="2"></td><td rowspan="2"></td><td rowspan="2"></td><td rowspan="2"></td></tr>
<tr><td>10</td><td>8</td><td>7</td><td>5</td></tr>
<tr><td rowspan="2">作业规范</td><td rowspan="2">10</td><td>优</td><td>良</td><td>中</td><td>差</td><td rowspan="2"></td><td rowspan="2"></td><td rowspan="2"></td><td rowspan="2"></td><td rowspan="2"></td><td rowspan="2"></td></tr>
<tr><td>10</td><td>8</td><td>7</td><td>5</td></tr>
<tr><td rowspan="2">汇报展示</td><td rowspan="2">10</td><td>优</td><td>良</td><td>中</td><td>差</td><td rowspan="2"></td><td rowspan="2"></td><td rowspan="2"></td><td rowspan="2"></td><td rowspan="2"></td><td rowspan="2"></td></tr>
<tr><td>10</td><td>8</td><td>7</td><td>5</td></tr>
<tr><td>合计</td><td>100</td><td colspan="4">各组得分</td><td></td><td></td><td></td><td></td><td></td><td></td></tr>
</table>

（三）师傅评价

表 4-2-7　师傅评价

<table>
<tr><td colspan="6">项目 4　新能源汽车电机控制系统</td></tr>
<tr><td colspan="2" rowspan="2">任务 2
旋转变压器认知与检修</td><td>姓名</td><td></td><td>组别</td><td></td></tr>
<tr><td>班级</td><td></td><td>学号</td><td></td></tr>
<tr><td>评分项目</td><td>配分</td><td colspan="3">技术要点及扣分</td><td>扣分</td></tr>
<tr><td rowspan="6">1. 安全防护用品使用情况</td><td rowspan="6">8 分</td><td colspan="3">操作时不戴绝缘手套扣 1 分</td><td></td></tr>
<tr><td colspan="3">操作时不戴护目镜扣 1 分（戴近视镜者可不用戴护目镜）</td><td></td></tr>
<tr><td colspan="3">操作时不铺设绝缘地垫扣 1 分</td><td></td></tr>
<tr><td colspan="3">操作时不设置隔离带、高压警示牌扣 1 分</td><td></td></tr>
<tr><td colspan="3">操作时不铺设格栅布、翼子板布扣 1 分</td><td></td></tr>
<tr><td colspan="3">操作时不正确使用绝缘装卸工具扣 3 分</td><td></td></tr>
</table>

续表

评分项目	配分	技术要点及扣分	扣分
2. 相关电气仪表工具使用情况	6 分	万用表挡位、接线错误扣 2 分	
		绝缘测试仪、放电仪等使用错误扣 2 分	
		接线插接器、背针等工具使用错误扣 2 分	
3. 故障现象验证及描述	6 分	设备螺丝松动、REDAY 灯不亮、系统故障灯亮、驱动电机故障灯亮、无续航里程、高压不供电、踩油门无反应、车辆无法行驶、解码仪与驱动电机系统无通信、驱动电机位置传感器故障、驱动电机系统数据流异常等现象（回答出 6 项及以上得 6 分，6 项以下每少 1 项扣 1 分）	
4. 设备拆装流程	20 分	未按正确的顺序拆卸、安装设备，每错误一项扣 2 分，共 5 分，扣完为止	
		拆装设备不正确，如该拆卸的部件没拆、拆了不该拆的部件，每发生一处扣 3 分，共 6 分，扣完为止	
		拆装过程中发生了接触不良、放置位置不当、损坏物品等，每一项扣 3 分，共 9 分，扣完为止	
5. 故障诊断及修复	54 分	能正确识读电路图，找出需要操作或测试的设备、线束、保险丝、继电器、插接口、引脚等。共 8 分，酌情扣分，扣完为止	
		按照正确工艺进行残余电压、绝缘测试、放电测试并得出结果。共 6 分，酌情扣分，扣完为止	
		按照正确工艺进行相关部件的供电、搭铁、唤醒、通信线束的测试并得出正确结果。共 10 分，酌情扣分，扣完为止	
		按照正确工艺进行相关部件的继电器、保险丝、供电电压等测试并得出正确结果。共 10 分，酌情扣分，扣完为止	
		能找出相关部件的插接口、对应引脚，并按照正确工艺进行测试并得出正确结果。共 10 分，酌情扣分，扣完为止	
		能针对检测结果，判断出故障原因、解除故障或给出正确修复方案。共 10 分，酌情扣分，扣完为止	
6. “5S”情况	6 分	操作完成后，要把设备、工具放回原处，摆放整齐（在考核 40 min 内，一件工具未放回原处或未摆放整齐扣 1 分，工具掉地上扣 2 分，扣完为止）	
合计	共扣分：__________　总得分：__________		
师傅评语：			

六、知识拓展

旋转变压器检测实训 1

旋转变压器检测实训 2

旋转变压器虚拟仿真学习

旋转变压器原理讲解

项目 4　新能源汽车电机控制系统

<table>
<tr><td rowspan="2">任务 3
油门加速踏板故障检修</td><td>姓名</td><td></td><td>组别</td><td></td></tr>
<tr><td>班级</td><td></td><td>学号</td><td></td></tr>
</table>

◎知识目标	◎技能目标	◎思政目标
1. 掌握油门踏板传感器的基本原理。 2. 掌握油门踏板传感器的类别。 3. 能够制定油门踏板故障检修方案	1. 能够进行油门踏板传感器相关参数检测。 2. 能够根据油门传感器检测结果进行故障诊断分析并进行维修	通过油门踏板传感器的工作原理学习，了解一个小零件可以对整个汽车造成巨大影响，培养学生的工作责任心

一、任务导入

一位客户到店反映说，突然有一天开始，当踩油门较深时，总感觉汽车无法像以往那样加速，而且加速的动力性和踩油门的深度不匹配，不是线性关系，驾驶感受到很大影响，要求对油门以及其他系统进行检修。你能根据客户的问题描述，分析并检查汽车什么零部件出现了问题吗？

（一）请根据客户描述填写信息单

表 4-3-1　信息单

<table>
<tr><td>客户姓名</td><td></td><td>车牌号</td><td></td><td>车型</td><td></td><td>车辆颜色</td><td></td></tr>
<tr><td>客户电话</td><td></td><td>行驶里程</td><td></td><td>VIN 号</td><td colspan="3"></td></tr>
<tr><td colspan="8">维修项目</td></tr>
<tr><td colspan="8">□______km 常规保养　　□一般维修　　□事故车　　□大修　　□其他</td></tr>
<tr><td colspan="8">车况记录：</td></tr>
<tr><td colspan="8"></td></tr>
<tr><td colspan="8"></td></tr>
<tr><td colspan="8"></td></tr>
<tr><td colspan="8"></td></tr>
<tr><td colspan="8"></td></tr>
</table>

（二）高压安全防护及基本检查

（1）穿戴防护用具，铺设绝缘垫，设置隔离带等安全设备。

（2）对车辆基本检查，开启驻车制动，关闭启动开关。

（3）醒目位置粘贴高压警示牌，贵重物品检查。

表 4-3-2　基本检查

<table>
<tr><th colspan="4">设备工具</th></tr>
<tr><td></td><td></td><td></td><td>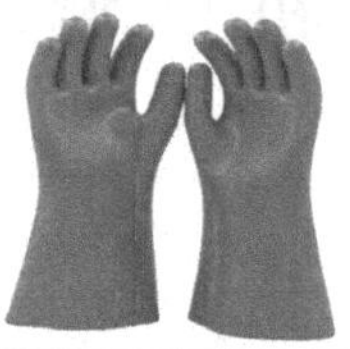</td></tr>
<tr><td>□清点正常</td><td>□清点正常</td><td>□清点正常</td><td>□清点正常</td></tr>
<tr><th colspan="4">设备工具</th></tr>
<tr><td></td><td>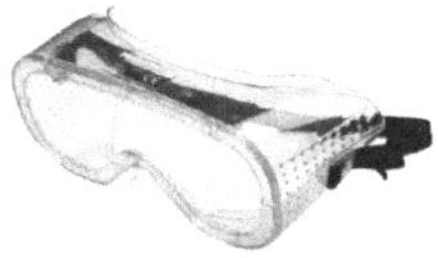</td><td></td><td></td></tr>
<tr><td>□清点正常</td><td>□清点正常</td><td>□清点正常</td><td>□清点正常</td></tr>
<tr><th colspan="4">设备工具</th></tr>
<tr><td></td><td></td><td></td><td>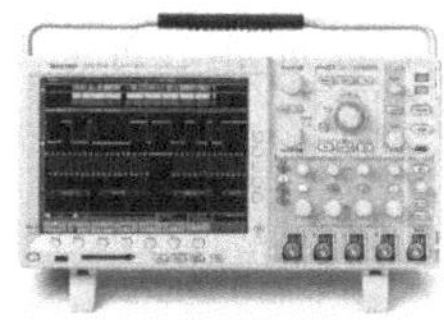</td></tr>
<tr><td>□清点正常</td><td>□清点正常</td><td>□清点正常</td><td>□清点正常</td></tr>
<tr><th colspan="4">车辆检查</th></tr>
<tr><td rowspan="6">外观检查：破损处用“○”标出
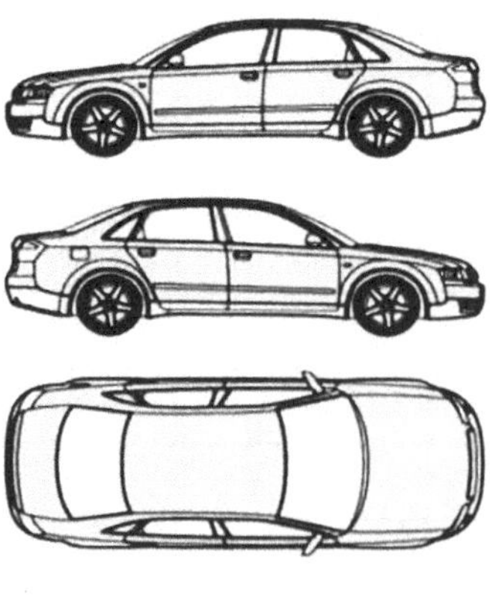</td><td rowspan="2">车内检查</td><td>收音机 □</td><td>空调 □</td></tr>
<tr><td>内饰 □</td><td>中控 □</td></tr>
<tr><td rowspan="2">整车检查</td><td>轮胎 □</td><td>灯光 □</td></tr>
<tr><td>底盘 □</td><td>刹车 □</td></tr>
<tr><td>贵重物品</td><td colspan="2"></td></tr>
<tr><td>油量记录</td><td colspan="2">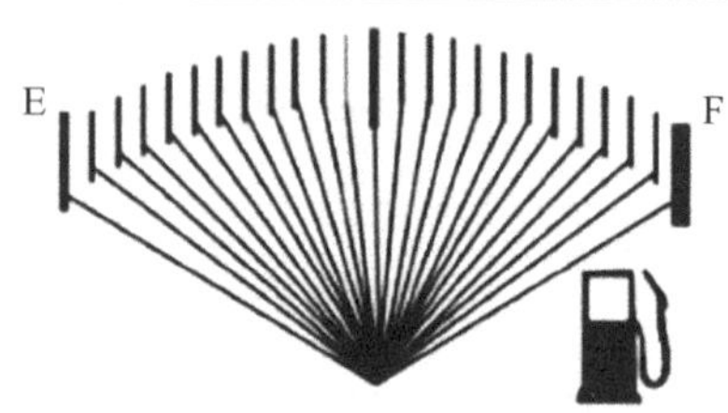</td></tr>
</table>

二、获取信息

(一)引导问题：油门加速踏板是如何工作的？

1. 电子油门加速踏板的定义

传统拉线式机械控制的油门踏板结构简单、控制方式直接快速。但是为了使汽车在行驶过程中能更精确控制、经济环保、兼具安全与动力性，在不同工况下对汽车动力系统的控制有着细致、复杂的要求，这一点纯机械式油门仅凭驾驶员人为的主观控制是无法达到的。随着新能源汽车和线控技术的发展，电子油门系统采用精确柔性的电子控制方式替代了拉线式油门的机械连接。系统由加速踏板、位置传感器、控制单元和执行机构等部分组合而成。

加速踏板传感器，又称油门踏板传感器，是用来测量加速踏板位置的传感器。在车辆行驶过程中，驾驶员踩下加速踏板的速度和位移量被转换为模拟量信号输入给电机控制器，电机控制器据此对电机进行控制，它是控制器的重要参考信号。常见的加速踏板以及其传感器如图 4-3-1 和图 4-3-2 所示。

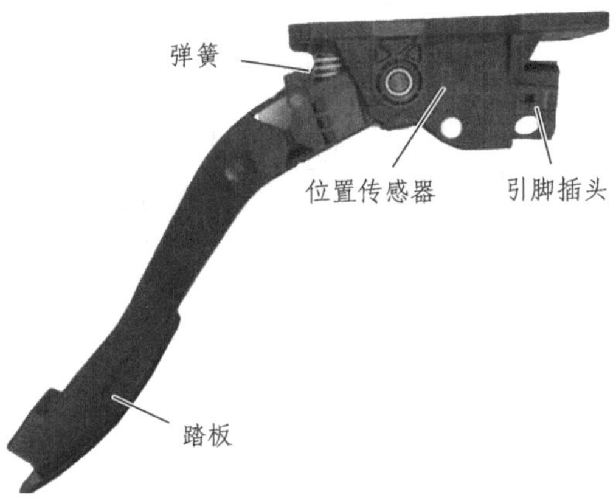

图 4-3-1　电子油门踏板

图 4-3-2　油门踏板传感器

2. 加速踏板传感器分类

加速踏板传感器主要分为：电位计式、感应式和霍尔式三类。

按接触方式加速踏板传感器可分为接触式和非接触式。其中电位计式为接触式，感应式和霍尔式为非接触式。加速踏板传感器特别是非接触式，具有使用寿命长、可靠性高、准确性好等优点，因此电子油门加速踏板是当前应用的主流。

(二)引导问题：油门加速踏板是如何工作的？

1. 加速踏板传感器的工作原理

1)霍尔式踏板位置传感器

车辆启动后，驾驶员踩踏加速踏板，带动与加速踏板相连的永久磁铁一起旋转，磁铁与霍尔元件之间的相对位置发生改变，进而改变了磁力线射入霍尔元件的角度，也就改变了霍尔元件输出的电压值。霍尔元件输出的电压值与磁铁位置呈一一对应的线性关系，测量此霍尔电压就可以测得加速踏板的角位移。

2）电位计式踏板位置传感器

电位计式踏板位置传感器又称电阻式位置传感器，它的本质是一种滑线变阻器，如图 4-3-3 和图 4-3-4 所示，线 1 端接 5 V 直流电压，线 2 接地，那么滑动触点 P 在电阻上的不同位置，在 P 引线与接地端就输出了 0 ~ 5 V 的信号电压。该滑动触点随驾驶员踩踏板的角度不同从而改变位置，从而改变信号电压输出。

控制单元通过 AD 转换，将这个 0 ~ 5 V 的模拟量输出电压，转化成比如 0 ~ 256（AD 读取 8 位）或者 0 ~ 1024（读 10 位）的十进制数数字量。在通过公式算法将这个变化的十进制数，还原成油门踏板的开度，进而对输出扭矩进行相应的控制。

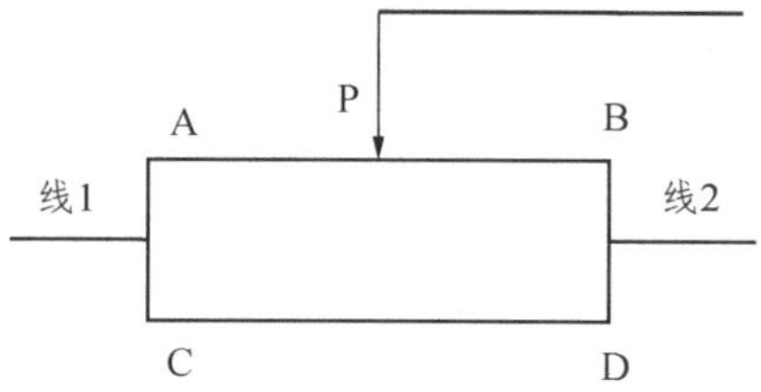

图 4-3-3　电位计式踏板传感器电路原理

图 4-3-4　电位计式踏板传感器

每个传感器均有三个引脚，即信号、电源和搭铁，电机控制器根据霍尔式加速踏板传感器的两个输入信号，判断加速踏板开度，同时给驱动电机发出指令，驱动电机根据电机控制器指令输出对应扭矩，以满足驾驶员对动力的需求。

油门踏板接口引脚定义如图 4-3-5 所示。其中 VCC1 与 VCC2 为电源线，GND1 与 GND2 为接地线，PPS1 与 PPS2 为两传感器输出信号线。

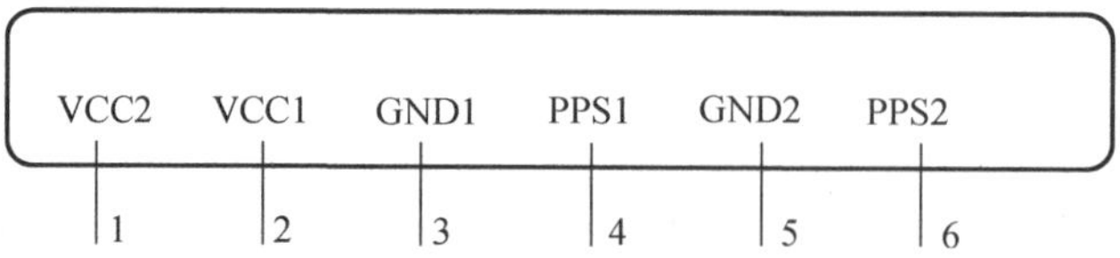

图 4-3-5　加速踏板传感器接口引脚定义图

2. 加速踏板传感器输出信号的特点

由于它的功能很重要，系统为了保障可靠性，通常采用两个冗余设计的位置传感器组成，且两传感器由两个独立的电源线束 5 V 供电，分属独立的电路模块，最大限度地保证它们不会同时损坏。随着踏板行程变化，加速踏板的行程变化范围在 0 ~ 18° 间变化，其传感器信号电位变化范围在 0 ~ 5 V，通过 AD 转换成数字量传到电控单元中，因此当驾驶员踩下加速踏板时，踏板位移量的大小便可以通过该电压信号反映驾驶员的驾驶意图，传感器将转化成的电压信号发送至控制模块，最后改变驱动电机输出动力，完成车辆的加速请求。

随驾驶员踩下踏板的角度变化，两个传感器的输出均与踩下角度呈线性关系，同时它们相互之间的信号电压区别通常有以下三种情况。

（1）两信号电压呈 2 倍关系，如 PPS1 输出信号随踏板踩下角度加大，电压在 0.3 ~ 2.3 V 变化。PPS2 输出信号随踏板踩下角度加大，电压在 0.6 ~ 4.6 V 变化，PPS2 的电压为 PPS1 的 2 倍。

（2）两信号电压变化呈反向关系，如 PPS1 输出信号随踏板踩下角度的加大，在 0.4 ~ 4.6 V 从小到大变化。PPS2 输出信号随踏板踩下角度的加大，在 4.6 ~ 0.4 V 从大到小变化。

（3）两信号电压在各自的区间变化，如 PPS1 输出信号随踏板踩下角度加大，电压在 0.3 ~ 2.5 V 变化。PPS2 输出信号随踏板踩下角度加大，电压在 2.3 ~ 4.6 V 变化。

请大家辨别图 4-3-6 属于以上哪种类别呢？

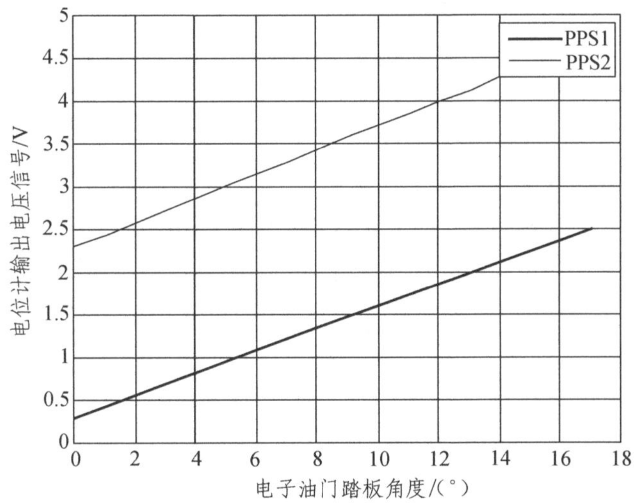

图 4-3-6　加速踏板传感器接口引脚定义图

三、任务实施

表 4-3-3　任务实施

1. 实施要求
本操作任务主要完成对纯电动汽车的驱动电机控制器的检测，包括以下内容： （1）北汽新能源 Lite 油门踏板线束及其电压信号测量。 （2）读取北汽新能源 Lite 油门踏板信号数据流。
2. 实施准备
（1）防护装备：工作服、绝缘鞋、护目镜、绝缘帽、绝缘手套。 （2）车辆：北汽 EV160 纯电动车 1 辆。 （3）专用工具、设备：万用表、故障解码仪。 （4）手工工具：新能源汽车维修组合工具。 （5）辅助材料：高压电维修警示牌和设备、绝缘地垫、干粉灭火器、清洁剂。

续表

3. 实施步骤

（1）识读加速踏板传感器电路图，以北汽 EV160 为例。

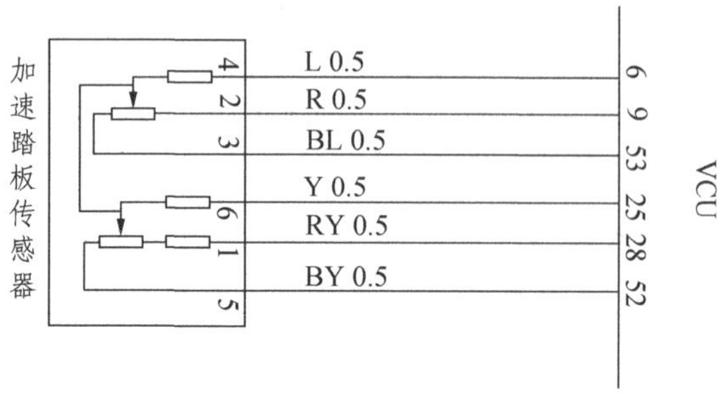

图 4-3-7　北汽 EV160 加速踏板传感器电路图

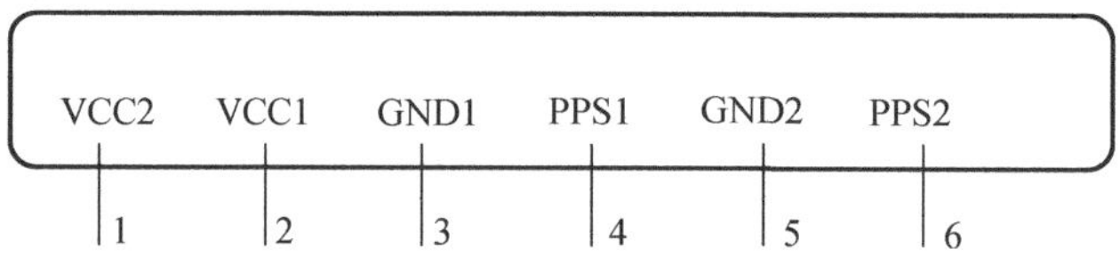

图 4-3-8　北汽 EV160 加速踏板传感器接口引脚定义图

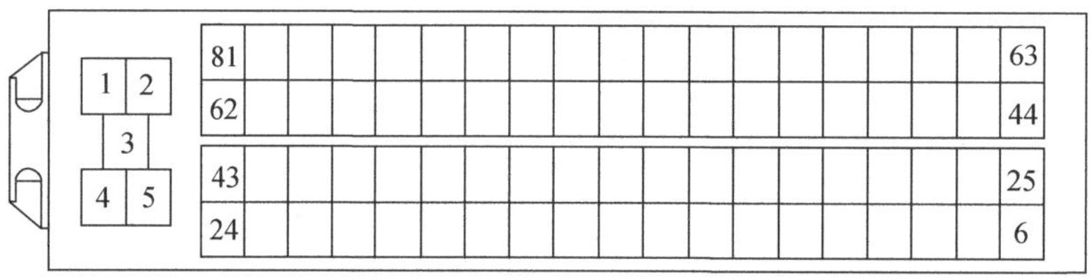

图 4-3-9　北汽 EV160 VCU 插口引脚定义电路图

（1）防护准备。

① 铺设车内防护用品，将车辆停放在绝缘垫上。

② 车辆挡位旋入 N 挡。

③ 开启驻车制动，关闭启动开关。

④ 设置隔离带。

⑤ 铺设翼子板布。

⑥ 粘贴高压警示牌。

图 4-3-10　车辆安全防护

（2）验证故障现象。

① 启动开关，READY 亮，但__________故障灯也亮。关闭启动开关。

② 连接诊断仪，打开启动开关。

③ 操作诊断仪，选择车型进行________系统测试。

④ 读取故障码并记录结果：____________。

⑤ 退出诊断仪。

⑥ 关闭启动开关。

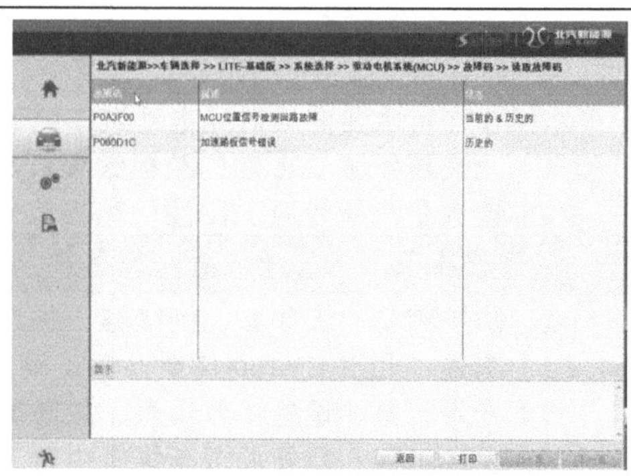

图 4-3-11　读取故障码

续表

（3）加速踏板传感器电压检查。 ①检查传感器供电线电压： 1 号引脚：_____V。2 号引脚：_____V。 ②检查传感器接地线电压： 3 号引脚：_____V。5 号引脚：_____V。 ③踩动踏板，使用背插针检查传感器信号线电压变动范围： 4 号引脚变化范围：____ ~ ____V。 6 号引脚变化范围：____ ~ ____V。	 图 4-3-12　加速踏板传感器电压检查
（4）加速踏板传感器线束检查。 ① 断开蓄电池，拆下加速踏板传感器插头与 VCU 插头。测量传感器各线束阻值并记录结果。 ② 供电线束： 传感器 1 号引脚—VCU 28 号引脚间电阻：_______Ω。 传感器 2 号引脚—VCU 9 号引脚间电阻：_______Ω。 ③接地线束： 传感器 3 号引脚—VCU 53 号引脚间电阻：_______Ω。 传感器 5 号引脚—VCU52 号引脚间电阻：_______Ω。 ④信号线束： 传感器 4 号引脚—VCU 6 号引脚间电阻：_______Ω。 传感器 6 号引脚—VCU 25 号引脚间电阻：_______Ω。	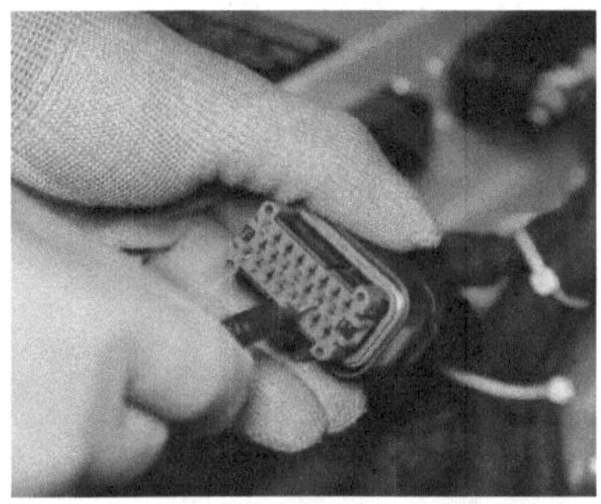 图 4-3-13　加速踏板传感器电压检查 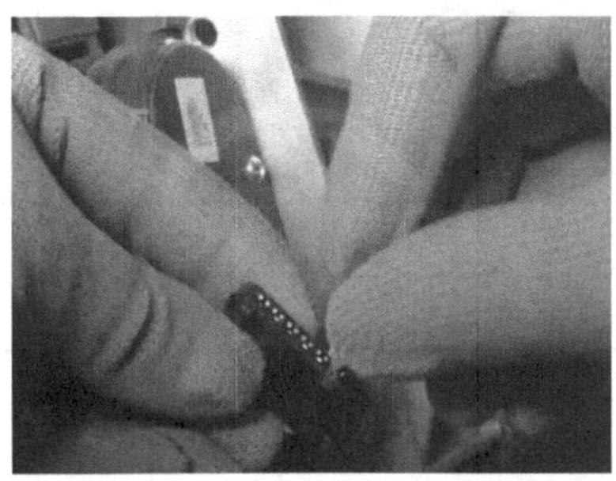 图 4-3-14　加速踏板传感器线束检查
（5）测量传感器输出信号。 ① 安装各连接插头，再接上高低压线路。 ② 连接示波器探头至传感器 4 号与_______号引脚检测信号电压值。确认汽车 N 挡，打开启动开关。 ③ 踩下踏板，观察两传感器输出信号变化。 1 号通道信号变化范围：_____ ~ _____V。 2 号通道信号变化范围：_____ ~ _____V。	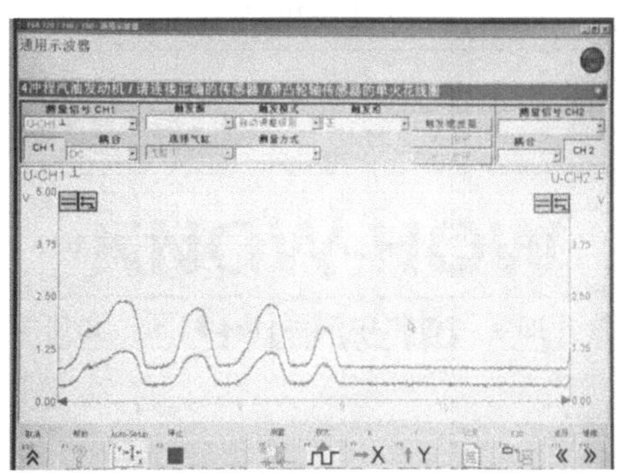 图 4-3-15　加速踏板传感器线束检查

续表

(6) 故障诊断。

① 若各线束电阻检查值异常，则故障点为________。

② 若解码仪提示踏板故障，但传感器输出信号正常，则故障点为________。

③ 若传感器输出信号异常，则故障点为________。

图 4-3-16 故障分析诊断

(7) 检验维修结果。

① 启动后检查各故障指示灯是否熄灭。

② 关闭启动开关，连接诊断仪并打开启动开关与诊断仪，清除故障码。

③ 试车并再次读取故障码，观察是否正常。

图 4-3-17 再次读取故障码

4. 整理

(1) 妥善取回实训工具，放回原处，进行“5S”整理。

(2) 撤去高压警示装置、翼子板布，盖上引擎盖。

5. 质量检验及维修说明

质量检验表

交车时间：______年_____月_____日_____时_____分

序号	质检项目	参考标准	自检	互检	终检
1	线束插头	连接牢固可靠			
2	螺栓扭矩	标准力矩			
3	故障码	无			
4	数据流	正常			
5	工具设备整理	归位摆放			
6	场地清洁	清理整洁			

6. 总结与反思

(如学习过程中遇到什么问题，如何解决的或解决不了的原因，通过实训的收获等)

四、思政沙龙

主题：学习了油门踏板的工作原理，我们发现一个小小的传感器便可以对整个汽车进行控制，造成重大影响，甚至汽车驾驶员的生命都维系于这个传感器上。其实我们人也是一样，每个人都能有着重要的作用，我们都应该认识到自己的独一无二，认真努力，做好自己的分内之事。

请问汽车上还有类似的小而重要的关键零件吗？谈一谈在生活中的实际案例。请以小组为单位进行讨论，选一名代表上台发言。

五、任务考核

（一）知识检验

表 4-3-4　知识检验

<table>
<tr><td colspan="6">项目 4　新能源汽车电机控制系统</td></tr>
<tr><td colspan="2" rowspan="2">任务 3
油门加速踏板故障检修</td><td>姓名</td><td></td><td>组别</td><td></td></tr>
<tr><td>班级</td><td></td><td>学号</td><td></td></tr>
<tr><td colspan="2">目标</td><td colspan="3">考核题目</td><td>得分</td></tr>
<tr><td rowspan="6">知识目标</td><td rowspan="3">1</td><td colspan="3">（1）（填空）加速踏板的种类有________式、________式、________式。</td><td></td></tr>
<tr><td colspan="3">（2）（填空）当电流垂直于外磁场通过半导体时，载流子发生偏转，垂直于电流和磁场的方向会产生一附加电场，从而在半导体的两端产生电势差，这个现象就是________________。</td><td></td></tr>
<tr><td colspan="3">（3）（填空）每个加速踏板传感器共有三个引脚，分别是__________、__________、__________。</td><td></td></tr>
<tr><td rowspan="3">2</td><td colspan="3">（1）（判断）加速踏板传感器是用来检测加速踏板位置的传感器，将驾驶员踩下加速踏板的速度和位移量转换为模拟信号输入给电机控制器。（　　）</td><td></td></tr>
<tr><td colspan="3">（2）（判断）其他条件不变的情况下，驾驶员将加速踏板踩得越深，驱动电机的输出扭矩越高。（　　）</td><td></td></tr>
<tr><td colspan="3">（3）（判断）电位计式加速踏板传感器为接触式加速踏板传感器。（　　）</td><td></td></tr>
<tr><td colspan="2" rowspan="2">技能目标</td><td colspan="3">（1）（判断）进行加速踏板传感器供电电压检测时，电压为 0 V，说明加速踏板传感器故障。（　　）</td><td></td></tr>
<tr><td colspan="3">（2）（判断）汽车的加速踏板内一般含有两个传感器，之所以设计两个是为了保障可靠性的冗余设计。（　　）</td><td></td></tr>
</table>

续表

目标	考核题目	得分
技能目标	（3）（单选）以下能将加速踏板传感器的信号，通过处理转换为驱动电机扭矩控制的控制单元是（　　）。 A. ABS 控制单元　　B. 电机控制器 C. PDU　　D. 真空助力泵	
	（4）（单选）下列可能属于汽车油门踏板传感器输出信号电压范围的是（　　）。 A. 0 ~ 14 V　　B. 0 ~ 12 V C. 0 ~ 5 V　　D. 0 ~ 1 V	
总分：	分	

（二）学生互评

表 4-3-5　学生互评

<table>
<tr><td colspan="12">项目 4　新能源汽车电机控制系统</td></tr>
<tr><td colspan="4" rowspan="2">任务 3
油门加速踏板故障检修</td><td>姓名</td><td colspan="3"></td><td>组别</td><td colspan="3"></td></tr>
<tr><td>班级</td><td colspan="3"></td><td>学号</td><td colspan="3"></td></tr>
<tr><td rowspan="2">评价项目</td><td rowspan="2">分值</td><td colspan="4" rowspan="2">等级</td><td colspan="6">评价对象（组别）</td></tr>
<tr><td>1</td><td>2</td><td>3</td><td>4</td><td>5</td><td>6</td></tr>
<tr><td rowspan="2">方案合理</td><td rowspan="2">20</td><td>优</td><td>良</td><td>中</td><td>差</td><td rowspan="2"></td><td rowspan="2"></td><td rowspan="2"></td><td rowspan="2"></td><td rowspan="2"></td><td rowspan="2"></td></tr>
<tr><td>20</td><td>18</td><td>16</td><td>15</td></tr>
<tr><td rowspan="2">团队合作</td><td rowspan="2">10</td><td>优</td><td>良</td><td>中</td><td>差</td><td rowspan="2"></td><td rowspan="2"></td><td rowspan="2"></td><td rowspan="2"></td><td rowspan="2"></td><td rowspan="2"></td></tr>
<tr><td>10</td><td>8</td><td>7</td><td>5</td></tr>
<tr><td rowspan="2">组织有序</td><td rowspan="2">10</td><td>优</td><td>良</td><td>中</td><td>差</td><td rowspan="2"></td><td rowspan="2"></td><td rowspan="2"></td><td rowspan="2"></td><td rowspan="2"></td><td rowspan="2"></td></tr>
<tr><td>10</td><td>8</td><td>7</td><td>5</td></tr>
<tr><td rowspan="2">工作质量</td><td rowspan="2">20</td><td>优</td><td>良</td><td>中</td><td>差</td><td rowspan="2"></td><td rowspan="2"></td><td rowspan="2"></td><td rowspan="2"></td><td rowspan="2"></td><td rowspan="2"></td></tr>
<tr><td>20</td><td>18</td><td>16</td><td>15</td></tr>
<tr><td rowspan="2">工作效率</td><td rowspan="2">10</td><td>优</td><td>良</td><td>中</td><td>差</td><td rowspan="2"></td><td rowspan="2"></td><td rowspan="2"></td><td rowspan="2"></td><td rowspan="2"></td><td rowspan="2"></td></tr>
<tr><td>10</td><td>8</td><td>7</td><td>5</td></tr>
<tr><td rowspan="2">工序完整</td><td rowspan="2">10</td><td>优</td><td>良</td><td>中</td><td>差</td><td rowspan="2"></td><td rowspan="2"></td><td rowspan="2"></td><td rowspan="2"></td><td rowspan="2"></td><td rowspan="2"></td></tr>
<tr><td>10</td><td>8</td><td>7</td><td>5</td></tr>
<tr><td rowspan="2">作业规范</td><td rowspan="2">10</td><td>优</td><td>良</td><td>中</td><td>差</td><td rowspan="2"></td><td rowspan="2"></td><td rowspan="2"></td><td rowspan="2"></td><td rowspan="2"></td><td rowspan="2"></td></tr>
<tr><td>10</td><td>8</td><td>7</td><td>5</td></tr>
<tr><td rowspan="2">汇报展示</td><td rowspan="2">10</td><td>优</td><td>良</td><td>中</td><td>差</td><td rowspan="2"></td><td rowspan="2"></td><td rowspan="2"></td><td rowspan="2"></td><td rowspan="2"></td><td rowspan="2"></td></tr>
<tr><td>10</td><td>8</td><td>7</td><td>5</td></tr>
<tr><td>合计</td><td>100</td><td colspan="4">各组得分</td><td></td><td></td><td></td><td></td><td></td><td></td></tr>
</table>

（三）师傅评价

表 4-3-6　师傅评价

<table>
<tr><td colspan="6">项目 4　新能源汽车电机控制系统</td></tr>
<tr><td colspan="2" rowspan="2">任务 3
油门加速踏板故障检修</td><td>姓名</td><td></td><td>组别</td><td></td></tr>
<tr><td>班级</td><td></td><td>学号</td><td></td></tr>
<tr><td>评分项目</td><td>配分</td><td colspan="3">技术要点及扣分</td><td>扣分</td></tr>
<tr><td rowspan="6">1. 安全防护用品使用情况</td><td rowspan="6">8 分</td><td colspan="3">操作时不戴绝缘手套扣 1 分</td><td></td></tr>
<tr><td colspan="3">操作时不戴护目镜扣 1 分（戴近视镜者可不用戴护目镜）</td><td></td></tr>
<tr><td colspan="3">操作时不铺设绝缘地垫扣 1 分</td><td></td></tr>
<tr><td colspan="3">操作时不设置隔离带、高压警示牌扣 1 分</td><td></td></tr>
<tr><td colspan="3">操作时不铺设格栅布、翼子板布扣 1 分</td><td></td></tr>
<tr><td colspan="3">操作时不正确使用绝缘装卸工具扣 3 分</td><td></td></tr>
<tr><td rowspan="3">2. 相关电气仪表工具使用情况</td><td rowspan="3">6 分</td><td colspan="3">万用表挡位、接线错误扣 2 分</td><td></td></tr>
<tr><td colspan="3">绝缘测试仪、放电仪等使用错误扣 2 分</td><td></td></tr>
<tr><td colspan="3">接线插接器、背针等工具使用错误扣 2 分</td><td></td></tr>
<tr><td>3. 故障现象验证及描述</td><td>6 分</td><td colspan="3">设备螺丝松动、REDAY 灯不亮、系统故障灯亮、驱动电机故障灯亮、无续航里程、高压不供电、踩油门无反应、车辆无法行驶、解码仪与驱动电机系统无通信、驱动电机位置传感器故障、驱动电机系统数据流异常等现象
（回答出 6 项及以上得 6 分，6 项以下每少 1 项扣 1 分）</td><td></td></tr>
<tr><td rowspan="3">4. 设备拆装流程</td><td rowspan="3">20 分</td><td colspan="3">未按正确的顺序拆卸、安装设备，每错误一项扣 2 分，共 5 分，扣完为止</td><td></td></tr>
<tr><td colspan="3">拆装设备不正确，如该拆卸的部件没拆、拆了不该拆的部件，每发生一处扣 3 分，共 6 分，扣完为止</td><td></td></tr>
<tr><td colspan="3">拆装过程中发生了接触不良、放置位置不当、损坏物品等，每一项扣 3 分，共 9 分，扣完为止</td><td></td></tr>
<tr><td rowspan="4">5. 故障诊断及修复</td><td rowspan="4">54 分</td><td colspan="3">能正确识读电路图，找出需要操作或测试的设备、线束、保险丝、继电器、插接口、引脚等。共 8 分，酌情扣分，扣完为止</td><td></td></tr>
<tr><td colspan="3">按照正确工艺进行残余电压、绝缘测试、放电测试并得出结果。共 6 分，酌情扣分，扣完为止</td><td></td></tr>
<tr><td colspan="3">按照正确工艺进行相关部件的供电、搭铁、唤醒、通信线束的测试并得出正确结果。共 10 分，酌情扣分，扣完为止</td><td></td></tr>
<tr><td colspan="3">按照正确工艺进行相关部件的继电器、保险丝、供电电压等测试并得出正确结果。共 10 分，酌情扣分，扣完为止</td><td></td></tr>
</table>

续表

评分项目	配分	技术要点及扣分	扣分
5. 故障诊断及修复	54 分	能找出相关部件的插接口、对应引脚，并按照正确工艺进行测试并得出正确结果。共 10 分，酌情扣分，扣完为止	
		能针对检测结果，判断出故障原因、解除故障或给出正确修复方案。共 10 分，酌情扣分，扣完为止	
6. “5S” 情况	6 分	操作完成后，要把设备、工具放回原处，摆放整齐（在考核 40 min 内，一件工具未放回原处或未摆放整齐扣 1 分，工具掉地上扣 2 分，扣完为止）	
合计	共扣分：__________　总得分：__________		
师傅评语：			

项目 5　直流电机

<table>
<tr><td rowspan="2">任务
直流电机认知与检修</td><td>姓名</td><td></td><td>组别</td><td></td></tr>
<tr><td>班级</td><td></td><td>学号</td><td></td></tr>
</table>

◎知识目标	◎技能目标	◎思政目标
1. 掌握直流电机的作用及分类。 2. 能够描述直流电机的组成。 3. 能够描述直流电机在新能源汽车上的应用	1. 能够熟练进行高压安全防护作业和基本拆装工具作业。 2. 能够进行直流电机总成的拆卸与安装	能够通过电机拆装的细节工序，体验工匠精神，培养敬业精神

一、任务导入

一位客户的迈腾汽车无法起动，经检查为起动电机故障无法正常工作。根据综合判断，决定需要检查起动电机并维修（更换），你能完成这个任务吗？

（一）请根据客户描述填写信息单

表 5-1-1　信息单

<table>
<tr><td>客户姓名</td><td></td><td>车牌号</td><td></td><td>车型</td><td></td><td>车辆颜色</td><td></td></tr>
<tr><td>客户电话</td><td></td><td>行驶里程</td><td></td><td>VIN 号</td><td colspan="3"></td></tr>
<tr><td colspan="8">维修项目</td></tr>
<tr><td colspan="8">□______km 常规保养　□一般维修　□事故车　□大修　□其他</td></tr>
<tr><td colspan="8">车况记录：</td></tr>
<tr><td colspan="8"></td></tr>
<tr><td colspan="8"></td></tr>
<tr><td colspan="8"></td></tr>
<tr><td colspan="8"></td></tr>
<tr><td colspan="8"></td></tr>
<tr><td colspan="8"></td></tr>
</table>

（二）高压安全防护及基本检查

（1）穿戴防护用具，铺设绝缘垫，设置隔离带等安全设备。

（2）对车辆基本检查，开启驻车制动，关闭启动开关。

（3）醒目位置粘贴高压警示牌，贵重物品检查。

表 5-1-2　基本检查

<table>
<tr><td colspan="4">设备工具</td></tr>
<tr><td></td><td></td><td>
</td><td>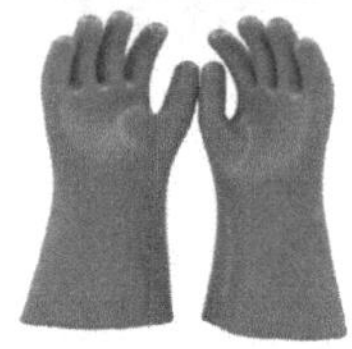</td></tr>
<tr><td>□清点正常</td><td>□清点正常</td><td>□清点正常</td><td>□清点正常</td></tr>
<tr><td colspan="4">设备工具</td></tr>
<tr><td></td><td>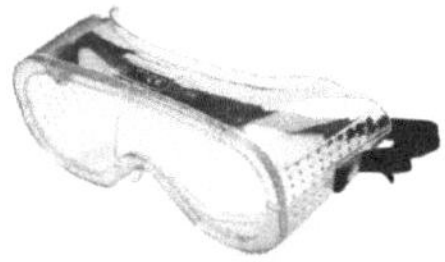</td><td></td><td></td></tr>
<tr><td>□清点正常</td><td>□清点正常</td><td>□清点正常</td><td>□清点正常</td></tr>
<tr><td colspan="4">设备工具</td></tr>
<tr><td></td><td></td><td></td><td>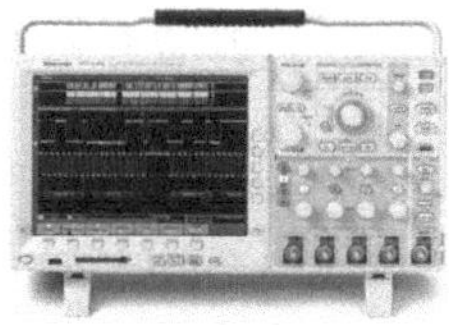</td></tr>
<tr><td>□清点正常</td><td>□清点正常</td><td>□清点正常</td><td>□清点正常</td></tr>
<tr><td colspan="4">车辆检查</td></tr>
<tr><td rowspan="6">外观检查：破损处用“○”标出
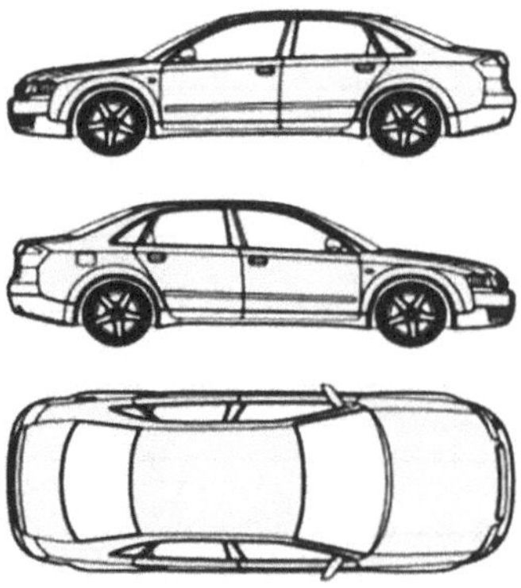</td><td rowspan="2">车内检查</td><td>收音机 □</td><td>空调 □</td></tr>
<tr><td>内饰 □</td><td>中控 □</td></tr>
<tr><td rowspan="2">整车检查</td><td>轮胎 □</td><td>灯光 □</td></tr>
<tr><td>底盘 □</td><td>刹车 □</td></tr>
<tr><td>贵重物品</td><td colspan="2"></td></tr>
<tr><td>油量记录</td><td colspan="2">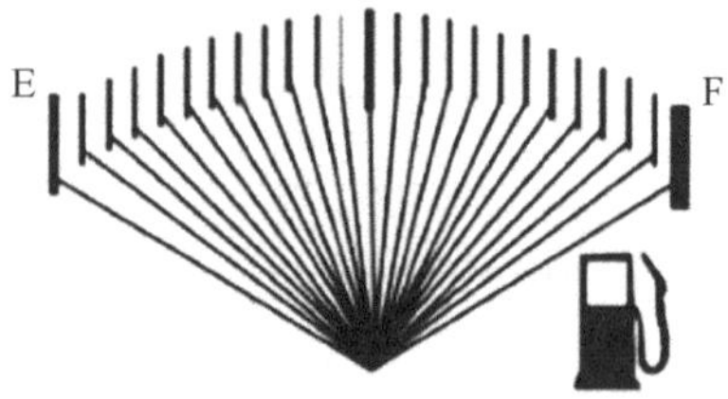
</td></tr>
</table>

二、获取信息

（一）引导问题：你了解直流电机的作用及分类吗？

1. 直流电机的作用

直流电机是指能将直流电能转换成机械能（直流电动机）或将机械能转换成直流电能（直流发电机）的旋转电机。它是能实现直流电能和机械能互相转换的电机。当它作电动机运行时是直流电动机，将电能转换为机械能；当它作发电机运行时是直流发电机，将机械能转换为电能。

2. 直流电机的分类

1）按有无电刷分类

（1）无刷直流电动机：将普通直流电动机的定子与转子进行了互换。其转子为永久磁铁产生气隙磁通：定子为电枢，由多相绕组组成。在结构上，它与永磁同步电动机类似。

无刷直流电动机定子的结构与普通的同步电动机或感应电动机相同，在铁心中嵌入多相绕组（三相、四相、五相不等），绕组可接成星形或三角形，并分别与逆变器的各功率管相连，以便进行合理换相。转子多采用钐钴或钕铁硼等高矫顽力、高剩磁密度的稀土料。由于磁极中磁性材料所放位置的不同，可以分为表面式磁极、嵌入式磁极和环形磁极。由于电动机本体为永磁电机，所以习惯上把无刷直流电动机也叫作永磁无刷直流电动机。

（2）有刷直流电动机：有刷电动机的 2 个刷（铜刷或者碳刷）是通过绝缘座固定在电动机后盖上直接将电源的正负极引入转子的换相器上，而换相器连通了转子上的线圈，3 个线圈极性不断地交替变换与外壳上固定的 2 块磁铁形成作用力而转动起来。由于换相器与转子固定在一起，而刷与外壳（定子）固定在一起，电动机转动时刷与换相器不断地发生摩擦产生大量的阻力与热量。所以有刷电机的效率低下，损耗非常大。但是它同样具有制造简单、成本低廉的优点。

2）按励磁方式的不同分类

（1）他励直流电机：

励磁绕组与电枢绕组无连接关系，而由其他直流电源对励磁绕组供电的直流电机称为他励直流电机。永磁直流电机也可看作他励直流电机。

（2）并励直流电机：

并励直流电机的励磁绕组与电枢绕组相并联。作为并励发电机来说，是电机本身发出来的端电压为励磁绕组供电；作为并励电动机来说，励磁绕组与电枢共用同一电源，从性能上讲与他励直流电动机相同。

（3）串励直流电机：

串励直流电机的励磁绕组与电枢绕组串联后，再接于直流电源。这种直流电机的励磁电流就是电枢电流。

（4）复励直流电机：

复励直流电机有并励和串励两个励磁绕组。若串励绕组产生的磁通势与并励绕组产生的磁通势方向相同称为积复励。若两个磁通势方向相反，则称为差复励。

不同励磁方式的直流电机有着不同的特性。一般情况直流电动机的主要励磁方式是并励式、串励式和复励式，直流发电机的主要励磁方式是他励式、并励式和复励式。

（二）引导问题：你了解直流电机的组成结构吗？

直流电机的结构由定子和转子两大部分组成（见图 5-1-1）。直流电机运行时静止不动的部分称为定子，定子的主要作用是产生磁场，由机座、主磁极、换向极、端盖、轴承和电刷装置等组成。运行时转动的部分称为转子，其主要作用是产生电磁转矩和感应电动势，是直流电机进行能量转换的枢纽，所以通常又称为电枢，由转轴、电枢铁心、电枢绕组、换向器和风扇等组成。

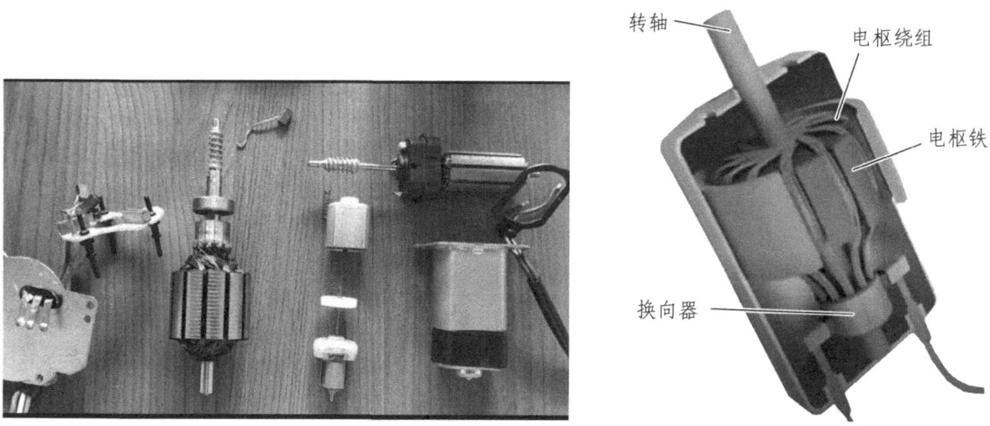

图 5-1-1　直流电机的组成结构

1. 定子

1）主磁极

主磁极的作用是产生气隙磁场。主磁极由主磁极铁心和励磁绕组两部分组成。铁心一般用 0.5 ~ 1.5 mm 厚的硅钢板冲片叠压铆紧而成，分为极身和极靴两部分，上面套励磁绕组的部分称为极身，下面扩宽的部分称为极靴，极靴宽于极身，既可以调整气隙中磁场的分布，又便于固定励磁绕组。励磁绕组用绝缘铜线绕制而成，套在主磁极铁心上。整个主磁极用螺钉固定在机座上。

2）换向极

换向极的作用是改善换向，减小电机运行时电刷与换向器之间可能产生的换向火花，一般装在两个相邻主磁极之间，由换向极铁心和换向极绕组组成。换向极绕组用绝缘导线绕制而成，套在换向极铁心上，换向极的数目与主磁极相等。

3）机座

电机定子的外壳称为机座。机座的作用有两个：

一是用来固定主磁极、换向极和端盖，并起整个电机的支撑和固定作用；

二是机座本身也是磁路的一部分，借以构成磁极之间磁的通路，磁通通过的部分称为磁轭。为保证机座具有足够的机械强度和良好的导磁性能，一般为铸钢件或由钢板焊接而成。

4）电刷装置

电刷装置是用来引入或引出直流电压和直流电流的。电刷装置由电刷、刷握、刷杆和刷杆座等组成。电刷放在刷握内，用弹簧压紧，使电刷与换向器之间有良好的滑动接触，刷握固定在刷杆上，刷杆装在圆环形的刷杆座上，相互之间必须绝缘。刷杆座装在端盖或轴承内盖上，圆周位置可以调整，调好以后加以固定。

2. 转子

1）电枢铁心

电枢铁心是主磁路的主要部分，同时用以嵌放电枢绕组。一般电枢铁心采用由0.5 mm 厚的硅钢片冲制而成的冲片叠压而成，以降低电机运行时电枢铁心中产生的涡流损耗和磁滞损耗。叠成的铁心固定在转轴或转子支架上。铁心的外圆开有电枢槽，槽内嵌放电枢绕组。

2）电枢绕组

电枢绕组的作用是产生电磁转矩和感应电动势，是直流电机进行能量变换的关键部件，所以叫电枢。它是由许多线圈（以下称元件）按一定规律连接而成，线圈采用高强度漆包线或玻璃丝包扁铜线绕成，不同线圈的线圈边分上下两层嵌放在电枢槽中，线圈与铁心之间以及上、下两层线圈边之间都必须妥善绝缘。为防止离心力将线圈边甩出槽外，槽口用槽楔固定。线圈伸出槽外的端接部分用热固性无纬玻璃带进行绑扎。

3）换向器

在直流电动机中，换向器配以电刷，能将外加直流电源转换为电枢线圈中的交变电流，使电磁转矩的方向恒定不变；在直流发电机中，换向器配以电刷，能将电枢线圈中感应产生的交变电动势转换为正、负电刷上引出的直流电动势。换向器是由许多换向片组成的圆柱体，换向片之间用云母片绝缘。

当线圈通过电流后，会在永久磁铁的作用下，通过吸引和排斥力转动，当它转到和磁铁平衡时，原来通着电的线较对应换向器上的触片就与电刷分离开，而电刷连接到符合产生推动力的那组线圈对应的触片上，这样不停地重复，直流电动机就转起来了，如图 5-1-2 所示。

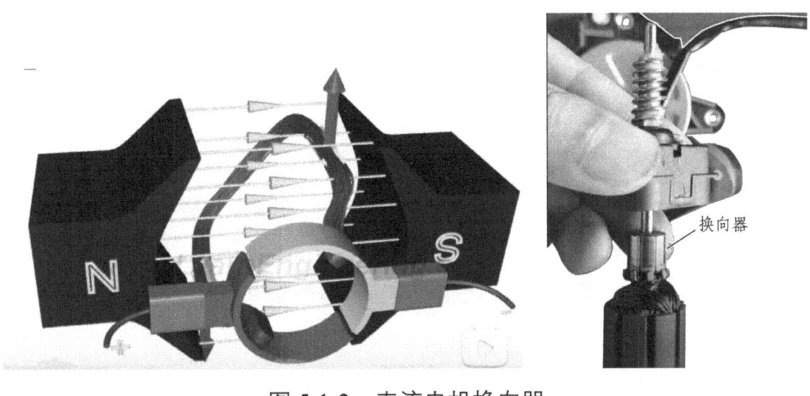

图 5-1-2　直流电机换向器

4）转轴

转轴起转子旋转的支撑作用，需有一定的机械强度和刚度，一般用圆钢加工而成。

（三）引导问题：直流电机在汽车上有哪些应用？

1. 直流电机——汽车雨刮驱动电机

汽车雨刮驱动电机为永磁有刷直流电机，通过连杆机构将电机的旋转运动转变为刮臂的往复运动，从而实现雨刮动作，一般接通电机，即可使雨刮器工作，通过选择高速低速挡，可以变化电机的电流大小，从而控制电机转速进而控制刮臂速度。雨刮驱动电机的结构如图 5-1-3 所示。

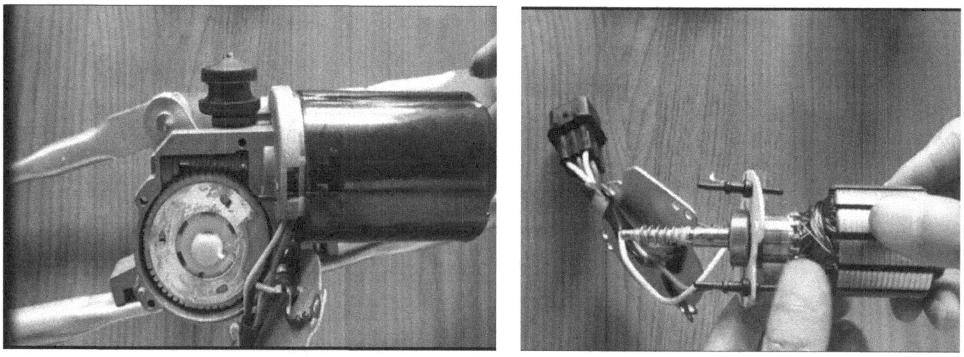

图 5-1-3　汽车雨刮驱动电机的结构

雨刷器电机后端有封闭在同一个壳体内的小型齿轮变速器，使输出的转速降低至需要的转速。这个装置俗称叫雨刷驱动总成。该总成的输出轴连接雨刷端部机械装置，通过拨叉驱动和弹簧复位实现雨刷的往复摆动。图 5-1-4 所示为迈腾汽车雨刮维修电路图，雨刮电机有插头有 4 个针脚：4 号针脚与计算机 J519 进行 LIN 通信，计算机把雨刮控制开关信息通过 LIN 线控制雨刮电机的高低转速；2 号针脚是通过保险丝 SB19（30A）的电源；1 号针脚是通过发动机舱搭铁线束在左前梁上搭铁。

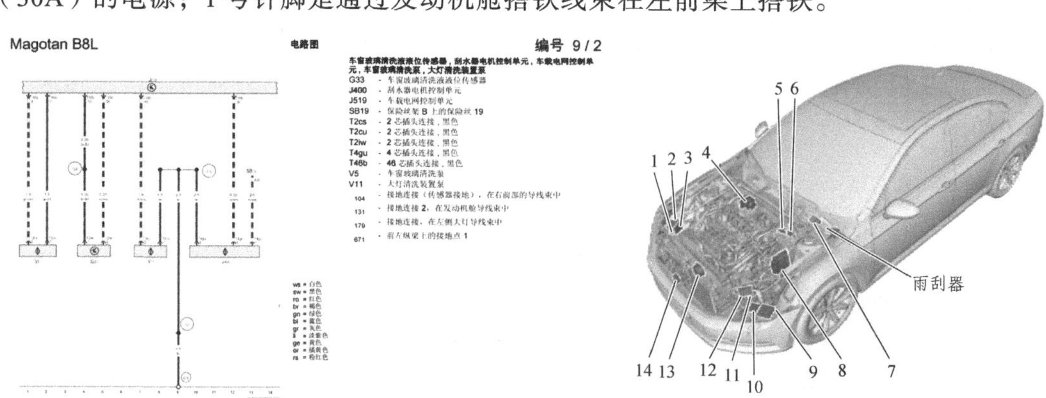

图 5-1-4　迈腾汽车雨刮维修电路图

2. 直流电机——汽车电动车窗升降电机

电动车窗系统由车窗、车窗玻璃升降器、电动机、继电器、开关和 ECU 等装置组成。其中，玻璃升降器系统是电动车窗的主要部件，根据机械升降机构的不同工作原理，玻璃升降器可分为 3 种形式：绳轮式、叉臂式和软轴式。

汽车电动车窗升降电机为直流电机，每车窗安装有一只直流电机通过开关控制其电流方向，从而实现车窗的升降。为了防止电动机过载，在电路或电动机内装有一个或多个热敏电路开关，用来控制电流，当车窗玻璃上升到极限位置或由于结冰而使车窗玻璃不能自由移动时，即使操纵控制开关，热敏开关也会自动断路，避免电动机通电时间过长而烧坏。电动车窗升降电机的结构如图 5-1-5 所示，迈腾左侧车窗升降器电机电路图如图 5-1-6 所示。

图 5-1-5　电动车窗升降电机的结构

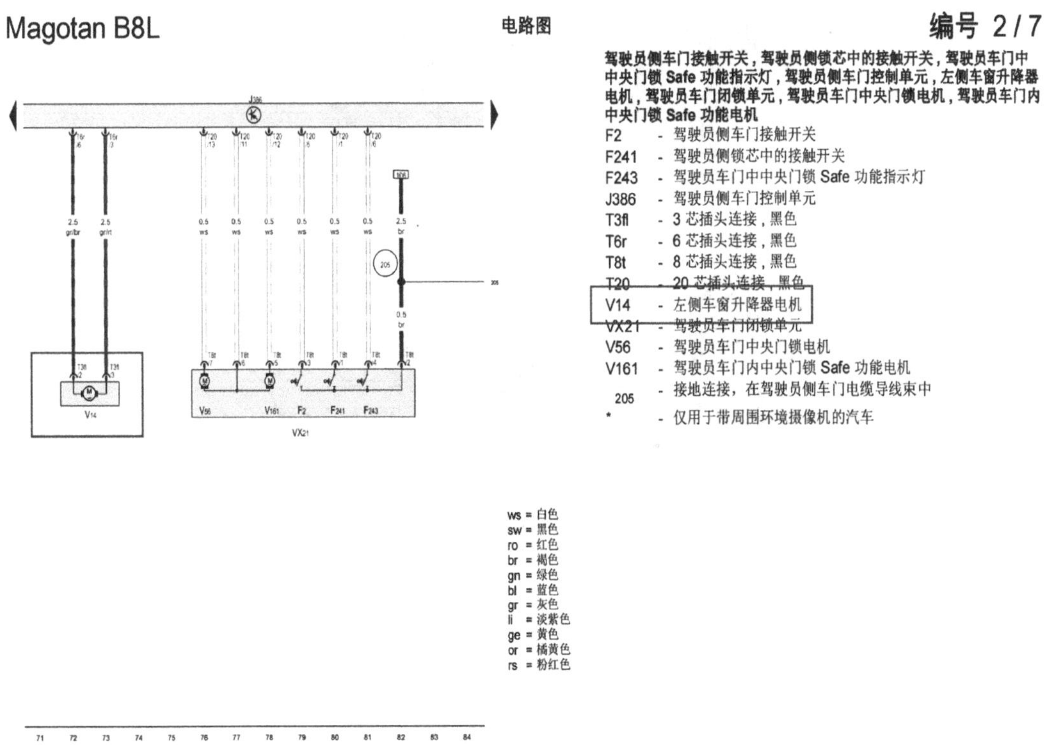

图 5-1-6　迈腾左侧车窗升降器电机电路图

3. 直流电机——汽车起动电机

发动机的起动需要外力的支持，汽车起动电机就是在扮演着这个角色。大体上说，起动电机用三个部件来实现整个起动过程。直流电动机引入来自蓄电池的电流并且使起动电机的驱动齿轮产生机械运动；传动机构将驱动齿轮啮合入飞轮齿圈，同时能够在发动机起动后自动脱开；起动电机电路的通断则由一个电磁开关来控制。其中，电动机是起动电机内部的主要部件。

起动电机由直流串励电动机、传动机构和控制装置三大部分组成。起动电机是起动系统的核心部件。起动电机由直流串励电动机、传动机构和控制装置三大部分组成，包含电磁开关、触点、蓄电池接线柱、动触点、前端盖、电刷弹簧、换向器、电刷、机壳、磁极、电枢、磁场绕组、导向环、止推环、单向离合器、电枢轴、驱动齿轮、传动机构、制动盘、啮合弹簧、拨叉、活动铁心、复位弹簧、电磁开关等，如图 5-1-7 所示。迈腾汽车起动电电机维修电路如图 5-1-8 所示。

图 5-1-7　汽车起动电机的结构

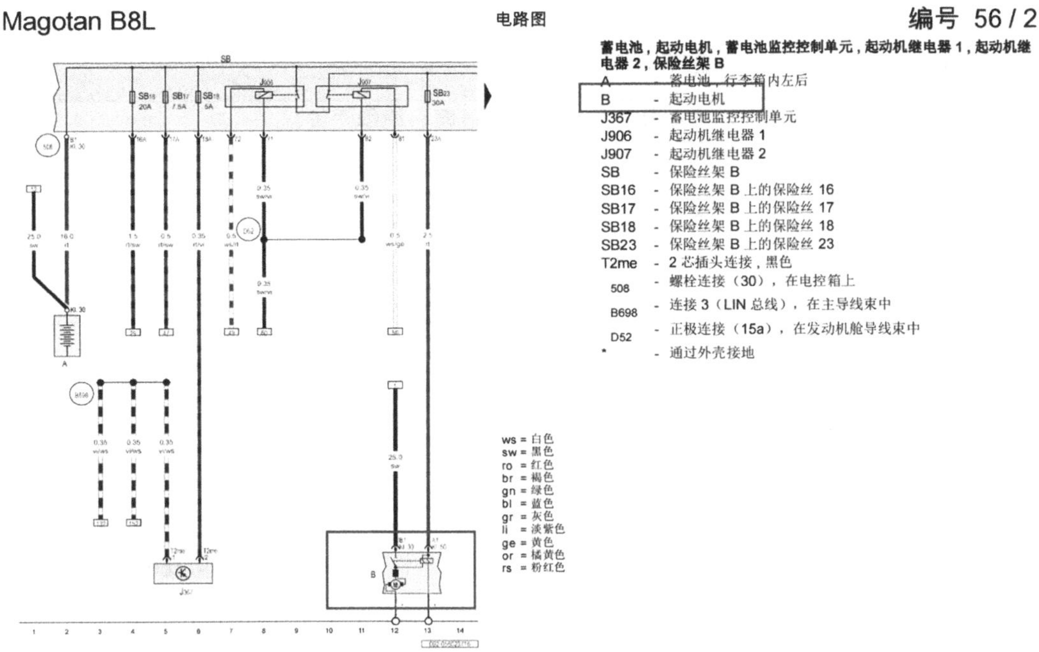

图 5-1-8　迈腾汽车起动电机电路图

三、任务实施

表 5-1-3　任务实施

1. 实施要求
本操作任务主要完成直流电机拆检——以汽车起动机为例。 （1）掌握检修常用工具的使用。 （2）掌握永磁直流有刷电机拆装技能。 （3）掌握永磁直流有刷电机故障诊断检修技能。 （4）具有吃苦耐劳、严谨负责、精益求精的工作学习态度。

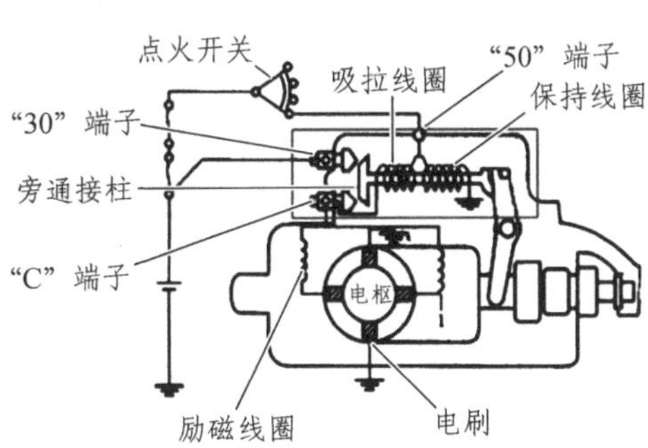

图 5-1-9　永磁直流有刷起动电机原理图

续表

<table>
<tr><td colspan="2">2. 实施准备</td></tr>
<tr><td colspan="2">（1）防护装备：工作服、绝缘鞋、护目镜、绝缘帽、绝缘手套。
（2）迈腾汽车 1 辆、台架、部件总成。
（3）拆装专用工具、设备。
（4）手工工具：汽车维修工具套件、万用表、游标卡尺。
（5）辅助材料：干粉灭火器、清洁剂。</td></tr>
<tr><td colspan="2">3. 实施步骤</td></tr>
<tr><td>（1）外观检查：
① 观察外观有无明显缺陷，若无，开始解体起动电机。拆下穿心螺栓、电磁开关、电刷与电刷架、前后端盖、定子绕组、电枢轴、拨叉等。
② 检查各零部件有无裂纹、松动、破损、尺寸缺陷、配合间隙异常等问题。
③ 用万用表检查负电刷是否搭铁，正电刷是否与壳体绝缘。
④ 外观故障处记录：____________________
____
____
____
____
____________________</td><td>
图 5-1-10　外观检查

图 5-1-11　电刷外观检查</td></tr>
<tr><td>（2）转子绕组检查：
① 用万用表两表笔接触两换向片，测量其电阻，阻值应接近于零，否则断路或接触不良。
$R=$ ______Ω。
② 测量转子换向片与铁心的阻值应为无穷大，否则为转子绕组搭铁故障。
$R=$ ______Ω。</td><td>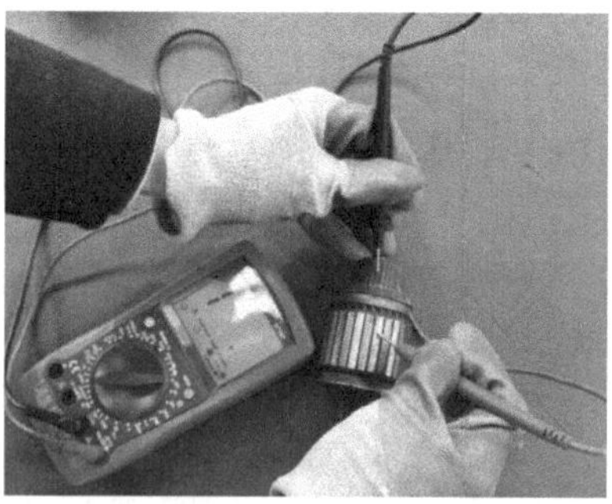
图 5-1-12　转子绕组检查</td></tr>
<tr><td>（3）电枢总成检查：
① 电枢轴：检查是否径向弯曲或失圆，可用游标卡尺或百分表检查。
② 换向器：云母片是否突出、厚度是否被磨损小于_______mm、有无脱焊。
③ 单向离合器：是否能满足规定力矩下不打滑。</td><td>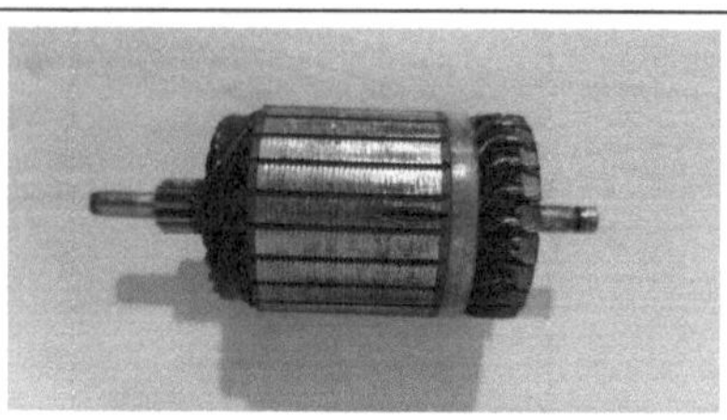
图 5-1-13　电枢总成检查</td></tr>
</table>

续表

<table>
<tr>
<td>
（4）电磁开关检查：
① 大桩头有连线的是 C 端子，大桩头无连线是 30 端，小桩头带导线是 50 端，小桩头不带导线是点火系统短路桩头。吸拉线圈是小电阻负载，保持线圈匝数多，标准值为 2.5～3.5 Ω，可用万用表电阻挡或蜂鸣挡检查。
② 接通电磁开关，测量 C 端子与 30 端子是否导通。
保持线圈电阻：一表笔接 50 端，另一笔接壳体。R=______Ω
吸拉线圈电阻：一表笔接 50 端，另一笔接 C 端子。R=______Ω
③ 电磁开关：一表笔接 30 端，另一笔接 C 端或壳体，R=______Ω；推动铁心接通后，R=______Ω。
④ 电刷与电枢绕组：一表笔接 C 端，另一笔接壳体，R=______Ω。

注意事项：绕组匝间短路测试，用万用表测量不一定准确，且用万用表测试前，应先短接量表笔测量万用表内阻。
可用 2 V 电源接上绕组，用铁棒靠近磁极，感受有无磁性小的现象，有则匝间短路。
转子绕组的短路检查，也可用专用仪器通电，用铁片靠近观察有无振荡。
</td>
<td>
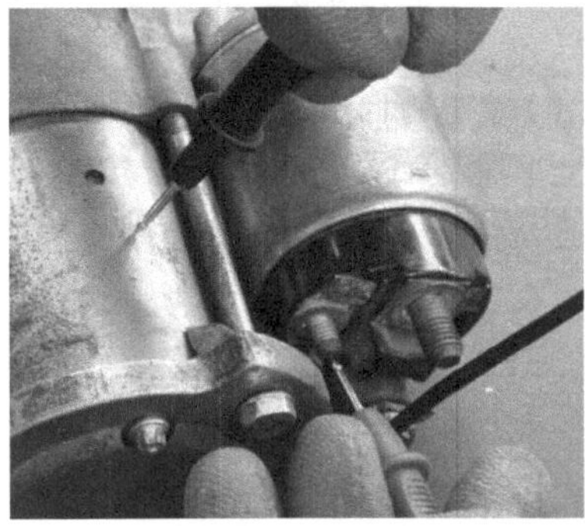
图 5-1-14 保持线圈电阻检查，50 端子与壳体
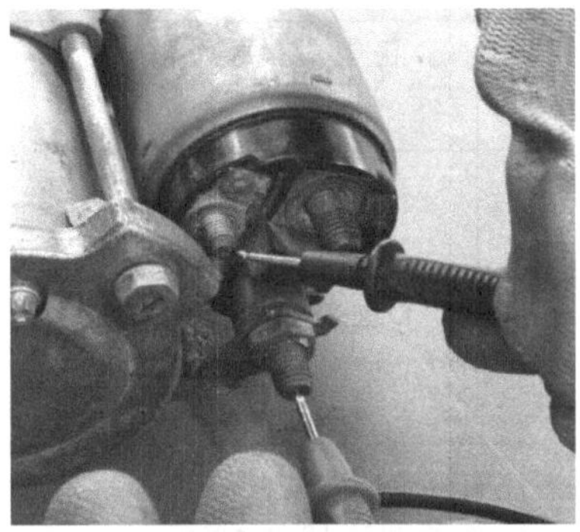
图 5-1-15 吸拉线圈检查，50 端子与 C 端子

图 5-1-16 电磁开关检查，30 端子与 C 端子
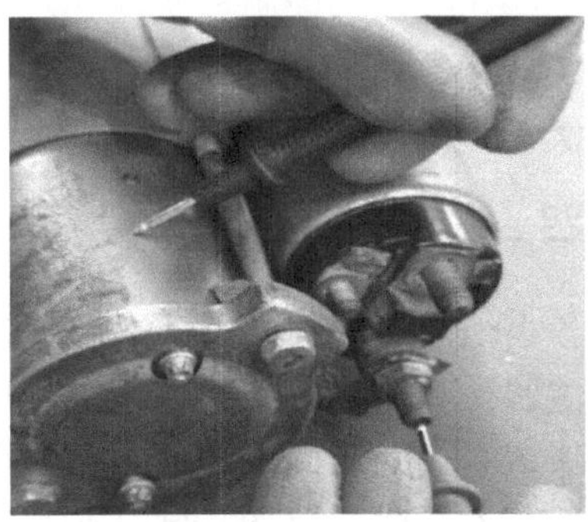
图 5-1-17 电刷与电枢绕组：C 端子与壳体
</td>
</tr>
</table>

续表

<table>
<tr><td colspan="6">4. 整理</td></tr>
<tr><td colspan="6">（1）妥善取回实训工具，放回原处，进行“5S”整理。
（2）撤去高压警示装置、翼子板布，盖上机舱盖。</td></tr>
<tr><td colspan="6">5. 质量检验及维修说明</td></tr>
<tr><td colspan="6">质量检验表</td></tr>
<tr><td colspan="6">交车时间：______年______月______日______时______分</td></tr>
<tr><td>序号</td><td>质检项目</td><td>参考标准</td><td>自检</td><td>互检</td><td>终检</td></tr>
<tr><td>1</td><td>外观异常点</td><td>连接牢固可靠</td><td></td><td></td><td></td></tr>
<tr><td>2</td><td>正电刷是否正常绝缘</td><td>测量电阻</td><td></td><td></td><td></td></tr>
<tr><td>3</td><td>负电刷是否正常搭铁</td><td>测量电阻</td><td></td><td></td><td></td></tr>
<tr><td>4</td><td>工具设备整理</td><td>归位摆放</td><td></td><td></td><td></td></tr>
<tr><td>5</td><td>场地清洁</td><td>清理整洁</td><td></td><td></td><td></td></tr>
<tr><td colspan="6">维修说明：
1. 每次起动不超过 5 s；
2. 两次起动之间间隔应大于 15 s；
3. 发动机起动后应及时切断起动开关；
4. 严禁挂挡起动，起动时，应挂空挡并踩下离合器。</td></tr>
<tr><td colspan="6">6. 总结与反思</td></tr>
<tr><td colspan="6">（如学习过程中遇到什么问题，如何解决的或解决不了的原因，通过实训的收获等）</td></tr>
</table>

四、思政沙龙

各小组同学进行讨论后，选一名代表上台发言。

主题：直流电机（起动电机）总成拆装过程中，对比雨刮驱动电机、车窗升降电机，谈谈它们的相同点和不同点。启发：它们对于汽车而言就是众多个体之一，就像我们每个人一样，大家一起构成了我们的社会。每个人都有自己的位置（岗位），存在即合理，都在为社会和国家发光发热，所以要学会欣赏自己，发现自己的价值。

五、任务考核

（一）知识检验

表 5-1-4　知识检验

<table>
<tr><td colspan="6">项目 5　直流电机认知与检修</td></tr>
<tr><td colspan="2" rowspan="2">任务
直流电机系统认知及检修</td><td>姓名</td><td></td><td>组别</td><td></td></tr>
<tr><td>班级</td><td></td><td>学号</td><td></td></tr>
<tr><td colspan="2">目标</td><td colspan="3">考核题目</td><td>得分</td></tr>
<tr><td rowspan="8">知识目标</td><td rowspan="3">1</td><td colspan="3">（1）（单选）下列不是纯电动汽车上所使用的电机的是（　　）。
A. 雨刮电机　　B. 空调压缩机
C. 真空泵　　D. 油泵</td><td></td></tr>
<tr><td colspan="3">（2）（判断）直流电机是一种将电能转化成动能，用来驱动其他装置的电气设备。（　　）</td><td></td></tr>
<tr><td colspan="3">（3）（填空）直流电机在汽车上得到广泛运用，如雨刮电机、________、________。</td><td></td></tr>
<tr><td rowspan="2">2</td><td colspan="3">（1）（单选）若将某直流电机的正负极电源线调换顺序，电机将会（　　）。
A. 烧毁　　B. 反转　　C. 无任何变化　　D. 爆炸</td><td></td></tr>
<tr><td colspan="3">（2）（判断）新能源汽车的整车空间有限，因此第一要求直流电机的结构紧凑、尺寸要小。（　　）</td><td></td></tr>
<tr><td rowspan="3">3</td><td colspan="3">（1）（单选）以下不属于电机的电刷作用的是（　　）。
A. 对转子输入电流　　B. 电流换向
C. 输出转子电流　　D. 固定转子</td><td></td></tr>
<tr><td colspan="3">（2）（判断）如果一电机铭牌显示其额定转矩为 65 N·m，则其最大转矩会超过 65 N·m。（　　）</td><td></td></tr>
<tr><td colspan="3">（3）（判断）同步电机是指转子转速与定子旋转磁场的转速同步的电机，电机的转子为永磁磁体，转子磁体的 N 极、S 极随着定子绕组的旋转磁场磁极的移动而旋转。磁场产生磁通量，电枢完成电能与机械能的转换。（　　）</td><td></td></tr>
<tr><td colspan="2" rowspan="3">技能目标</td><td colspan="3">（1）（判断）从车上拆下起动机，然后拆下起动机电刷，检查起动机电刷和换向器表面状况，换向器表面应无烧蚀现象，电刷在电刷架内应活动自如，无卡滞现象，电刷与换向器的接触面积不应小于 4/5，电刷长度不应小于新电刷的 2/3。（　　）</td><td></td></tr>
<tr><td colspan="3">（2）（判断）拆卸蓄电池负极前，必须确保点火开关处于关闭状态，并将车钥匙放在口袋，等待 30 min 后方可进行下一步操作。（　　）</td><td></td></tr>
<tr><td colspan="3">（3）（判断）若有运转不均匀的现象，则故障为励磁线圈和电枢线圈短路。（　　）</td><td></td></tr>
<tr><td colspan="5">总分：　　　分</td><td></td></tr>
</table>

（二）学生互评

表 5-1-5　学生互评

项目 5　直流电机认知与检修											
任务 直流电机系统认知及检修				姓名				组别			
				班级				学号			
评价项目	分值	等级				评价对象（组别）					
						1	2	3	4	5	6
方案合理	20	优	良	中	差						
		20	18	16	15						
团队合作	10	优	良	中	差						
		10	8	7	5						
组织有序	10	优	良	中	差						
		10	8	7	5						
工作质量	20	优	良	中	差						
		20	18	16	15						
工作效率	10	优	良	中	差						
		10	8	7	5						
工序完整	10	优	良	中	差						
		10	8	7	5						
作业规范	10	优	良	中	差						
		10	8	7	5						
汇报展示	10	优	良	中	差						
		10	8	7	5						
合计	100	各组得分									

（三）师傅评价

表 5-1-6　师傅评价

项目 5　直流电机认知与检修					
任务 直流电机系统认知及更换	姓名		组别		
	班级		学号		
评分项目	配分	技术要点及扣分			扣分
1. 安全防护用品使用情况	4 分	操作时不戴绝缘手套扣 1 分			
		操作时不戴护目镜扣 1 分			
		操作时不设置隔离带、高压警示牌扣 1 分			
		操作时不铺设格栅布、翼子板布扣 1 分			

续表

评分项目	配分	技术要点及扣分	扣分
2. 相关电气仪表工具使用情况	6 分	万用表挡位、接线错误扣 2 分	
		绝缘测试仪、放电仪等使用错误扣 2 分	
		接线插接器、背针等工具使用错误扣 2 分	
3. 根据起动机工作故障现象分析故障原因	30 分	检查方法错误扣 10 分	
		检查程序错误扣 10 分	
		检查结果错误扣 10 分	
4. 明确故障部位（口述）	6 分	不能确定故障部位扣 6 分	
5. 排除起动机不工作故障	30 分	不能排除故障扣 30 分	
		制造一处故障扣 10 分	
		不能完全排除酌情扣分，直至扣完	
6. 验证故障排除	8 分	不验证扣 8 分	
7. 操作规范“5S”，整洁有序，不超时	16	每项 4 分，扣完为止	
8. 遵守安全规程，无人身设备事故		发生事故此题按 0 分计	
合计	共扣分：＿＿＿＿＿　总得分：＿＿＿＿＿		
师傅评语：			

六、知识拓展

闭锁器电机结构　　车窗升降电机　　雨刮电机结构　　两线、三线电机控制

项目 6　永磁同步电机

<table>
<tr><td rowspan="2">任务 1
永磁同步电机基础认知</td><td>姓名</td><td></td><td>组别</td><td></td></tr>
<tr><td>班级</td><td></td><td>学号</td><td></td></tr>
</table>

◎知识目标	◎技能目标	◎思政目标
1. 能够了解永磁同步电机的结构。 2. 能够了解永磁同步电机的工作原理	1. 能够熟练进行高压安全防护作业和基本拆装工具作业。 2. 能够完成对永磁同步电机的结构认识和在运行过程中观察原理	能够通过电机认知的细节工序，体验工匠精神，培养敬业精神

一、任务导入

一辆电动汽车无法高速行驶，你的主管初步诊断结果为驱动电机故障。现让你对电机进行检查，你能完成这个任务吗?

（一）请根据客户描述填写信息单

表 6-1-1　信息单

<table>
<tr><td>客户姓名</td><td></td><td>车牌号</td><td></td><td>车型</td><td></td><td>车辆颜色</td><td></td></tr>
<tr><td>客户电话</td><td></td><td>行驶里程</td><td></td><td>VIN 号</td><td colspan="3"></td></tr>
<tr><td colspan="8">维修项目</td></tr>
<tr><td colspan="8">□______km 常规保养　　□一般维修　　□事故车　　□大修　　□其他</td></tr>
<tr><td colspan="8">车况记录:</td></tr>
<tr><td colspan="8"></td></tr>
<tr><td colspan="8"></td></tr>
<tr><td colspan="8"></td></tr>
<tr><td colspan="8"></td></tr>
<tr><td colspan="8"></td></tr>
<tr><td colspan="8"></td></tr>
</table>

（二）高压安全防护及基本检查

（1）穿戴防护用具，铺设绝缘垫，设置隔离带等安全设备。

（2）对车辆基本检查，开启驻车制动，关闭启动开关。

（3）醒目位置粘贴高压警示牌，贵重物品检查。

表 6-1-2　基本检查

<table>
<tr><th colspan="4">设备工具</th></tr>
<tr><td></td><td></td><td></td><td>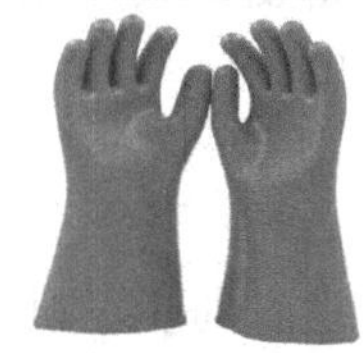</td></tr>
<tr><td>□清点正常</td><td>□清点正常</td><td>□清点正常</td><td>□清点正常</td></tr>
<tr><th colspan="4">设备工具</th></tr>
<tr><td>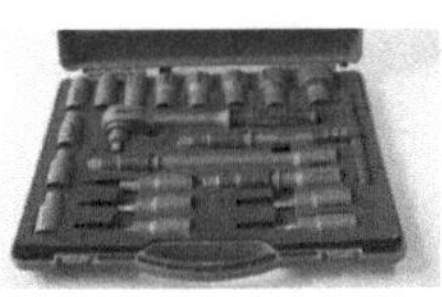</td><td></td><td></td><td></td></tr>
<tr><td>□清点正常</td><td>□清点正常</td><td>□清点正常</td><td>□清点正常</td></tr>
<tr><th colspan="4">设备工具</th></tr>
<tr><td></td><td>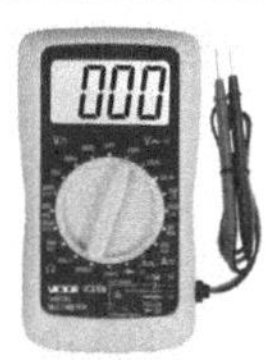</td><td></td><td>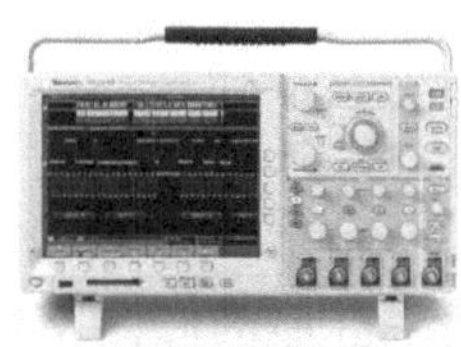</td></tr>
<tr><td>□清点正常</td><td>□清点正常</td><td>□清点正常</td><td>□清点正常</td></tr>
<tr><th colspan="4">车辆检查</th></tr>
<tr><td rowspan="6">外观检查：破损处用“○”标出
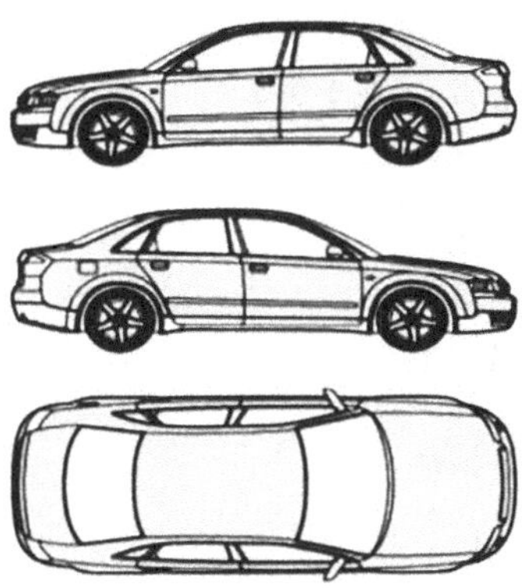</td><td rowspan="2">车内检查</td><td>收音机 □</td><td>空调 □</td></tr>
<tr><td>内饰 □</td><td>中控 □</td></tr>
<tr><td rowspan="2">整车检查</td><td>轮胎 □</td><td>灯光 □</td></tr>
<tr><td>底盘 □</td><td>刹车 □</td></tr>
<tr><td>贵重物品</td><td colspan="2"></td></tr>
<tr><td>油量记录</td><td colspan="2">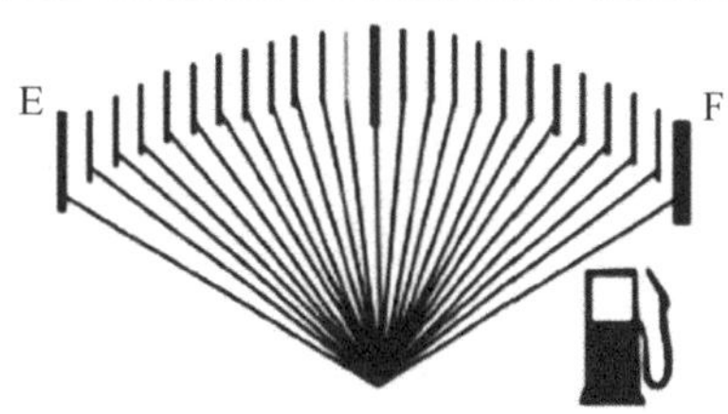</td></tr>
</table>

二、获取信息

（一）引导问题：永磁同步电机的类型有哪些？

永磁无刷电动机可以分为由方波驱动的无刷直流电动机系统（BLDCM）和由正弦波驱动的无刷直流电动机系统（PMSM），其中以永磁同步电机应用最为广泛，由日本研制的电动汽车主要采用这种电机。例如，丰田的 Prius 混联汽车，它们都具有较高的功率密度，其控制方式与感应电机基本相同，因此在电动汽车上得到了广泛应用，是当前电动汽车专用电动机的研发热点。

（二）引导问题：永磁同步电机的结构及功能是什么？

永磁同步电机（PMSM）属于交流电机，主要由定子、端盖及转子等各部件组成，如图 6-1-1 所示。

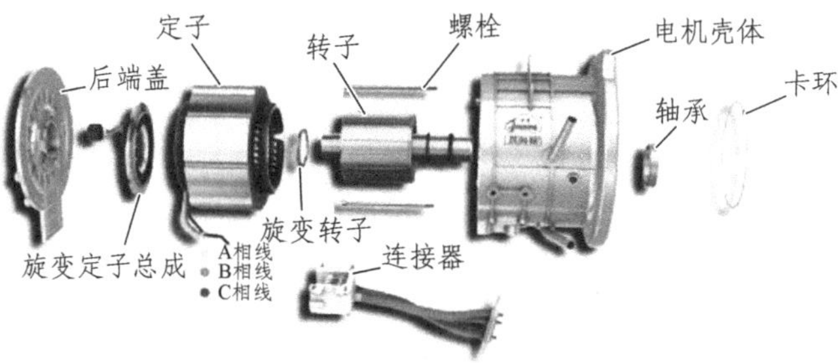

图 6-1-1　永磁同步电机结构爆炸图

1. 定子

如图 6-1-2 所示，定子主要由导磁的铁心和导电的绕组组成。定子铁心是由 0.35～0.5 mm 厚的硅钢片叠成，它构成电机磁路的一部分。电枢绕组是三相对称绕组，由高强度漆包线绕成，它构成电机的电路。

永磁同步电机定子绕组与异步电机相同，三相绕组沿定子铁心对称分布，在空间互差 120°的电角度，通入三相交流电时，产生旋转磁场。

图 6-1-2　永磁同步电机定子

2. 转子

永磁同步电机的转子由转子铁心、永磁体和转轴构成，为减小磁滞与涡流损耗，转子铁心一般采用 0.5 mm 厚、表面有绝缘层的硅钢片叠制而成。转子上安装高质量的永磁体作为磁极。如图 6-1-3 所示，永磁磁铁直接安装在转子铁心圆周表面上，称为贴片式永磁转子，转子的 4 个磁极的极性与磁通走向都是从 N 极—S 极形成封闭的磁路。

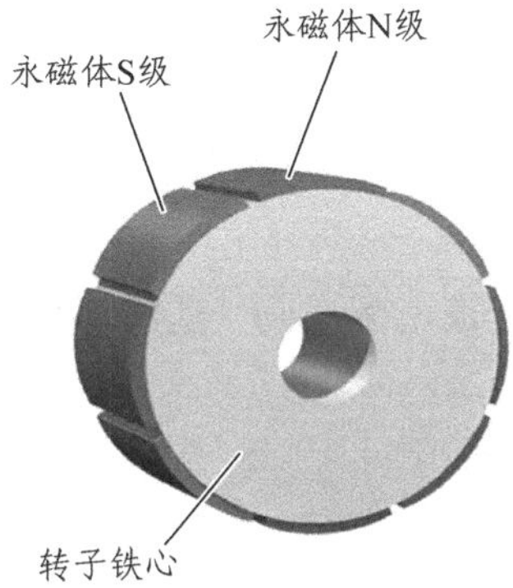

图 6-1-3　永磁同步电机转子

由于在转子上安放永磁体的位置有很多选择，所以永磁同步电机通常会被分为三大类：面贴式、嵌入式和内置式，如图 6-1-4 所示。

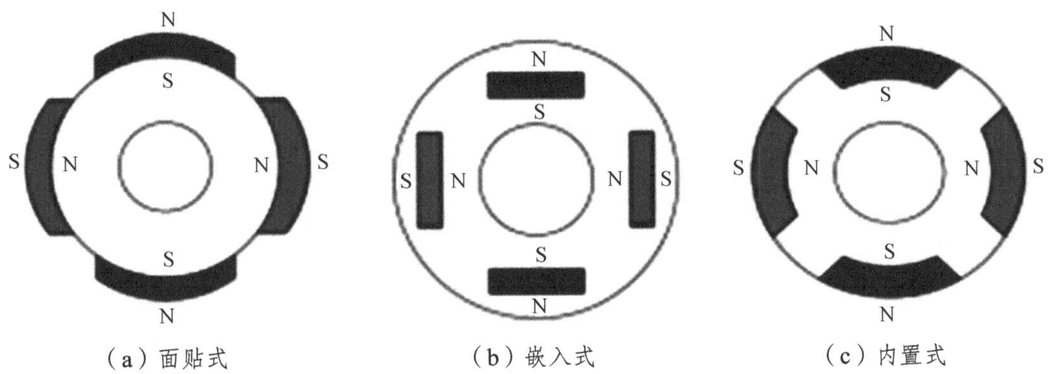

图 6-1-4　永磁同步电机转子

转子磁体的 N 极、S 极随着定子绕组的旋转磁场磁极的移动而旋转，磁场产生磁通量，电枢完成电能与机械能的转换。

转子转速与定子绕组产生的旋转磁场的转速是一样的，所以称为同步电机。

（三）引导问题：永磁同步电机具有哪些特点？

永磁同步电机（PMSM）：效率高、体积小、质量小及可靠性高。

PMSM 是系统的重要执行机构，是电能与机械能转化的部件，并将自身的运行状态的信息发送给电机控制器。电机使用了一些传感器来提供电机的工作信息，这些传感器包括：

旋转传感器：用以检测电机转子位置。

温度传感器：用以检测电机的绕组温度。

在电机系统中，电机的输出动作主要是靠控制单元给定命令执行，即控制器输出命令。控制器主要是将输入的直流电逆变成电压、频率可调的三相交流电，供给配套的三相交流永磁同步电机使用。

（四）引导问题：永磁同步电机是如何工作的？

永磁同步电机的基本工作原理与电励磁同步电机相同，是磁通总是沿磁阻最小的路径闭合，利用磁引力拉动转子旋转，于是永磁转子跟随定子产生的旋转磁场同步旋转。

1. 定子产生旋转磁场

定子的励磁线圈是由三相交流电源激励，这将产生一个旋转磁场（RMF），它以同步速度旋转。

2. 转子产生恒定磁场

转子为永磁体，产生恒定磁场，转子磁场与旋转的定子磁场相互作用。

3. 相互作用

给定一个初始旋转转子，与 RMF 的方向相同。RMF 和转子的磁极相反会互相吸引，它们将获得磁性锁。这意味着，转子将在 RMF 的相同的速度旋转，或者转子将在同步速度旋转。

4. 转速

由于是同步电机，其转速就是定子磁场的转速。

$$n = \frac{60f}{p}$$

式中，f 为定子侧旋转磁场的交流电流频率；p 为电机极对数。

磁场的转速正比于电源频率，反比于定子的极对数；只要电网频率不变，则稳定运行时的同步电机的转速恒为常值而与负载无关；磁场的旋转方向取决于绕组电流的相序。

5. 同步电机的运行方式

1）发电机状态

转子轴线超前定子轴线，产生的电磁转矩为制动性质是发电机，如图 6-1-5（a）所示。

2）空载状态

转子轴线和定子轴线相重合，此时的功角为 0，电磁转矩为 0，所以这是一种从发电机向电动机过渡的临界状态，如图 6-1-5（b）所示。

3）电动机状态

转子轴线滞后定子轴线，产生的电磁转矩为驱动性质是电动机，如图 6-1-5（c）所示。

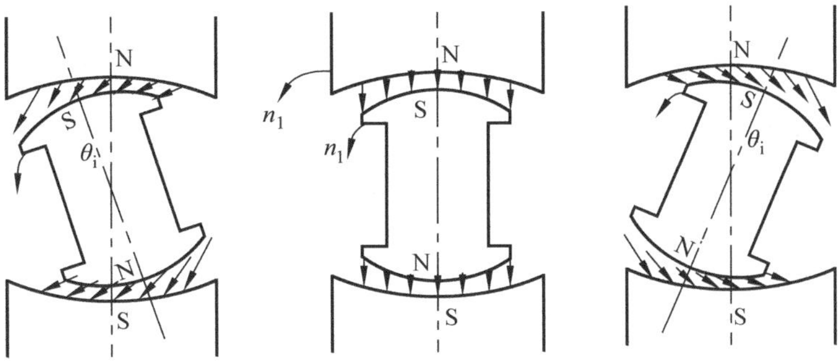

（a）　　　（b）　　　（c）

图 6-1-5　永磁同步电机运转方式

永磁同步电动机不能直接通高频三相交流启动，因转子惯量大，磁场旋转太快，静止的转子根本无法跟随磁场旋转。如果一开始就在永磁同步电机定子上加以频率很高的电源，则电机无法启动。这种永磁同步电动机多用在变频调速场合，启动时变频器输出频率从 0 开始上升到工作频率，电机则跟随变频器输出频率同步旋转，是一种很好的变频调速电动机。在永磁同步电动机转子轴上加位置传感器，检测转子位置，再由位置来控制定子电源，改变电源频率使电机达到同步旋转。

三、任务实施

表 6-1-3　任务实施

<table>
<tr><th colspan="2">1. 实施要求</th></tr>
<tr><td colspan="2">本操作任务主要完成对永磁同步电机的结构认识和在运行过程中观察原理。
（1）利用虚拟仿真软件，认识永磁同步电机的结构，并在运行后观察原理。
（2）请在实践操作时，对表格中操作流程的相关问题进行回答并记录。</td></tr>
<tr><th colspan="2">2. 实施准备</th></tr>
<tr><td colspan="2">（1）设备准备：计算机或 AR/UR 虚拟现实增强设备。
（2）软件环境：虚拟仿真软件“纯电动汽车动力系统虚拟结构原理展示台”。
（3）多媒体教室。</td></tr>
<tr><th colspan="2">3. 实施步骤</th></tr>
<tr><td>（1）找到驱动电机。
打开虚拟结构原理展示平台，点击“电驱系统——电动机组件”。
思考：驱动电机位于车辆的哪个位置？</td><td>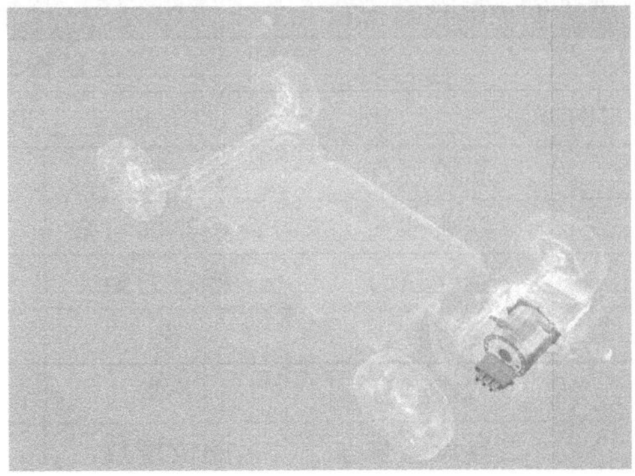
图 6-1-6　永磁同步电机</td></tr>
</table>

续表

（2）观察内部结构。 点击拆开设备按钮，观察电动机内部组成。 思考：驱动电机内部包含的组件有哪些？各有什么作用？	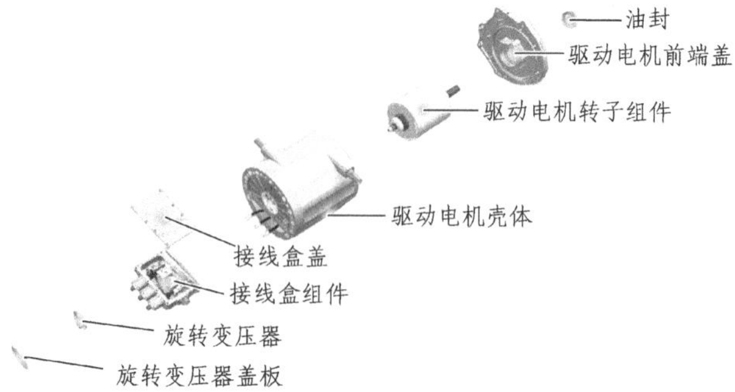 图 6-1-7　永磁同步电机的结构
（3）运行原理观察。 ① 点击运行按钮，选择“驱动”模式，观察驱动模式下的电流走向，描述电机转子的转动过程。 ② 调节“三相交流电频率”，观察驱动模式下的电流走向，描述电机转子的转动变化。 ③ 选择“制动能量回收”模式，观察能量回收模式下的电流走向，描述电机转子的转动过程。 思考：电机功能有哪些？如何实现调速的？	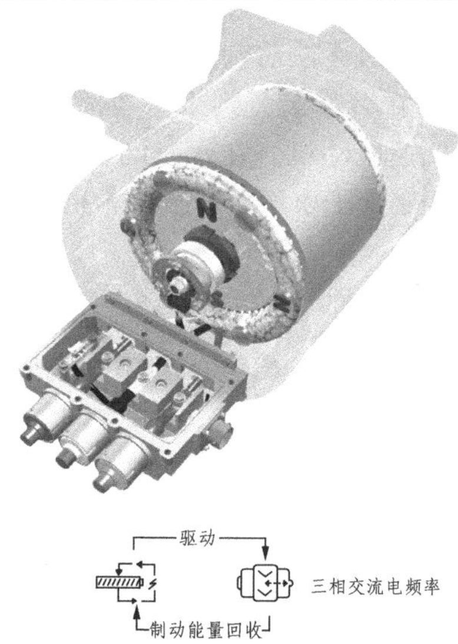 图 6-1-8　永磁同步电机的运行原理

4. 整理

（1）妥善取回实训工具，放回原处，进行“5S”整理。

（2）撤去高压警示装置、翼子板布，盖上引擎盖。

5. 质量检修及维修说明

质量检修表

交车时间：______年_____月_____日_____时_____分

序号	质检项目	参考标准	自检	互检	终检
1	线束插头	连接牢固可靠			
2	螺栓扭力	标准力矩			
3	故障码	无			
4	数据流	正常			
5	工具设备整理	归位摆放			
6	场地清洁	清理整洁			

续表

6. 总结与反思
（如学习过程中遇到什么问题，如何解决的或解决不了的原因，通过实训的收获等）

四、思政沙龙

各小组同学进行讨论后，选一名代表上台发言。

主题：纯电动汽车以电动机代替发动机，由电机驱动而无须自动变速器，相对于自动变速器，电机结构简单、技术成熟、运行可靠，甚至被视为我国在新能源汽车行业实现汽车工业“弯道超车”的领域之一。请各位同学分组思考并讨论电动汽车的主要性能指标有哪些？

五、任务考核

（一）知识检验

表 6-1-4　知识检验

<table>
<tr><td colspan="5">项目 6　永磁同步电机</td></tr>
<tr><td rowspan="2">任务 1
永磁同步电机基础认知</td><td>姓名</td><td></td><td>组别</td><td></td></tr>
<tr><td>班级</td><td></td><td>学号</td><td></td></tr>
</table>

目标	考核题目	得分
知识目标	（1）（多选）关于永磁同步电机和异步交流电机，以下描述正确的是（　　）。 A. 永磁同步电机节电好、续航里程长 B. 永磁同步电机体积小重量轻 C. 异步交流电机技术成熟、可靠性好 D. 异步交流电机转速高、动力强	
	（2）（判断）永磁同步电机可通过直接提高旋转磁场转速的方法来提高转子转速。（　　）	
	（3）（判断）在电机上安装的传感器主要有电机温度传感器和测量电机转速的旋转变压器。（　　）	

续表

目标	考核题目	得分
知识目标	（4）（多选）关于永磁同步电机和异步交流电机，以下描述正确的是（　　）。 A. 永磁同步电机转子带有永磁体，转子速度与磁场旋转速度一致 B. 永磁同步电机转子带有永磁体，转子速度与磁场旋转速度不一致 C. 异步交流电机通交流电产生磁场使转子转动，转子速度与磁场旋转速度不一致 D. 异步交流电机通交流电产生磁场使转子转动，转子速度与磁场旋转速度一致	
技能目标	（1）（单选）关于永磁同步电机的拆卸，第一步要做（　　）。 A. 减速器组件的拆卸　　B. 电机端盖的拆卸 C. 位置传感器的拆卸　　D. 定子与转子的分离	
	（2）（判断）电机位置传感器是霍尔传感器。（　　）	
总分：	分	

（二）学生互评

表 6-1-5　学生互评

<table>
<tr><td colspan="12">项目 6　永磁同步电机</td></tr>
<tr><td colspan="4" rowspan="2">任务 1
永磁同步电机基础认知</td><td colspan="2">姓名</td><td colspan="2"></td><td colspan="2">组别</td><td colspan="2"></td></tr>
<tr><td colspan="2">班级</td><td colspan="2"></td><td colspan="2">学号</td><td colspan="2"></td></tr>
<tr><td rowspan="2">评价项目</td><td rowspan="2">分值</td><td colspan="4" rowspan="2">等级</td><td colspan="6">评价对象（组别）</td></tr>
<tr><td>1</td><td>2</td><td>3</td><td>4</td><td>5</td><td>6</td></tr>
<tr><td rowspan="2">方案合理</td><td rowspan="2">20</td><td>优</td><td>良</td><td>中</td><td>差</td><td></td><td></td><td></td><td></td><td></td><td></td></tr>
<tr><td>20</td><td>18</td><td>16</td><td>15</td><td></td><td></td><td></td><td></td><td></td><td></td></tr>
<tr><td rowspan="2">团队合作</td><td rowspan="2">10</td><td>优</td><td>良</td><td>中</td><td>差</td><td></td><td></td><td></td><td></td><td></td><td></td></tr>
<tr><td>10</td><td>8</td><td>7</td><td>5</td><td></td><td></td><td></td><td></td><td></td><td></td></tr>
<tr><td rowspan="2">组织有序</td><td rowspan="2">10</td><td>优</td><td>良</td><td>中</td><td>差</td><td rowspan="2"></td><td rowspan="2"></td><td rowspan="2"></td><td rowspan="2"></td><td rowspan="2"></td><td rowspan="2"></td></tr>
<tr><td>10</td><td>8</td><td>7</td><td>5</td></tr>
<tr><td rowspan="2">工作质量</td><td rowspan="2">20</td><td>优</td><td>良</td><td>中</td><td>差</td><td rowspan="2"></td><td rowspan="2"></td><td rowspan="2"></td><td rowspan="2"></td><td rowspan="2"></td><td rowspan="2"></td></tr>
<tr><td>20</td><td>18</td><td>16</td><td>15</td></tr>
<tr><td rowspan="2">工作效率</td><td rowspan="2">10</td><td>优</td><td>良</td><td>中</td><td>差</td><td rowspan="2"></td><td rowspan="2"></td><td rowspan="2"></td><td rowspan="2"></td><td rowspan="2"></td><td rowspan="2"></td></tr>
<tr><td>10</td><td>8</td><td>7</td><td>5</td></tr>
<tr><td rowspan="2">工序完整</td><td rowspan="2">10</td><td>优</td><td>良</td><td>中</td><td>差</td><td rowspan="2"></td><td rowspan="2"></td><td rowspan="2"></td><td rowspan="2"></td><td rowspan="2"></td><td rowspan="2"></td></tr>
<tr><td>10</td><td>8</td><td>7</td><td>5</td></tr>
</table>

续表

评价项目	分值	等级				评价对象（组别）					
						1	2	3	4	5	6
作业规范	10	优	良	中	差						
		10	8	7	5						
汇报展示	10	优	良	中	差						
		10	8	7	5						
合计	100	各组得分									

（三）师傅评价

表 6-1-6　师傅评价

项目 6 永磁同步电机					
任务 1 永磁同步电机基础认知	姓名		组别		
	班级		学号		

评分项目	配分	技术要点及扣分	扣分
1. 安全防护用品使用情况	8 分	操作时不戴绝缘手套扣 1 分	
		操作时不戴护目镜扣 1 分（戴近视镜者可不用戴护目镜）	
		操作时不铺设绝缘地垫扣 1 分	
		操作时不设置隔离带、高压警示牌扣 1 分	
		操作时不铺设格栅布、翼子板布扣 1 分	
		操作时不正确使用绝缘装卸工具扣 3 分	
2. 相关电气仪表工具使用情况	6 分	万用表挡位、接线错误扣 2 分	
		绝缘测试仪、放电仪等使用错误扣 2 分	
		接线插接器、背针等工具使用错误扣 2 分	
3. 故障现象验证及描述	6 分	设备螺丝松动、REDAY 灯不亮、系统故障灯亮、驱动电机故障灯亮、无续航里程、高压不供电、踩油门无反应、车辆无法行驶、解码仪与驱动电机系统无通信、驱动电机位置传感器故障、驱动电机系统数据流异常等现象 （回答出 6 项及以上得 6 分，6 项以下每少 1 项扣 1 分）	
4. 设备拆装流程	20 分	未按正确的顺序拆卸、安装设备，每错误一项扣 2 分，共 5 分，扣完为止	
		拆装设备不正确，如该拆卸的部件没拆、拆了不该拆的部件，每发生一处扣 3 分，共 6 分，扣完为止	
		拆装过程中发生了接触不良、放置位置不当、损坏物品等，每一项扣 3 分，共 9 分，扣完为止	

续表

评分项目	配分	技术要点及扣分	扣分
5. 故障诊断及修复	54 分	能正确识读电路图，找出需要操作或测试的设备、线束、保险丝、继电器、插接口、引脚等。共 8 分，酌情扣分，扣完为止	
		按照正确工艺进行残余电压、绝缘测试、放电测试并得出结果。共 6 分，酌情扣分，扣完为止	
		按照正确工艺进行相关部件的供电、搭铁、唤醒、通信线束的测试并得出正确结果。共 10 分，酌情扣分，扣完为止	
		按照正确工艺进行相关部件的继电器、保险丝、供电电压等测试并得出正确结果。共 10 分，酌情扣分，扣完为止	
		能找出相关部件的插接口、对应引脚，并按照正确工艺进行测试并得出正确结果。共 10 分，酌情扣分，扣完为止	
		能针对检测结果，判断出故障原因、解除故障或给出正确修复方案。共 10 分，酌情扣分，扣完为止	
6.“5S”情况	6 分	操作完成后，要把设备、工具放回原处，摆放整齐（在考核 40 min 内，一件工具未放回原处或未摆放整齐扣 1 分，工具掉地上扣 2 分，扣完为止）	
合计	共扣分：__________　总得分：__________		
师傅评语：			

项目 6　永磁同步电机

任务 2 永磁同步电机拆装及检修	姓名		组别	
	班级		学号	

◎知识目标	◎技能目标	◎思政目标
1. 能够描述永磁同步电机拆卸与安装注意事项。 2. 能够通过与客户交流、查阅相关维修技术资料等方式获取车辆信息	1. 能够根据维修手册对永磁同步电机进行检测。 2. 能够正确使用安全防护套装及工具	能够通过电机拆装与检测的细节工序，体验工匠精神，培养敬业精神

一、任务导入

一辆电动汽车无法高速行驶，你的主管结合故障现象及读取的故障信息诊断结果为驱动电机损坏，你能借助维修手册制订检修计划并完成排除故障的任务吗?

(一) 请根据客户描述填写信息单

表 6-2-1　信息单

客户姓名		车牌号		车型		车辆颜色	
客户电话		行驶里程		VIN 号			
维修项目							
□_______km 常规保养　□一般维修　□事故车　□大修　□其他							
车况记录:							

（二）高压安全防护及基本检查

（1）穿戴防护用具，铺设绝缘垫，设置隔离带等安全设备。

（2）对车辆基本检查，开启驻车制动，关闭启动开关。

（3）醒目位置粘贴高压警示牌，贵重物品检查。

表 6-2-2　基本检查

设备工具			
			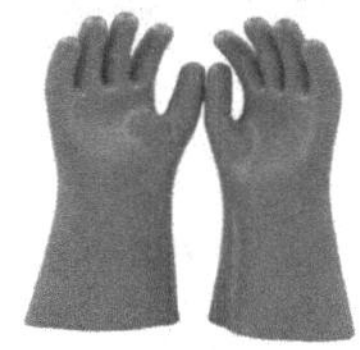
□清点正常	□清点正常	□清点正常	□清点正常
设备工具			
	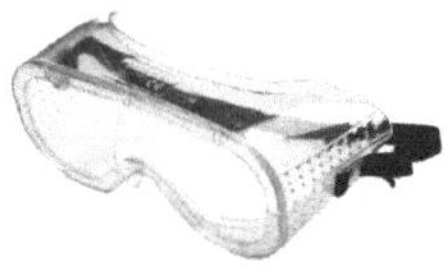		
□清点正常	□清点正常	□清点正常	□清点正常
设备工具			
			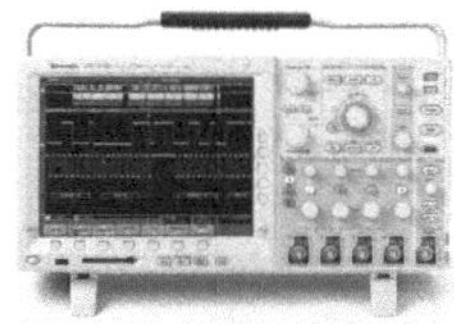
□清点正常	□清点正常	□清点正常	□清点正常
车辆检查			
外观检查：破损处用“○”标出 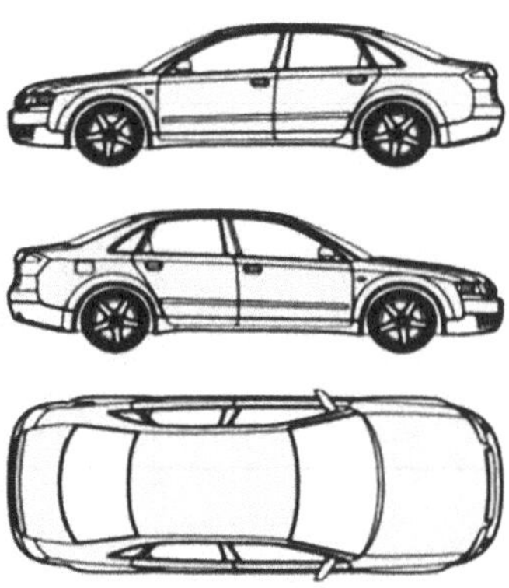	车内检查	收音机 □	空调 □
		内饰 □	中控 □
	整车检查	轮胎 □	灯光 □
		底盘 □	刹车 □
	贵重物品		
	油量记录	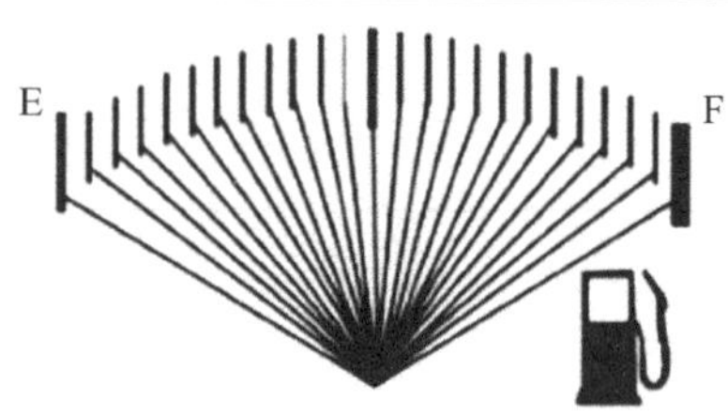	

二、获取信息

（一）引导问题：永磁同步电机的检测注意事项有哪些？

1. 电机内部

（1）维修装配时都要清洁电机内部，不能有杂质。

（2）电机在修理后，应空转灵活，无定子与转子相擦现象或异常响声（如周期性的异响、轴承受损后的异响、微小异物卡滞在转动部位引起的异响等）。

2. 密封处

（1）彻底清洗接合面。

（2）接合面一定要涂抹密封胶（M-1213 型耐油硅酮密封胶）。接合面为：通气塞螺纹、排气管螺纹、挡水板与后箱体接合处、后箱体与减速器前箱体接合处。

（3）铭牌要用 AB 胶涂抹接合处。

3. 螺栓

电机上所有的螺栓要用螺纹胶赛特 242 涂抹紧固，拧紧时有要求拧紧力矩，应按规定力矩拧紧。如果螺栓有裂纹或者损坏，应及时更换，螺栓拧紧后用油漆笔做标记。

4. 轴承

（1）安装轴承前要将箱体置于 120 °C 烤箱中加热 30 min。

（2）安装时采用规定的工装进行操作。

5. 装配时用油脂处

（1）三相动力线束总成与后箱体装配孔装配时涂抹油脂。

（2）旋变接插件与后箱体装配时涂抹润滑油。

（二）引导问题：永磁同步电机的操作注意事项有哪些？

由于驱动电机工作时的环境是高电压、大电流，所以在操作时一定要注意以下几点：

（1）电机在安装使用前，必须进行绝缘检查（接线端子对机壳的绝缘电阻应大于 250 MΩ）。

（2）电机在安装使用前，旋转电机输出轴应能灵活转动，检查电机外观应无机壳破损或异常形变情况。

（3）电机在安装使用前，检查三相线束导电部分及电机强电接口应清洁、无异物和油脂。

（4）低压接插件为塑料件，安装过程中应避免与坚硬物体直接碰撞或受力。

（5）电机转子带有强磁性，电机除高低压盖板外，其余零部件禁止拆装。

三、任务实施

（一）永磁同步电机的拆装

表 6-2-3　永磁同步电机的拆装

1. 实施要求

本操作任务主要完成对永磁同步电机的拆装。

（1）永磁同步电机的拆装。

（2）请在检修操作时，对表格中操作流程的相关数据进行记录。

2. 实施准备

（1）防护装备：工作服、绝缘鞋、防护镜、绝缘帽、绝缘手套。

（2）比亚迪 E5 汽车 1 辆、台架、部件总成。

（3）拆装专用工具及设备、新能源汽车维修组合工具。

（4）辅助材料：高压电维修警示牌、绝缘地垫、干粉灭火器、清洁剂。

3. 实施步骤

（1）拆卸蓄电池负极端子。 ① 打开前舱盖，垫上右前翼子板垫布、前保险杠垫布、左前翼子板垫布。 ② 使用______号开口扳手断开蓄电池负极接线头，断开正极接线头，如图 6-2-1 所示。	 图 6-2-1　拆卸蓄电池负极
（2）拆卸维修开关。 拆开扶手箱USB面板，拆下维修开关。等待______分钟，待电容的电放光后再进行下一步操作，如图 6-2-2 所示。	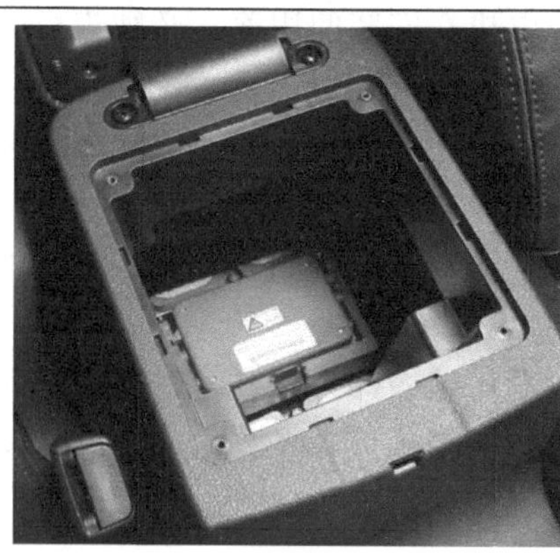 图 6-2-2　拆卸安全维修开关

续表

（3）拆卸高压配电盒 DC 输出插件。 ① 在电机和副水箱已冷却的条件下，拧开电机冷却水壶盖。 ② 使用中号棘轮扳手、中号长接杆、______号六角套筒拆卸高压配电盒 DC 直流输出连接线，取出紧固螺母和直流连接线，如图 6-2-3 所示。	 图 6-2-3　拆卸 DC 输出连接线
（4）拆卸快充线束插件。 ① 使用十字螺丝刀和内五角扳手拆卸直流充电维修盖板，取出螺栓和维修盖板。 ② 使用小号棘轮扳手、旋转手柄、______号六角套筒拆卸直流输入线固定螺栓，用磁力棒取出固定螺栓，拔出直流充电负极母线和正极母线，如图 6-2-4 所示。	 图 6-2-4　拆卸高压直流输入线
（4）拆卸动力电池输出线。 ① 使用十字螺丝刀和内五角扳手拆卸动力电池输入维修盖板，取出螺栓和维修盖板。 ② 使用小号棘轮扳手、旋转手柄、_____号六角套筒拆卸动力电池输入正负极母线和电机控制输出正负母线固定螺栓，用磁力棒取出固定螺栓，拔出动力电池输入正负极母线和电机控制输出正负母线，如图 6-2-5 所示。	 图 6-2-5　拆卸动力电池输出母线

续表

（5）拆卸车轮。 ① 举升车辆至维修中位，使用气动扳手、大号接杆、______号六角套筒拆卸左前轮胎，用______号六角套筒拆卸半轴螺母。 ② 使用气动扳手、大号接杆、______号六角套筒拆卸左前轮胎，用______号六角套筒拆卸左前半轴螺母。 ③ 拆卸右前轮胎，拆卸右前半轴螺母，如图 6-2-6 所示。 ④ 举升车辆至维修高位，使用小号棘轮扳手、旋转手柄、______号六角套筒拆卸前舱下护板前固定螺栓。 ⑤ 使用一字螺丝刀，卡扣撬板拆卸下护板卡扣并拿下下护板。 ⑥ 使用大力钳拆卸电机出水口水管卡夹，拔出出水管，排放电机冷却液。 ⑦ 使用十字螺丝刀拆卸电机水泵固定螺栓。 ⑧ 使用中号棘轮扳手、中号接杆、______号六角套筒拆卸压缩机固定螺栓，取出压缩机固定螺栓。 ⑨ 使用气动扳手、______号六角套筒拆卸左下摆臂连接球头总成螺栓，用______号扳手拆卸拉杆及球头总成螺母，取出拉杆及球头总成，分离左下摆臂和转向节。	 图 6-2-6　拆卸右前半轴固定螺母
（6）拆卸内球笼。 ① 使用锤子锤出左半轴外球笼，如图 6-2-7 所示（注意：如果使用铁锤，必须安装半轴螺母拧入 4 圈以上再用工具锤击螺母外围，防止损坏半轴螺纹）。 ② 取出半轴螺母，分离左前半轴与转向节连接。 ③ 用撬棒撬出左前半轴内球笼（注意：不可用力向外拉半轴来分离半轴和变速器，防止半轴内球笼脱落）。	 图 6-2-7　拆卸左前内球笼

续表

<table>
<tr><td>（7）拆卸高压配电盒搭铁。
① 使用气动扳手、______号六角套筒拆卸右下摆臂连接球头总成螺栓，用______号扳手拆卸拉杆及球头总成螺母，取出拉杆及球头总成，分离右下摆臂和转向节。
② 使用锤子锤出右半轴外球笼（注意：如果使用铁锤，必须安装半轴螺母拧入 4 圈以上再用工具锤击螺母外围，防止损坏半轴螺纹）。
③ 分离右前半轴与转向节连接。用撬棒撬出右前半轴内球笼（注意：不可用力向外拉半轴来分离半轴和变速器，防止半轴内球笼脱落）。
④ 放下车辆。用中号棘轮扳手、中号接杆、______号六角套筒拆卸水管固定架。
⑤ 使用鲤鱼钳拆卸高压配电盒冷却液排气管、进水管和出水管卡夹，拔出水管。
⑥ 使用中号棘轮扳手、中号接杆、______号六角套筒拆卸高压配电盒搭铁螺栓，如图 6-2-8 所示。拔出高压配电盒低压插接器。</td><td>
图 6-2-8　拆卸高压配电盒搭铁螺栓</td></tr>
<tr><td>（8）拆卸高压配电盒。
使用中号棘轮扳手、中号接杆、______号六角套筒拆卸高压配电盒固定螺栓，取出高压配电盒，如图 6-2-9 所示。</td><td>
图 6-2-9　拆卸高压配电盒</td></tr>
<tr><td>（9）拆卸变速器与后支架。
① 拆卸电机控制器低压插接器和电动真空泵插接器。使用中号棘轮扳手、中号短接杆、______号六角套筒拆卸电机控制器搭铁线。
② 拆卸电机搭铁线。使用中号棘轮扳手、中号短接杆、______号六角套筒拆卸电动真空泵支架固定螺栓，取出固定螺栓，取出电动真空泵。
③ 使用中号棘轮扳手、中号短接杆、______号六角套筒拆卸电动真空泵支架固定架。
④ 使用大号棘轮扳手、______号六角套筒拆卸变速箱与后支架连接螺栓，如图 6-2-10 所示。</td><td>
图 6-2-10　拆卸变速器与后支架连接螺栓</td></tr>
</table>

续表

<table>
<tr><td>（10）拆卸动力总成支架。
使用大号棘轮扳手、______号六角套筒拆卸动力总成与右侧支架连接螺栓，如图 6-2-11 所示。</td><td>
图 6-2-11　拆卸动力总成与右侧支架连接螺栓</td></tr>
<tr><td>（11）拆卸动力总成。
使用大号棘轮扳手、______号六角套筒拆卸变速箱与左侧支架连接螺栓将车辆慢慢举升至中位，分离车辆和动力总成。</td><td>
图 6-2-12　拆卸动力总成</td></tr>
<tr><td>（12）拆除电机控制器。
① 使用小号棘轮扳手、旋转手柄、______号六角套筒拆卸电机盖，取出螺栓和电机盖。
② 使用小号棘轮扳手、旋转手柄、______号六角套筒拆卸三相线束连接螺栓，取出螺栓，拔出旋变插接器。
③ 使用鲤鱼钳拆卸电机进水管卡夹，拔出水管。
④ 使用中号棘轮扳手、中号接杆、______号六角套筒拆卸电机控制器连接螺栓，取出螺栓，拆除电机控制器，获得电机。</td><td>
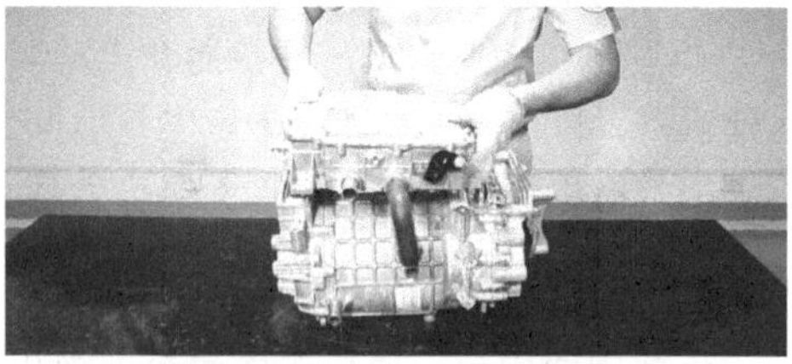
图 6-2-13　拆除电机控制器</td></tr>
<tr><td colspan="2">4. 整理</td></tr>
<tr><td colspan="2">（1）妥善取回实训工具，放回原处，进行“5S”整理。
（2）撤去高压警示装置、翼子板布，盖上引擎盖。</td></tr>
</table>

（二）实车实训

表 6-2-4　实车实训

<table>
<tr><td colspan="2">1. 实施要求</td></tr>
<tr><td colspan="2">本操作任务主要完成对永磁同步电机的过热故障分析和检测维修。
（1）电机过热故障分析及检测维修。
（2）请在检测操作时，对表格中操作流程的相关数据进行记录。</td></tr>
<tr><td colspan="2">2. 实施准备</td></tr>
<tr><td colspan="2">（1）防护装备：工作服、绝缘鞋、护目镜、绝缘帽、绝缘手套。
（2）吉利帝豪 EV450 纯电动汽车 1 辆、台架、部件总成。
（3）电气检测工具：万用表、示波器。
（4）手工工具：新能源汽车维修组合工具。
（5）辅助材料：高压电维修警示牌、绝缘地垫、干粉灭火器、清洁剂。</td></tr>
<tr><td colspan="2">3. 实施步骤</td></tr>
<tr><td>（1）驱动电机控制器电路简图识读，以吉利帝豪 EV450 为例。</td><td>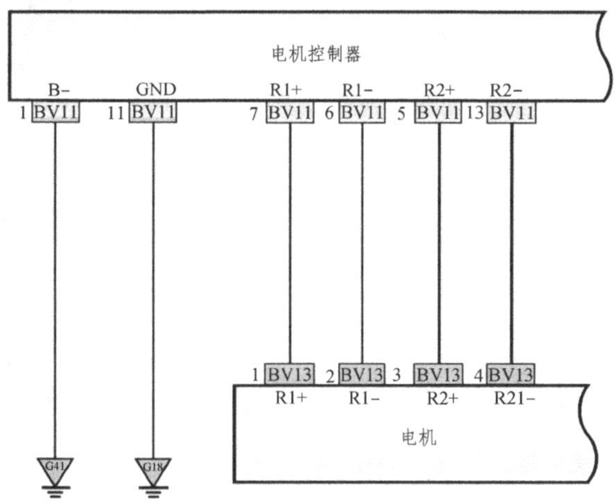

图 6-2-14　驱动电机控制器电路简图</td></tr>
<tr><td>（2）车辆防护。
① 铺设车内防护用品，将车辆停放在绝缘垫上。
② 车辆挡位旋入 N 挡。
③ 开启驻车制动，关闭启动开关。
④ 设置隔离带。
⑤ 铺设翼子板布。
⑥ 粘贴高压警示牌。</td><td>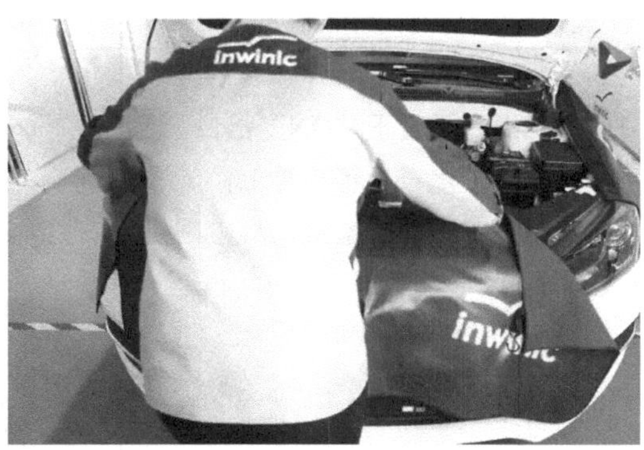

图 6-2-15　车辆安全防护</td></tr>
</table>

续表

（3）验证故障现象。 ① 打开启动开关，车辆________指示灯不亮。 ② ________________等故障指示灯点亮。 ③ 车辆无法行驶。 ④ 关闭启动开关。	 图 6-2-16　故障现象验证
（4）读取故障码。 ① 将诊断仪的 OBD 接口连接至汽车诊断座接口处，打开启动开关。 ② 操作诊断仪，选择车型进行________系统测试。 ③ 读取故障码并记录结果：________________________________。 ④ 退出诊断仪，关闭启动开关。 思考：可能故障原因有哪些?	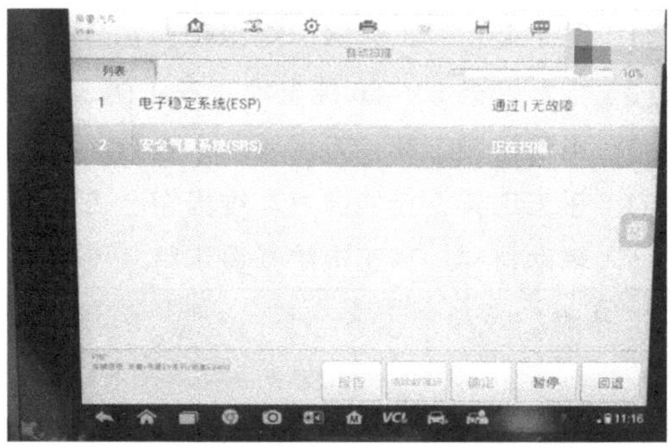 图 6-2-17　读取故障码
（5）检查冷却液。 ① 打开前舱盖。 ② 检查管路有无弯曲、折叠、漏水现象。 ③ 确认膨胀水箱中冷却液位是否正常。 ④ 正常进行下一步检查，异常则更换管路、加注冷却液。	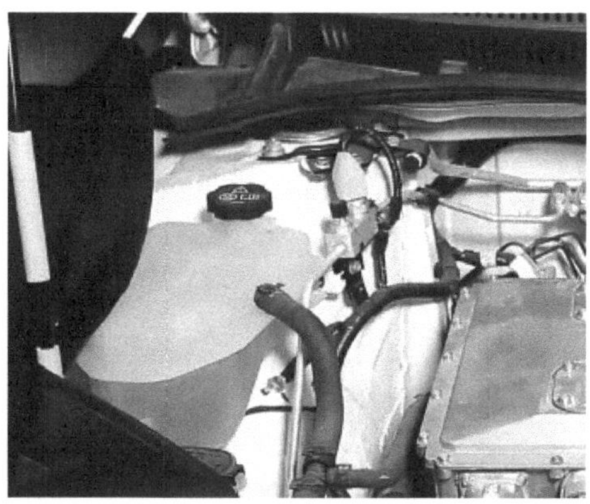 图 6-2-18　检测冷却液
（6）检查冷却水泵。 ① 将电源开关置于“ON”挡位。 ② 确认冷却水泵是否正常工作。 ③ 正常进行下一步检查，异常则更换冷却水泵。	 图 6-2-19　检测冷却水泵

续表

（7）检查驱动电机信号屏蔽线路。 ① 将电源开关置于“OFF”挡位，断开蓄电池负极电缆和直流母线。 ② 将电源开关置于“ON”挡位，断开电机控制器线束连接器 BV11。 ③ 使用万用表测量驱动电机线束连接器 BV11 的 1、11 号端子与车身地间的电阻值______，标准值小于 1Ω。 ④ 正常则进行下一步检查，异常则修理或更换线束。	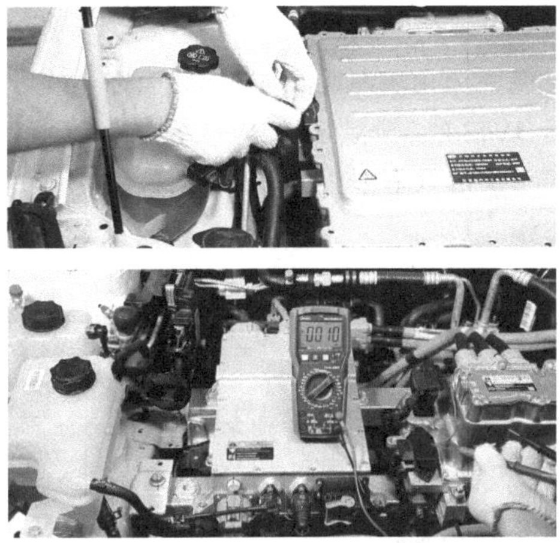 图 6-2-20　检查驱动电机信号屏蔽线路
（8）检查电机温度传感器 1 信号线路。 ① 断开驱动电机线束连接器 BV13、电机控制器线束连接器 BV11。 ② 使用万用表测量驱动电机线束连接器 BV13 的 1 号端子和 BV11 的 7 号端子之间的电阻值______，标准值小于 1 Ω。 ③ 测量 BV13 的 2 号端子与 BV11 的 6 号端子之间的电阻值______，标准值小于 1 Ω。 ④ 测量 BV13 的 1 号端子与 BV13 的 2 号端子之间的电阻值______，标准值大于 10 kΩ。 ⑤ 测量 BV13 的 1、2 号端子与车身地之间的电阻值______，标准值大于 10 kΩ。 ⑥ 测量 BV13 的 1、2 号端子与车身地之间的电压值______，标准值等于 0 V。 ⑦ 正常则进行下步检查，异常则更换驱动电机。	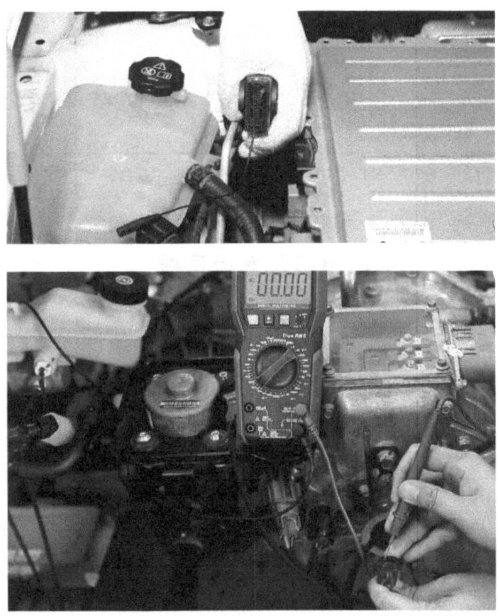 图 6-2-21　检查电机温度传感器 1 信号线路

续表

<table>
<tr>
<td>（9）检查电机温度传感器 2 信号线路。
① 使用万用表测量驱动电机线束连接器 BV13 的 3 号端子和 BV11 的 5 号端子之间的电阻值______，标准值小于 1 Ω。
② 测量 BV13 的 4 号端子与 BV11 的 13 号端子之间的电阻值______，标准值小于 1 Ω。
③ 测量 BV13 的 3 号端子与 BV13 的 4 号端子之间的电阻值______，标准值大于 10 kΩ。
④ 测量 BV13 的 3、4 号端子与车身地之间的电阻值______，标准值大于 10 kΩ。
⑤ 测量 BV13 的 3、4 号端子与车身地之间的电压值______，标准值等于 0 V。
⑥ 正常则更换电机控制器，异常则更换驱动电机。</td>
<td>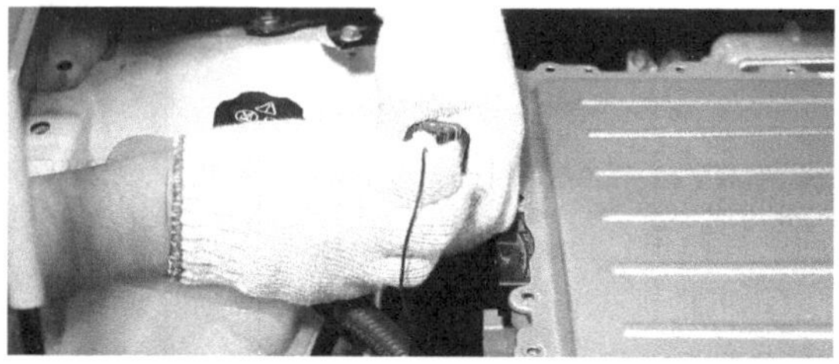
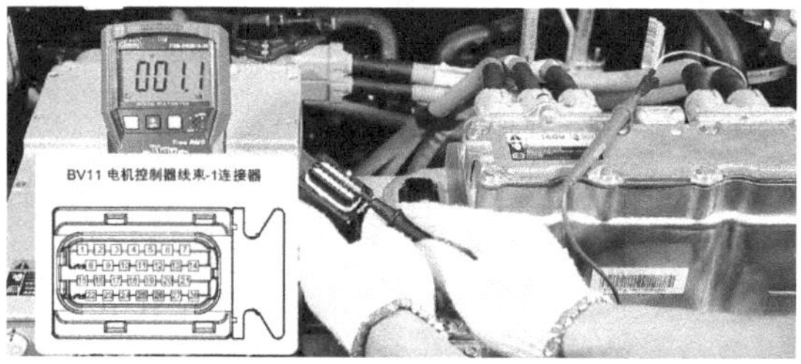

图 6-2-22　检查电机温度传感器 2 信号线路</td>
</tr>
<tr>
<td>（10）更换电机控制器。
① 将电源开关置于“OFF”挡位，断开蓄电池负极电缆和直流母线。
② 更换电机控制器。
③ 确认故障排除。</td>
<td>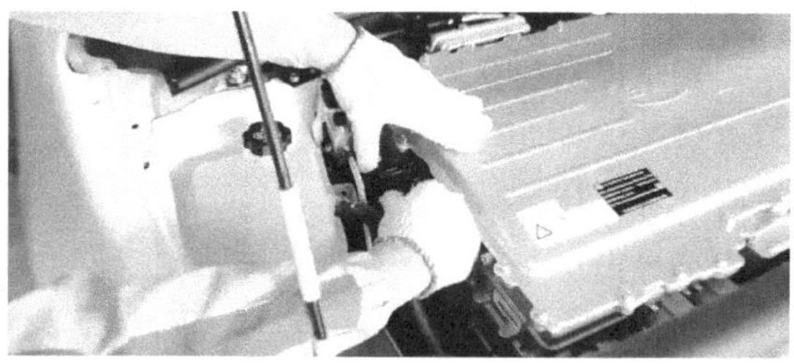
图 6-2-23　更换电机控制器</td>
</tr>
<tr>
<td>（11）维修结束。</td>
<td></td>
</tr>
<tr>
<td colspan="2">4. 整理</td>
</tr>
<tr>
<td colspan="2">（1）妥善取回实训工具，放回原处，进行“5S”整理。
（2）撤去高压警示装置、翼子板布，盖上引擎盖。</td>
</tr>
<tr>
<td colspan="2">5. 质量检修及维修说明</td>
</tr>
</table>

质量检修表

交车时间：______年______月______日______时______分

序号	质检项目	参考标准	自检	互检	终检
1	线束插头	连接牢固可靠			

续表

2	螺栓扭矩	标准力矩			
3	故障码	无			
4	数据流	正常			
5	工具设备整理	归位摆放			
6	场地清洁	清理整洁			
6. 总结与反思					
（如学习过程中遇到什么问题，如何解决的或解决不了的原因，通过实训的收获等）					

四、思政沙龙

各小组同学进行讨论后，选一名代表上台发言。

主题：永磁电机检测过程中，有哪些是看似“没有必要”的小事或小细节，如果不注意的话，可能引发各类大小问题。请谈一谈自己的感想和态度。

五、任务考核

（一）知识检验

表 6-2-5　知识检验

项目 6　永磁同步电机						
任务 2 永磁同步电机拆装及检修		姓名		组别		
		班级		学号		
目标		考核题目				得分
知识目标	1	（1）（判断）旋转变压器传感器线圈由励磁、正弦和余弦三组线圈组成。（　　）				
		（2）（判断）在电动汽车上，使用旋转变压器作为测量驱动电机的转速元件，并将转速信号传递给整车控制器。（　　）				
	2	（1）（判断）对于吉利帝豪 EV450 故障诊断仪，通常是把车辆起动后，再连接故障诊断仪。（　　）				
		（2）（判断）电机温度传感器的作用是检测电机定子绕组的温度，并提供散热风扇起动的信号。（　　）				

续表

目标	考核题目	得分
技能目标	（1）（单选）测量驱动电机励磁旋变信号需要用到的仪表是（　　）。 A. 电流表　B. 万用表　C. 电流钳　D. 解码仪	
	（2）（判断）在实操过程中不需要戴护目镜。（　　）	
	（3）（判断）用故障诊断仪可以读取到驱动电机控制器的相关数据流，维修技师可以与维修手册相关的参考值进行对比，以判断驱动电机的工作运行状态，然后进行相应的检修。（　　）	
总分：	分	

（二）学生互评

表 6-2-6　学生互评

<table>
<tr><td colspan="12">项目 6　永磁同步电机</td></tr>
<tr><td colspan="3" rowspan="2">任务 2
永磁同步电机拆装及检修</td><td colspan="2">姓名</td><td colspan="3"></td><td>组别</td><td colspan="3"></td></tr>
<tr><td colspan="2">班级</td><td colspan="3"></td><td>学号</td><td colspan="3"></td></tr>
<tr><td rowspan="2">评价项目</td><td rowspan="2">分值</td><td colspan="4" rowspan="2">等级</td><td colspan="6">评价对象（组别）</td></tr>
<tr><td>1</td><td>2</td><td>3</td><td>4</td><td>5</td><td>6</td></tr>
<tr><td rowspan="2">方案合理</td><td rowspan="2">20</td><td>优</td><td>良</td><td>中</td><td>差</td><td></td><td></td><td></td><td></td><td></td><td></td></tr>
<tr><td>20</td><td>18</td><td>16</td><td>15</td><td></td><td></td><td></td><td></td><td></td><td></td></tr>
<tr><td rowspan="2">团队合作</td><td rowspan="2">10</td><td>优</td><td>良</td><td>中</td><td>差</td><td></td><td></td><td></td><td></td><td></td><td></td></tr>
<tr><td>10</td><td>8</td><td>7</td><td>5</td><td></td><td></td><td></td><td></td><td></td><td></td></tr>
<tr><td rowspan="2">组织有序</td><td rowspan="2">10</td><td>优</td><td>良</td><td>中</td><td>差</td><td rowspan="2"></td><td rowspan="2"></td><td rowspan="2"></td><td rowspan="2"></td><td rowspan="2"></td><td rowspan="2"></td></tr>
<tr><td>10</td><td>8</td><td>7</td><td>5</td></tr>
<tr><td rowspan="2">工作质量</td><td rowspan="2">20</td><td>优</td><td>良</td><td>中</td><td>差</td><td rowspan="2"></td><td rowspan="2"></td><td rowspan="2"></td><td rowspan="2"></td><td rowspan="2"></td><td rowspan="2"></td></tr>
<tr><td>20</td><td>18</td><td>16</td><td>15</td></tr>
<tr><td rowspan="2">工作效率</td><td rowspan="2">10</td><td>优</td><td>良</td><td>中</td><td>差</td><td rowspan="2"></td><td rowspan="2"></td><td rowspan="2"></td><td rowspan="2"></td><td rowspan="2"></td><td rowspan="2"></td></tr>
<tr><td>10</td><td>8</td><td>7</td><td>5</td></tr>
<tr><td rowspan="2">工序完整</td><td rowspan="2">10</td><td>优</td><td>良</td><td>中</td><td>差</td><td rowspan="2"></td><td rowspan="2"></td><td rowspan="2"></td><td rowspan="2"></td><td rowspan="2"></td><td rowspan="2"></td></tr>
<tr><td>10</td><td>8</td><td>7</td><td>5</td></tr>
<tr><td rowspan="2">作业规范</td><td rowspan="2">10</td><td>优</td><td>良</td><td>中</td><td>差</td><td rowspan="2"></td><td rowspan="2"></td><td rowspan="2"></td><td rowspan="2"></td><td rowspan="2"></td><td rowspan="2"></td></tr>
<tr><td>10</td><td>8</td><td>7</td><td>5</td></tr>
<tr><td rowspan="2">汇报展示</td><td rowspan="2">10</td><td>优</td><td>良</td><td>中</td><td>差</td><td rowspan="2"></td><td rowspan="2"></td><td rowspan="2"></td><td rowspan="2"></td><td rowspan="2"></td><td rowspan="2"></td></tr>
<tr><td>10</td><td>8</td><td>7</td><td>5</td></tr>
<tr><td>合计</td><td>100</td><td colspan="4">各组得分</td><td></td><td></td><td></td><td></td><td></td><td></td></tr>
</table>

（三）师傅评价

表 6-2-7　师傅评价

<table>
<tr><td colspan="7">项目 6　永磁同步电机</td></tr>
<tr><td colspan="2" rowspan="2">任务 2
永磁同步电机拆装及检修</td><td>姓名</td><td></td><td>组别</td><td colspan="2"></td></tr>
<tr><td>班级</td><td></td><td>学号</td><td colspan="2"></td></tr>
<tr><td>评分项目</td><td>配分</td><td colspan="4">技术要点及扣分</td><td>扣分</td></tr>
<tr><td rowspan="6">1. 安全防护用品使用情况</td><td rowspan="6">8 分</td><td colspan="4">操作时不戴绝缘手套扣 1 分</td><td></td></tr>
<tr><td colspan="4">操作时不戴护目镜扣 1 分（戴近视镜者可不用戴护目镜）</td><td></td></tr>
<tr><td colspan="4">操作时不铺设绝缘地垫扣 1 分</td><td></td></tr>
<tr><td colspan="4">操作时不设置隔离带、高压警示牌扣 1 分</td><td></td></tr>
<tr><td colspan="4">操作时不铺设格栅布、翼子板布扣 1 分</td><td></td></tr>
<tr><td colspan="4">操作时不正确使用绝缘装卸工具扣 3 分</td><td></td></tr>
<tr><td rowspan="3">2. 相关电气仪表工具使用情况</td><td rowspan="3">6 分</td><td colspan="4">万用表挡位、接线错误扣 2 分</td><td></td></tr>
<tr><td colspan="4">绝缘测试仪、放电仪等使用错误扣 2 分</td><td></td></tr>
<tr><td colspan="4">接线插接器、背针等工具使用错误扣 2 分</td><td></td></tr>
<tr><td>3. 故障现象验证及描述</td><td>6 分</td><td colspan="4">设备螺丝松动、REDAY 灯不亮、系统故障灯亮、驱动电机故障灯亮、无续航里程、高压不供电、踩油门无反应、车辆无法行驶、解码仪与驱动电机系统无通信、驱动电机位置传感器故障、驱动电机系统数据流异常等现象
（回答出 6 项及以上得 6 分，6 项以下每少 1 项扣 1 分）</td><td></td></tr>
<tr><td rowspan="3">4. 设备拆装流程</td><td rowspan="3">20 分</td><td colspan="4">未按正确的顺序拆卸、安装设备，每错误一项扣 2 分，共 5 分，扣完为止</td><td></td></tr>
<tr><td colspan="4">拆装设备不正确，如该拆卸的部件没拆、拆了不该拆的部件，每发生一处扣 3 分，共 6 分，扣完为止</td><td></td></tr>
<tr><td colspan="4">拆装过程中发生了接触不良、放置位置不当、损坏物品等，每一项扣 3 分，共 9 分，扣完为止</td><td></td></tr>
<tr><td rowspan="4">5. 故障诊断及修复</td><td rowspan="4">54 分</td><td colspan="4">能正确识读电路图，找出需要操作或测试的设备、线束、保险丝、继电器、插接口、引脚等。共 8 分，酌情扣分，扣完为止</td><td></td></tr>
<tr><td colspan="4">按照正确工艺进行残余电压、绝缘测试、放电测试并得出结果。共 6 分，酌情扣分，扣完为止</td><td></td></tr>
<tr><td colspan="4">按照正确工艺进行相关部件的供电、搭铁、唤醒、通信线束的测试并得出正确结果。共 10 分，酌情扣分，扣完为止</td><td></td></tr>
<tr><td colspan="4">按照正确工艺进行相关部件的继电器、保险丝、供电电压等测试并得出正确结果。共 10 分，酌情扣分，扣完为止</td><td></td></tr>
</table>

续表

评分项目	配分	技术要点及扣分	扣分
5. 故障诊断及修复	54 分	能找出相关部件的插接口、对应引脚，并按照正确工艺进行测试并得出正确结果。共 10 分，酌情扣分，扣完为止	
		能针对检测结果，判断出故障原因、解除故障或给出正确修复方案。共 10 分，酌情扣分，扣完为止	
6. “5S”情况	6 分	操作完成后，要把设备、工具放回原处，摆放整齐（在考核 40 min 内，一件工具未放回原处或未摆放整齐扣 1 分，工具掉地上扣 2 分，扣完为止）	
合计	共扣分：__________ 总得分：__________		
师傅评语：			

六、知识拓展

永磁同步电机原理讲解

永磁同步电机安装视频

永磁同步电机拆解视频

项目 7　三相异步电机

<table>
<tr><td rowspan="2">任务 1
三相异步电机基础认知</td><td>姓名</td><td></td><td>组别</td><td></td></tr>
<tr><td>班级</td><td></td><td>学号</td><td></td></tr>
</table>

◎知识目标	◎技能目标	◎思政目标
1. 能够描述三相异步电机的作用。 2. 能够描述三相异步电机的特点。 3. 能够描述三相异步电机的类型	1. 能够进行高压安全防护作业和基本拆装工具作业。 2. 能够进行三相异步电机的拆卸与安装	能够通过电机拆装的细节工序，体会工匠精神，培养敬业精神

一、任务导入

特斯拉电动汽车使用的是一款交流异步电机，最近该电机出现了故障，需要你去对电机进行检查。请你总结一下交流异步电机的结构及其控制技术。

（一）请根据客户描述填写信息单

表 7-1-1　信息单

<table>
<tr><td>客户姓名</td><td></td><td>车牌号</td><td></td><td>车型</td><td></td><td>车辆颜色</td><td></td></tr>
<tr><td>客户电话</td><td></td><td>行驶里程</td><td></td><td>VIN 号</td><td colspan="3"></td></tr>
<tr><td colspan="8">维修项目</td></tr>
<tr><td colspan="8">□______km 常规保养　　□一般维修　　□事故车　　□大修　　□其他</td></tr>
<tr><td colspan="8">车况记录：</td></tr>
<tr><td colspan="8"></td></tr>
<tr><td colspan="8"></td></tr>
<tr><td colspan="8"></td></tr>
<tr><td colspan="8"></td></tr>
<tr><td colspan="8"></td></tr>
</table>

（二）高压安全防护及基本检查

（1）穿戴防护用具，铺设绝缘垫，设置隔离带等安全设备。

（2）对车辆基本检查，开启驻车制动，关闭启动开关。

（3）醒目位置粘贴高压警示牌，贵重物品检查。

表 7-1-2　基本检查

<table>
<tr><td colspan="4">设备工具</td></tr>
<tr><td></td><td></td><td></td><td></td></tr>
<tr><td>□清点正常</td><td>□清点正常</td><td>□清点正常</td><td>□清点正常</td></tr>
<tr><td colspan="4">设备工具</td></tr>
<tr><td></td><td>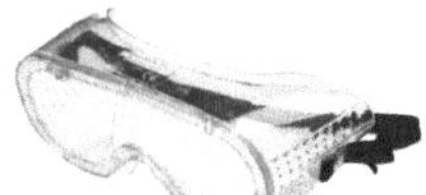</td><td></td><td></td></tr>
<tr><td>□清点正常</td><td>□清点正常</td><td>□清点正常</td><td>□清点正常</td></tr>
<tr><td colspan="4">设备工具</td></tr>
<tr><td></td><td>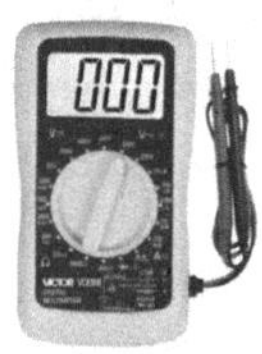</td><td></td><td>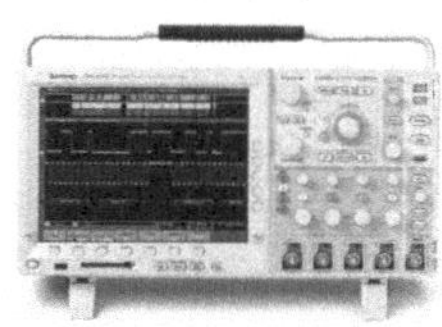</td></tr>
<tr><td>□清点正常</td><td>□清点正常</td><td>□清点正常</td><td>□清点正常</td></tr>
<tr><td colspan="4">车辆检查</td></tr>
<tr><td rowspan="6">外观检查：破损处用“○”标出
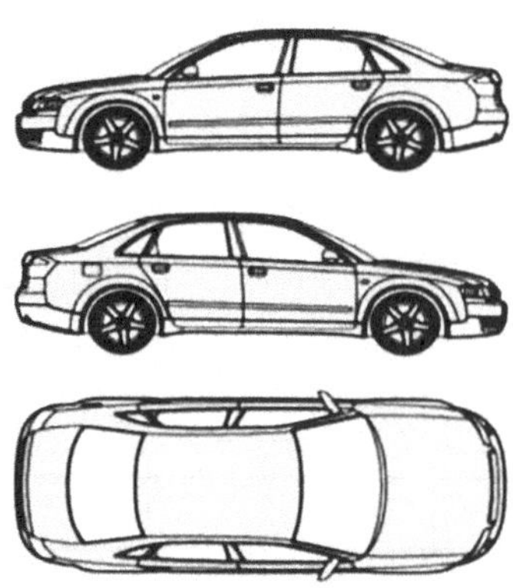</td><td rowspan="2">车内检查</td><td>收音机 □</td><td>空调 □</td></tr>
<tr><td>内饰 □</td><td>中控 □</td></tr>
<tr><td rowspan="2">整车检查</td><td>轮胎 □</td><td>灯光 □</td></tr>
<tr><td>底盘 □</td><td>刹车 □</td></tr>
<tr><td>贵重物品</td><td colspan="2"></td></tr>
<tr><td>油量记录</td><td colspan="2">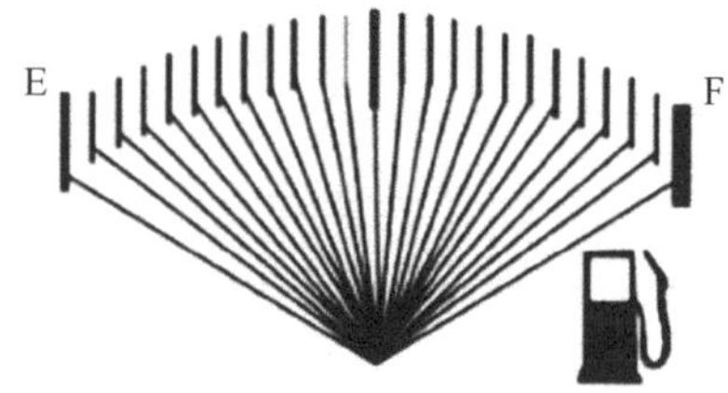</td></tr>
</table>

二、获取信息

(一) 引导问题：三相异步电机的基本结构由什么组成？

三相异步电机是由定子和转子两大基本部分组成，在定子和转子之间具有一定的气隙。此外，还有端盖、轴承、风扇、风扇罩、接线盒、吊环等其他附件。

1. 定子部分

定子部分是用来产生旋转磁场的，三相交流异步感应电动机定子由定子铁心、定子绕组等部分组成。

2. 定子铁心

交流异步感应电动机定子铁心是电动机磁路的一部分。定子铁心如图 7-1-1 所示。

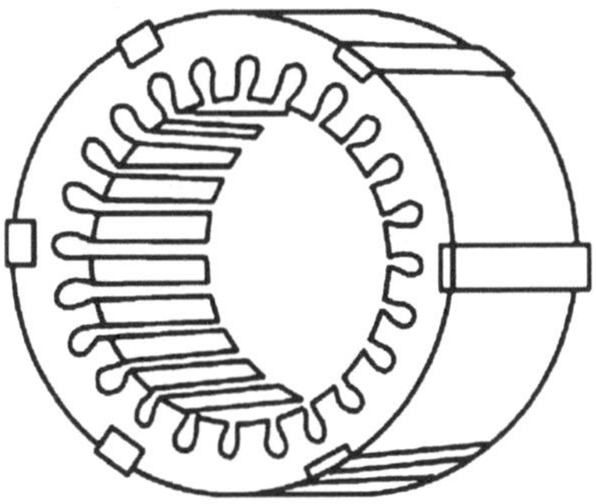

图 7-1-1　定子铁心

3. 定子绕组

定子绕组是三相电动机的电路部分，三相电动机有三相绕组，通入三相对称交流电流时，就会产生旋转磁场。

4. 转子部分

异步电动机的转子分为绕线式和鼠笼式两种，因此称为绕线式异步感应电动机与鼠笼式异步电动机。三相异步电机结构如图 7-1-2 所示。

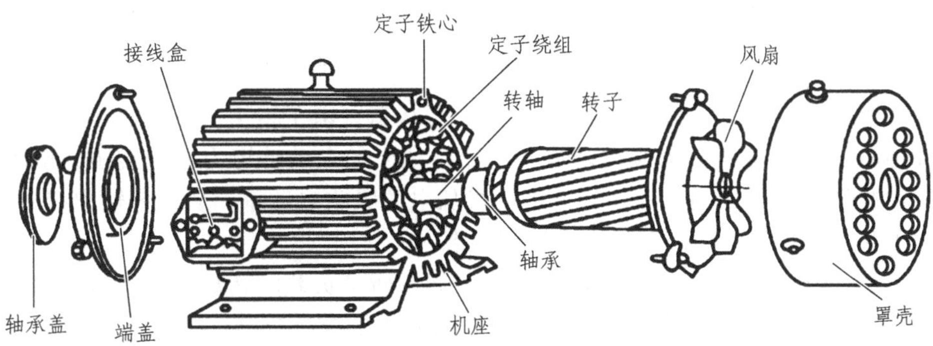

图 7-1-2　三相异步电机的结构

（二）引导问题：三相异步电机的工作原理是什么？

在交流异步电机中，定子绕组流过依次相差 120°相位角的三相交流电时，产生旋转磁场。该旋转磁场在转子绕组中产生感应电动势，因为绕组是闭合回路，所以产生感应电流，有电流的绕组导体在旋转磁场中产生电磁力，对转轴形成电磁转矩带动转轴转动。图 7-1-3 所示为交流异步电机的工作原理。

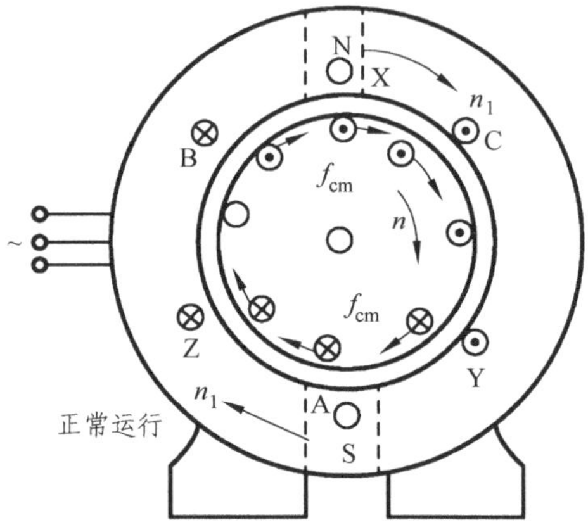

图 7-1-3　交流异步电机的工作原理

由交流异步电机的工作原理可知，交流异步电机稳定运行时，转子转速 n 不能等于旋转磁场的同步转速 n_1，其转差转速 $\Delta n = n_1 - n$，转差转速 Δn 与同步转速之比为交流异步电机的转差率，用 s 表示。

$$s = \frac{\Delta n}{n_1} = (n_1 - n) / n_1 (8-2)$$

转差率是交流异步电机的一个重要参数，正常运行时感应电机转子转速接近于同步转速 n_1，转差率一般为 0.01 ~ 0.05。

三相异步电机可以有三相运行状态，它与转差率 s 或转速 n 之间的关系如图 7-1-4 所示。

图 7-1-4　转差率与异步电动机的三种运行状态

（1）当 $0<n<n_0$ 或 $0<s<1$，为电动机运行状态。由于转子与旋转磁场存在差速，转子导体就能切割磁场而感应电动势及电流，产生的电动转矩为驱动转矩，电动机即能克服负载转矩与磁场同方向旋转。电动机从电源吸收电功率，从轴上输出机械功率。

（2）当 $n>n_0$ 或 $s<0$，为发电机运行状态。

（3）当 $n<0$ 或 $s>1$，为电磁制动状态。如果所带负载的转矩很大，电动机不仅不能带动负载，反而会在负载转矩的作用下朝着相反的方向旋转。此时电动机一方面从电网吸收电功率，另一方面又从轴上吸收机械功率，两部分功率变为电动机内部的损耗，异步电动机运行于电磁制动状态，也称为“反接制动”状态。

（三）引导问题：三相异步电机的工作特性是什么？

三相异步电机的工作特性是当定子的电压、频率为额定值时，电动机转速n、定子电流I_1、功率因数$\cos\varphi$，电机输出转矩T_L，效率η与输出功率P_2的关系曲线，如图7-1-5所示。

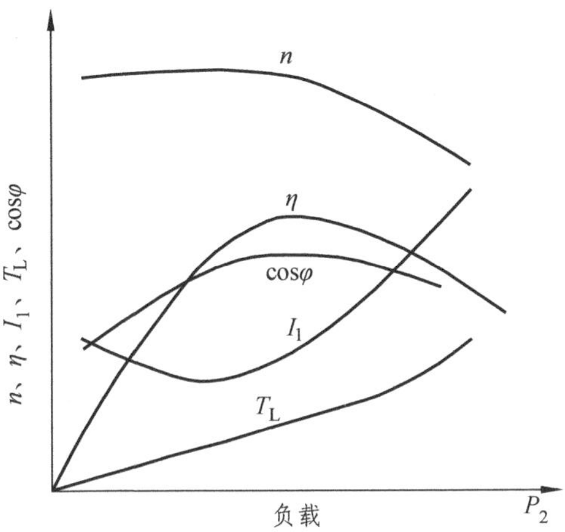

图 7-1-5　三相异步电机的工作特性

1. 电动机转速特性$n=P_2$

电动机空载时，转速n接近同步转速n_0，随着负载增加，n略有降低，这时转子电动势增大，转子电流增大，电机输出转矩增加。随着P_2的增加n将下降，转速显示“硬”特性。

2. 电动机输出转矩特性$T_L=P_2$

空载时，$P_2=0$，$T_L=T_0$，随着P_2增加，$T_L=\dfrac{9.55P_2}{n}$中n基本保持不变，T_L与P_2正相关，T_L为过坐标原点的一条直线，当P_2增加到一定程度时，曲线略向上偏。

3. 定子电源特性

定子电源特性$I_1=P_2$。当$P_2=0$时定子电流I_1等于励磁电流I_f。随着负载的增加，转子电流增加。

4. 功率因数特性

功率因素特性$\cos\varphi=P_2$。$P_2=0$时，$\cos\varphi$很低，当负载增加，功率因数提高，接近额定值时，功率因数达到最高值，超过额定负载时，n下降，$\cos\varphi$下降。

5. 效率特性

效率特性$\eta=P_2$。根据$\eta=P_2/P_1$，$P_2=0$，$\eta=0$。P_2增加，η提高，当P_2增加到某一临界值时，η又下降。这是因为铜损与电流有关，与电流平方成正比。

三、任务实施

表 7-1-3 任务实施

<table>
<tr><td colspan="2">1. 实施要求</td></tr>
<tr><td colspan="2">本操作任务主要完成对纯电动汽车的三相异步电机的拆卸与安装。
（1）纯电动汽车三相异步电机拆卸和安装。
（2）请在拆装操作时，对表格中操作流程的相关数据进行记录。</td></tr>
<tr><td colspan="2">2. 实施准备</td></tr>
<tr><td colspan="2">（1）防护装备：工作服、绝缘鞋、护目镜、绝缘帽、绝缘手套。
（2）北汽新能源纯电动汽车 1 辆、台架、部件总成。
（3）拆装专用工具、设备。
（4）手工工具：新能源汽车维修组合工具。
（5）辅助材料：高压电维修警示牌、绝缘地垫、干粉灭火器、清洁剂。</td></tr>
<tr><td colspan="2">3. 实施步骤</td></tr>
<tr><td>（1）电机拆卸前的准备。
① 准备好拆卸工具，特别是拆卸对轮的___、___等专用工具。
② 布置检修现场。
③ 了解待拆电机的结构及故障情况。
④ 拆卸时做好________。
a. 标出电源线在接线盒中的_____。
b. 标出机座在基础上的位置，整理并记录好机座垫片。
c. 拆卸_____、_____、_____时，记录好哪些属于负荷端，哪些属于_____。
⑤ 拆除电源线和保护接地线，测定并记录绕组对地_____。
⑥ 把电动机拆离基础，运至检修现场。</td><td>
图 7-1-6　工具箱</td></tr>
<tr><td>（2）三相异步电机的拆卸步骤。
① 对轮的拆卸。
对轮常采用专用工具_____进行拆卸。拆卸前对轮正、反面，记下在轴上的位置，作为安装时的依据。拆掉对轮上_____和_____后，用_____钩住对轮边缘，搬动丝杠，如图 7-1-7 所示。若拆卸困难，可用木锤敲击对轮外圆和丝杠顶端。若仍然拉不出来，可将对轮外表快速加热（温度控制在 200 °C 以下），在对轮受热膨胀而轴承尚未熟透时，将对轮拉出来。注意：切记硬拉或用铁锤敲打。</td><td>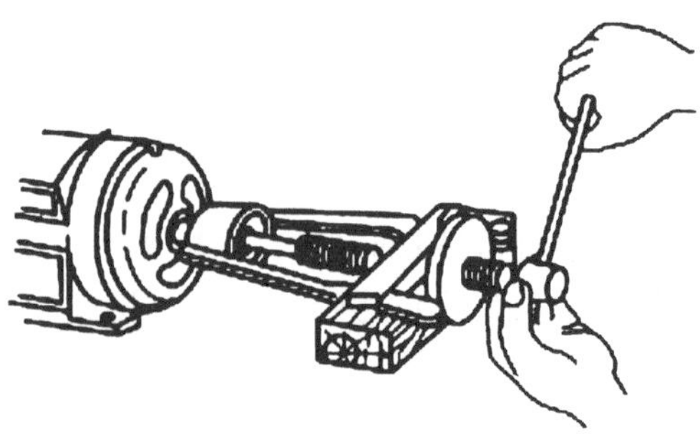
图 7-1-7　对轮的拆卸</td></tr>
</table>

续表

② 端盖的拆卸。 拆卸端盖前应先检查____是否齐全，___是否有损伤，并在端盖与基座接合处做好对正记号，接着拧下前、后轴承盖螺钉，取下轴承外盖。再卸下前、后端盖紧固螺钉，如图 7-1-8 所示。 ③ 抽出转子。 在抽出转子前，应在转子下面___和___端部垫上厚纸板，以免抽出转子时碰伤铁心和绕组。对于 30 kg 以内的转子，可直接用手抽出。对于较大的电机，可使用一端安装假轴，另一端使用吊车起吊的方法，应注意保护轴伸、定子绕组和转子铁心风道。 ④ 轴承拆卸。 常用的方法有两种，第一种是用____直接拆卸，可以按拆卸对轮的方法进行拆卸，如图 7-1-9 所示。 第二种方法是_____，使用气焊直接加热轴承内套。操作过程中应使用石棉板将轴承与电机定子绕组隔开，防止着火烧伤线圈；还要注意必须先将轴承内润滑脂清理干净，防止着火。 ⑤ 测量： a. 轴承室内径测量。 b. 轴承室外径测量。	 图 7-1-8　端盖的拆卸 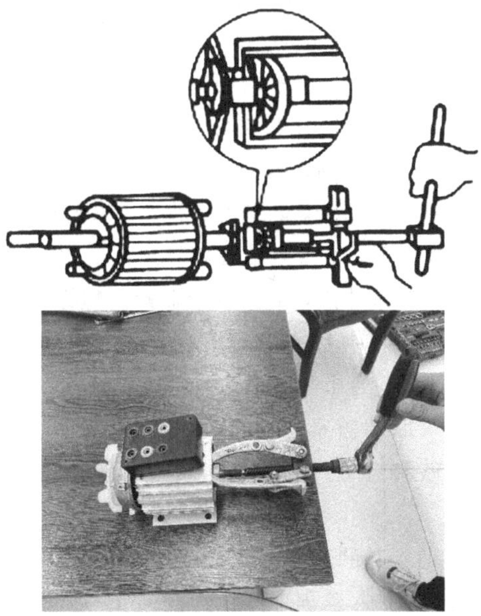 图 7-1-9　轴承拆卸
(3) 三相异步电机的装配步骤。 ① 轴承安装前工作： a. 装配应先检查___________是否转动灵活，转动时和有无异响、表面有无锈迹。 b. 应将轴承内防锈油________，并防止有异物遗留在轴承内。	

续表

<table>
<tr>
<td>
② 轴承的安装：
a. 轴伸在 50 mm 以下的轴承可以使用直接安装的方法，如使用铜棒敲击轴承内套将轴承砸入，或使用专用的安装工具，如图 7-1-10 所示。
b. 轴伸在______以上的轴承可以使用加热法，包括专业的轴承加热器或电烤箱等，但温度必须控制在 100 °C 以下，防止轴承过火。
c. 轴承安装完毕后必须检查是否安装到位，且不能立即转动___，防止将滚珠磨坏。
③ 后端盖的装配：
a. 按拆卸前所做的记号，转轴___的一端是后端。后端盖的凸耳外沿有固定风叶外罩的螺钉孔。装配时将转子竖直位置，将后端盖轴承座孔对准轴承外圈套，然后一边使端盖沿轴转动，一边用木榔头敲打端盖的中央部分。如果用铁锤，被敲打面必须垫上木板，直到端盖到位为止，然后套上后轴承外盖，旋紧轴承盖紧固螺钉。
b. 按拆卸所做的标记，将转子放入定子内腔中，合上后端盖。按对角交替的顺序拧紧后端盖紧固螺钉。注意________在端盖靠近中央部分均匀敲打，直至到位。
④ 前端盖的装配。
将前轴内盖与前轴承按规定加好______，参照后端盖的装配方法将前端盖装配到位。装配时先用螺钉旋具清除和________上的杂物，然后装入端盖，按对角顺序上紧螺栓，具体步骤如图 7-1-11 所示。
</td>
<td>
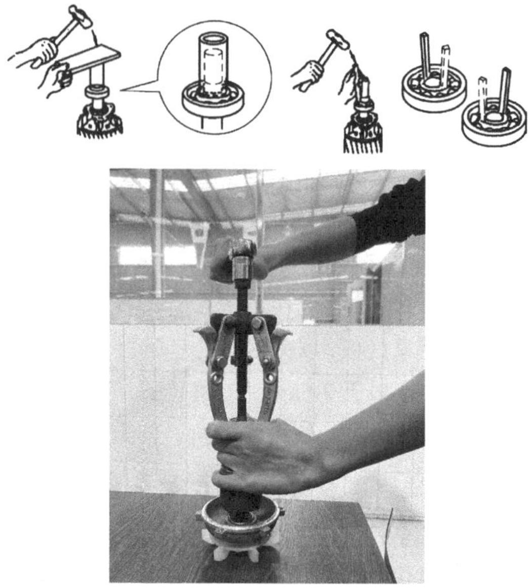
图 7-1-10　轴承的安装
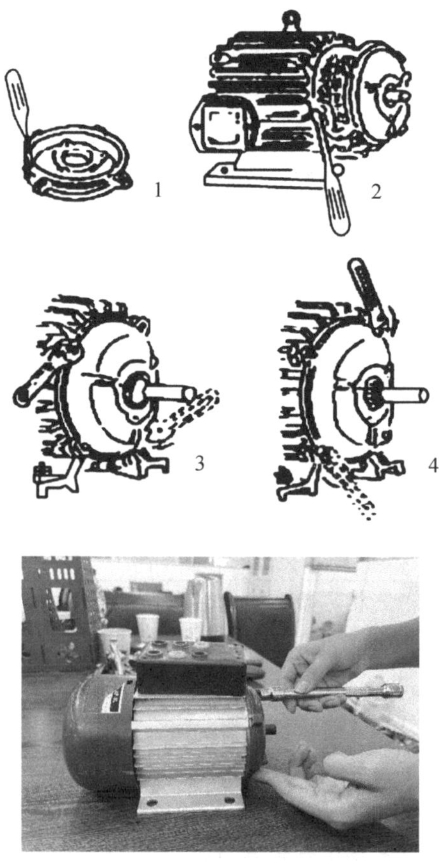
图 7-1-11　前端盖的装配
</td>
</tr>
</table>

续表

<table>
<tr><td colspan="6">4. 整理</td></tr>
<tr><td colspan="6">（1）妥善取回实训工具，放回原处，进行“5S”整理。
（2）撤去高压警示装置、翼子板布，盖上引擎盖。</td></tr>
<tr><td colspan="6">5. 质量检验及维修说明</td></tr>
<tr><td colspan="6">质量检验表</td></tr>
<tr><td colspan="6">交车时间：______年_____月_____日_____时_____分</td></tr>
<tr><td>序号</td><td>质检项目</td><td>参考标准</td><td>自检</td><td>互检</td><td>终检</td></tr>
<tr><td>1</td><td>线束插头</td><td>连接牢固可靠</td><td></td><td></td><td></td></tr>
<tr><td>2</td><td>螺栓扭力</td><td>标准力矩</td><td></td><td></td><td></td></tr>
<tr><td>3</td><td>故障码</td><td>无</td><td></td><td></td><td></td></tr>
<tr><td>4</td><td>数据流</td><td>正常</td><td></td><td></td><td></td></tr>
<tr><td>5</td><td>工具设备整理</td><td>归位摆放</td><td></td><td></td><td></td></tr>
<tr><td>6</td><td>场地清洁</td><td>清理整洁</td><td></td><td></td><td></td></tr>
<tr><td colspan="6">6.总结与反思</td></tr>
<tr><td colspan="6">（如学习过程中遇到什么问题，如何解决的或解决不了的原因，通过实训的收获等）</td></tr>
</table>

四、思政沙龙

各小组同学进行讨论后，选一名代表上台发言。

主题：与国产新能源汽车采用的永磁电机不同，美国特斯拉汽车采用的是三相异步电机。请收集资料，分析为什么国产新能源汽车和特斯拉汽车采用不同的电机，了解其中的技术区别和我国相关产业能力，分析国内外异同，谈一谈自己的感想。

五、任务考核

（一）知识检验

表 7-1-4　知识检验

<table>
<tr><td colspan="6">项目 7　三相异步电机</td></tr>
<tr><td colspan="2" rowspan="2">任务 1
三相异步电机基础认知</td><td>姓名</td><td></td><td>组别</td><td></td></tr>
<tr><td>班级</td><td></td><td>学号</td><td></td></tr>
<tr><td colspan="2">目标</td><td colspan="3">考核题目</td><td>得分</td></tr>
<tr><td rowspan="4">知识目标</td><td>1</td><td colspan="3">（1）（单选）三相异步电机主要由定子和转子两部分构成，固定不动的部分称为（　　）。
A. 转子　B. 定子
（2）（单选）定子与转子之间留有 0.2～（　　）mm 的气隙。
A. 3　B. 2　C. 4　D. 1
（3）（单选）电动汽车使用的驱动电机属于中小型电机，其机座一般用（　　）制成。
A. 钢　B. 铝合金　C. 铸铁　D. 铁
（4）（单选）轴承的作用是支撑转子，传递和输出转矩，保证转子和定子之间有均匀的（　　）。
A. 气隙　B. 间隙　C. 电磁力　D. 电场
（5）（单选）为了减小磁滞和涡流损耗，通常采用 0.35～0.5 mm 厚的（　　）片叠制而成，其内圆表面冲有槽，用于嵌放三相定子绕组。
A. 硅钢　B. 钢　C. 铁　D. 铝</td><td></td></tr>
<tr><td rowspan="3">2</td><td colspan="3">（1）（判断）电动机是根据电磁感应原理，把机械能转换成电能，输出电能的原动机。（　　）</td><td rowspan="3"></td></tr>
<tr><td colspan="3">（2）（判断）三相异步电机定子的作用是产生旋转磁场。（　　）</td></tr>
<tr><td colspan="3">（3）（判断）想改变三相异步电动机的旋转方向，只要改变进入定子绕组三相电流的相序即可。（　　）</td></tr>
<tr><td colspan="2" rowspan="2">技能目标</td><td colspan="3">（1）转子分为鼠笼式和（　　）两种，主要有转子铁心、转子绕组和转轴三个部分构成。
A. 绕线式　B. 球笼式　C. 多连杆式　D. 龙门式</td><td></td></tr>
<tr><td colspan="3">（2）绕线式转子绕组与定子绕组相似，由相互绝缘的导线绕制而成的（　　）对称绕组，采用星形连接。
A. 二相　B. 六相　C. 三相　D. 四相</td><td></td></tr>
</table>

续表

目标	考核题目	得分
技能目标	（3）计算题： ① 某三相异步电机，定子电压的频率 $f_1=50\text{ Hz}$，极对数 $p=1$，转差率 $s=0.015$。求同步转速 n_0，转子转速 n 和转子电流频率 f_2。 ② 某三相异步电机，$p=1$，$f_1=50\text{ Hz}$，$s=0.02$，$P_2=30\text{ kW}$，$T_0=0.51\text{ N}\cdot\text{m}$。求 n_0，n，输出转矩以及电磁转矩。	
总分：　　　分		

（二）学生互评

表 7-1-5　学生互评

<table>
<tr><td colspan="12">项目 7　三相异步电机</td></tr>
<tr><td colspan="3" rowspan="2">任务 1
三相异步电机基础认知</td><td colspan="2">姓名</td><td colspan="2"></td><td>组别</td><td colspan="4"></td></tr>
<tr><td colspan="2">班级</td><td colspan="2"></td><td>学号</td><td colspan="4"></td></tr>
<tr><td rowspan="2">评价项目</td><td rowspan="2">分值</td><td colspan="4" rowspan="2">等级</td><td colspan="6">评价对象（组别）</td></tr>
<tr><td>1</td><td>2</td><td>3</td><td>4</td><td>5</td><td>6</td></tr>
<tr><td rowspan="2">方案合理</td><td rowspan="2">20</td><td>优</td><td>良</td><td>中</td><td>差</td><td rowspan="2"></td><td rowspan="2"></td><td rowspan="2"></td><td rowspan="2"></td><td rowspan="2"></td><td rowspan="2"></td></tr>
<tr><td>20</td><td>18</td><td>16</td><td>15</td></tr>
<tr><td rowspan="2">团队合作</td><td rowspan="2">10</td><td>优</td><td>良</td><td>中</td><td>差</td><td rowspan="2"></td><td rowspan="2"></td><td rowspan="2"></td><td rowspan="2"></td><td rowspan="2"></td><td rowspan="2"></td></tr>
<tr><td>10</td><td>8</td><td>7</td><td>5</td></tr>
<tr><td rowspan="2">组织有序</td><td rowspan="2">10</td><td>优</td><td>良</td><td>中</td><td>差</td><td rowspan="2"></td><td rowspan="2"></td><td rowspan="2"></td><td rowspan="2"></td><td rowspan="2"></td><td rowspan="2"></td></tr>
<tr><td>10</td><td>8</td><td>7</td><td>5</td></tr>
<tr><td rowspan="2">工作质量</td><td rowspan="2">20</td><td>优</td><td>良</td><td>中</td><td>差</td><td rowspan="2"></td><td rowspan="2"></td><td rowspan="2"></td><td rowspan="2"></td><td rowspan="2"></td><td rowspan="2"></td></tr>
<tr><td>20</td><td>18</td><td>16</td><td>15</td></tr>
<tr><td rowspan="2">工作效率</td><td rowspan="2">10</td><td>优</td><td>良</td><td>中</td><td>差</td><td rowspan="2"></td><td rowspan="2"></td><td rowspan="2"></td><td rowspan="2"></td><td rowspan="2"></td><td rowspan="2"></td></tr>
<tr><td>10</td><td>8</td><td>7</td><td>5</td></tr>
<tr><td rowspan="2">工序完整</td><td rowspan="2">10</td><td>优</td><td>良</td><td>中</td><td>差</td><td rowspan="2"></td><td rowspan="2"></td><td rowspan="2"></td><td rowspan="2"></td><td rowspan="2"></td><td rowspan="2"></td></tr>
<tr><td>10</td><td>8</td><td>7</td><td>5</td></tr>
<tr><td rowspan="2">作业规范</td><td rowspan="2">10</td><td>优</td><td>良</td><td>中</td><td>差</td><td rowspan="2"></td><td rowspan="2"></td><td rowspan="2"></td><td rowspan="2"></td><td rowspan="2"></td><td rowspan="2"></td></tr>
<tr><td>10</td><td>8</td><td>7</td><td>5</td></tr>
<tr><td rowspan="2">汇报展示</td><td rowspan="2">10</td><td>优</td><td>良</td><td>中</td><td>差</td><td rowspan="2"></td><td rowspan="2"></td><td rowspan="2"></td><td rowspan="2"></td><td rowspan="2"></td><td rowspan="2"></td></tr>
<tr><td>10</td><td>8</td><td>7</td><td>5</td></tr>
<tr><td>合计</td><td>100</td><td colspan="4">各组得分</td><td></td><td></td><td></td><td></td><td></td><td></td></tr>
</table>

（三）师傅评价

表 7-1-6　师傅评价

<table>
<tr><td colspan="6">项目 7　三相异步电机</td></tr>
<tr><td colspan="2" rowspan="2">任务 1
三相异步电机基础认知</td><td>姓名</td><td></td><td>组别</td><td></td></tr>
<tr><td>班级</td><td></td><td>学号</td><td></td></tr>
<tr><th>评分项目</th><th>配分</th><th colspan="3">技术要点及扣分</th><th>扣分</th></tr>
<tr><td rowspan="6">1. 安全防护用品使用情况</td><td rowspan="6">8 分</td><td colspan="3">操作时不戴绝缘手套扣 1 分</td><td></td></tr>
<tr><td colspan="3">操作时不戴护目镜扣 1 分（戴近视镜者可不用戴护目镜）</td><td></td></tr>
<tr><td colspan="3">操作时不铺设绝缘地垫扣 1 分</td><td></td></tr>
<tr><td colspan="3">操作时不设置隔离带、高压警示牌扣 1 分</td><td></td></tr>
<tr><td colspan="3">操作时不铺设格栅布、翼子板布扣 1 分</td><td></td></tr>
<tr><td colspan="3">操作时不正确使用绝缘装卸工具扣 3 分</td><td></td></tr>
<tr><td rowspan="3">2. 相关电气仪表工具使用情况</td><td rowspan="3">6 分</td><td colspan="3">万用表挡位、接线错误扣 2 分</td><td></td></tr>
<tr><td colspan="3">绝缘测试仪、放电仪等使用错误扣 2 分</td><td></td></tr>
<tr><td colspan="3">接线插接器、背针等工具使用错误扣 2 分</td><td></td></tr>
<tr><td>3. 故障现象验证及描述</td><td>6 分</td><td colspan="3">设备螺丝松动、REDAY 灯不亮、系统故障灯亮、驱动电机故障灯亮、无续航里程、高压不供电、踩油门无反应、车辆无法行驶、解码仪与驱动电机系统无通信、驱动电机位置传感器故障、驱动电机系统数据流异常等现象
（回答出 6 项及以上得 6 分，6 项以下每少 1 项扣 1 分）</td><td></td></tr>
<tr><td rowspan="3">4. 设备拆装流程</td><td rowspan="3">20 分</td><td colspan="3">未按正确的顺序拆卸、安装设备，每错误一项扣 2 分，共 5 分，扣完为止</td><td></td></tr>
<tr><td colspan="3">拆装设备不正确，如该拆卸的部件没拆、拆了不该拆的部件，每发生一处扣 3 分，共 6 分，扣完为止</td><td></td></tr>
<tr><td colspan="3">拆装过程中发生了接触不良、放置位置不当、不当损坏物品等，每一项扣 3 分，共 9 分，扣完为止</td><td></td></tr>
<tr><td rowspan="4">5. 故障诊断及修复</td><td rowspan="4">54 分</td><td colspan="3">能正确识读电路图，找出需要操作或测试的设备、线束、保险丝、继电器、插接口、引脚等。共 8 分，酌情扣分，扣完为止</td><td></td></tr>
<tr><td colspan="3">按照正确工艺进行残余电压、绝缘测试、放电测试并得出结果。共 6 分，酌情扣分，扣完为止</td><td></td></tr>
<tr><td colspan="3">按照正确工艺进行相关部件的供电、搭铁、唤醒、通信线束的测试并得出正确结果。共 10 分，酌情扣分，扣完为止</td><td></td></tr>
<tr><td colspan="3">按照正确工艺进行相关部件的继电器、保险丝、供电电压等测试并得出正确结果。共 10 分，酌情扣分，扣完为止</td><td></td></tr>
</table>

续表

评分项目	配分	技术要点及扣分	扣分
5. 故障诊断及修复	54 分	能找出相关部件的插接口、对应引脚，并按照正确工艺进行测试并得出正确结果。共 10 分，酌情扣分，扣完为止	
		能针对检测结果，判断出故障原因、解除故障或给出正确修复方案。共 10 分，酌情扣分，扣完为止	
6. “5S”情况	6 分	操作完成后，要把设备、工具放回原处，摆放整齐（在考核 40 min 内，一件工具未放回原处或未摆放整齐扣 1 分，工具掉地上扣 2 分，扣完为止）	
合计	共扣分：________ 总得分：________		
师傅评语：			

项目 7　三相异步电机

<table>
<tr><td rowspan="2">任务 2
三相异步电机拆装及检修</td><td>姓名</td><td></td><td>组别</td><td></td></tr>
<tr><td>班级</td><td></td><td>学号</td><td></td></tr>
</table>

◎知识目标	◎技能目标	◎思政目标
1. 能够描述三相异步电机的拆卸与安装步骤。 2. 能够描述三相异步电机的故障	1. 能够进行高压安全防护作业和基本拆装工具作业。 2. 能够进行三相异步电机的拆卸与安装。 3. 能够进行三相异步电机故障分析	能够通过电机拆装的细节工序，体会工匠精神，培养敬业精神

一、任务导入

特斯拉电动汽车使用的是一款交流异步电机，最近该电机出现了故障，需要你去对电机进行检查。请你总结一下交流异步电机的拆装步骤及故障检修方法。

（一）请根据客户描述填写信息单

表 7-2-1　信息单

<table>
<tr><td>客户姓名</td><td></td><td>车牌号</td><td></td><td>车型</td><td></td><td>车辆颜色</td><td></td></tr>
<tr><td>客户电话</td><td></td><td>行驶里程</td><td></td><td>VIN 号</td><td colspan="3"></td></tr>
<tr><td colspan="8">维修项目</td></tr>
<tr><td colspan="8">□______km 常规保养　□一般维修　□事故车　□大修　□其他</td></tr>
<tr><td colspan="8">车况记录：</td></tr>
<tr><td colspan="8"></td></tr>
<tr><td colspan="8"></td></tr>
<tr><td colspan="8"></td></tr>
<tr><td colspan="8"></td></tr>
<tr><td colspan="8"></td></tr>
<tr><td colspan="8"></td></tr>
</table>

（二）高压安全防护及基本检查

（1）穿戴防护用具，铺设绝缘垫，设置隔离带等安全设备。

（2）对车辆基本检查，开启驻车制动，关闭启动开关。

（3）醒目位置粘贴高压警示牌，贵重物品检查。

表 7-2-2　基本检查

<table>
<tr><th colspan="4">设备工具</th></tr>
<tr><td></td><td>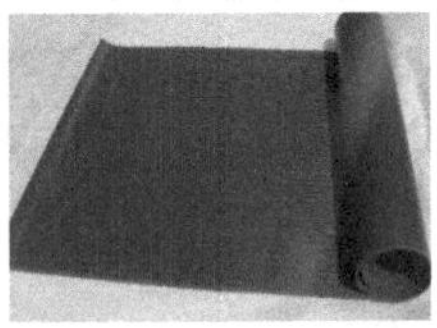</td><td>
</td><td>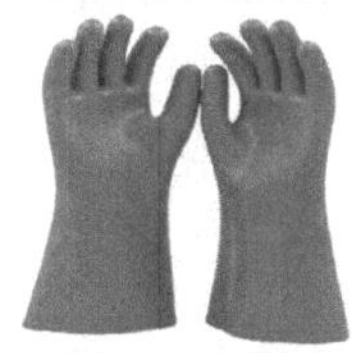</td></tr>
<tr><td>□清点正常</td><td>□清点正常</td><td>□清点正常</td><td>□清点正常</td></tr>
<tr><th colspan="4">设备工具</th></tr>
<tr><td>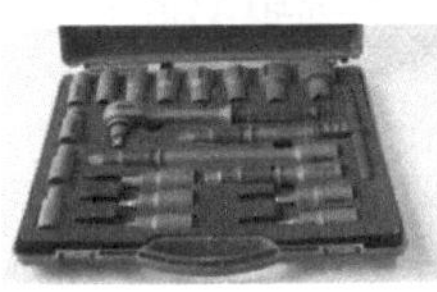</td><td>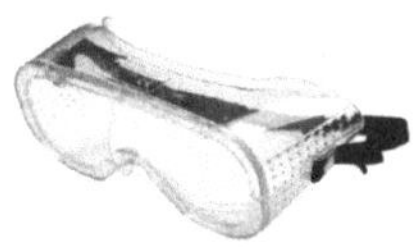</td><td></td><td></td></tr>
<tr><td>□清点正常</td><td>□清点正常</td><td>□清点正常</td><td>□清点正常</td></tr>
<tr><th colspan="4">设备工具</th></tr>
<tr><td></td><td>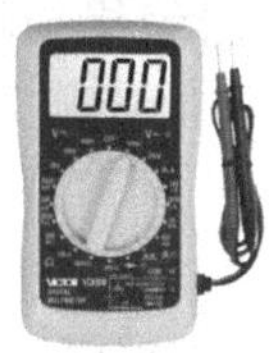</td><td></td><td>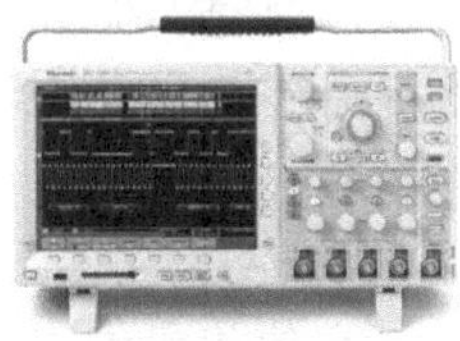</td></tr>
<tr><td>□清点正常</td><td>□清点正常</td><td>□清点正常</td><td>□清点正常</td></tr>
</table>

<table>
<tr><th colspan="4">车辆检查</th></tr>
<tr><td rowspan="7">外观检查：破损处用“○”标出
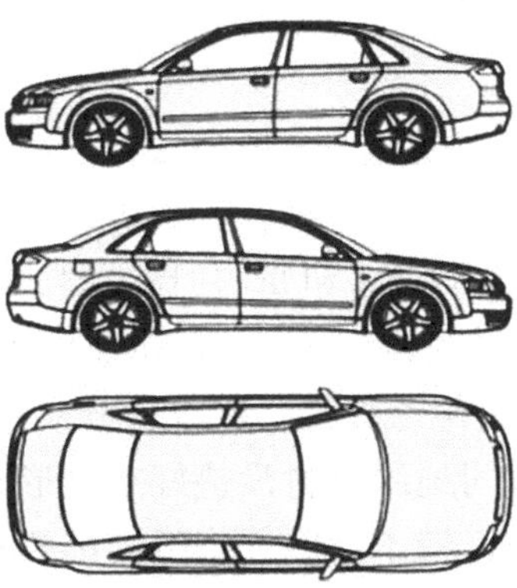</td><td rowspan="2">车内检查</td><td>收音机 □</td><td>空调 □</td></tr>
<tr><td>内饰 □</td><td>中控 □</td></tr>
<tr><td rowspan="2">整车检查</td><td>轮胎 □</td><td>灯光 □</td></tr>
<tr><td>底盘 □</td><td>刹车 □</td></tr>
<tr><td>贵重物品</td><td colspan="2"></td></tr>
<tr><td>油量记录</td><td colspan="2">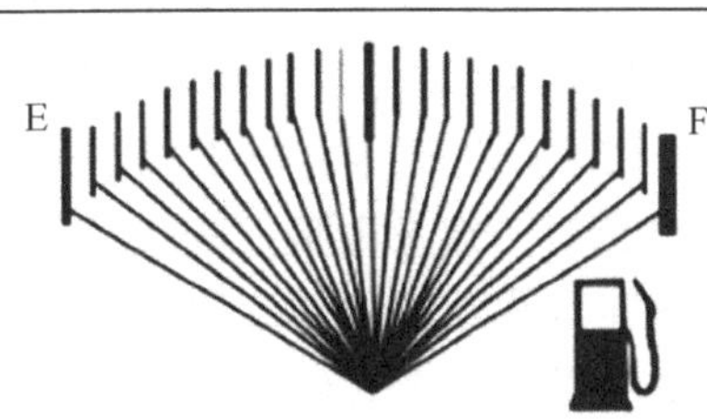
</td></tr>
</table>

二、获取信息

（一）引导问题：电机大修时有哪些检查项目？

（1）检查电机各部件有无机械损伤，若有则应做相应修复。

（2）解体电机，将所有油泥、污垢清理干净。

（3）检查定子绕组表面是否变色，漆皮是否裂纹，绑线垫块是否松动。

（4）检查定子、转子铁心有无磨损和变形，通风道有无异物，槽楔有无松动或损坏。

（5）检查转子端环、风扇有无变形、松动裂纹。

（6）使用外径千分尺和内径千分尺分别测量轴承室、轴颈，对比文件包内标准是否合格。

（二）引导问题：三相异步电机绕组有哪些故障以及处理办法？

绕组是电机的组成部分，老化、受潮、受热、受侵蚀、异物侵入、外力的冲击都会对绕组造成伤害；电机过载、欠电压、过电压或缺相运行也能引起绕组故障。

绕组故障一般分为绕组接地、短路、开路、接线错误。

1. 绕组接地

绕组接地是指绕组与铁心或与机壳绝缘破坏而造成的接地。

（1）故障现象：机壳带电、控制线路失控、绕组短路发热，致使电机无法正常运行。

（2）产生原因：绕组受潮使绝缘电阻下降；电机长期过载运行；有害气体腐蚀；金属异物侵入绕组内部损坏绝缘；重绕定子绕组时绝缘损坏碰铁心；绕组端部碰端盖机座；定子、转子摩擦引起绝缘灼伤；引出线绝缘损坏与壳体相碰；过电压（如雷击）使绝缘击穿。

（3）处理方法：

① 绕组受潮引起接地的应先进行烘干，当冷却到 60 ~ 70 °C 时，涂上绝缘漆后再烘干。

② 绕组端部绝缘损坏时，在接地处重新进行绝缘处理，涂漆，再烘干。

③ 绕组接地点在槽内时，应重绕绕组或更换部分绕组元件。

④ 最后应用绝缘电阻表进行测量，满足技术要求即可。

2. 绕组短路

绕组短路通常由于电动机电流过大、电源电压变动过大、单相运行、机械碰伤、制造不良等造成绝缘损坏所致，分绕组匝间短路、绕组极间短路和绕组相间短路。

（1）故障现象：磁场分布不均，三相电流不平衡而使电机运行时振动和噪声加剧，严重时电机不能起动，而在短路线圈中产生很大的短路电流，导致线圈迅速发热而烧毁。

（2）产生原因：电机长期过载，使绝缘老化失去绝缘作用；嵌线时造成绝缘损坏；绕组受潮使绝缘电阻下降造成绝缘击穿；端部和层间绝缘材料没垫好或整形时损坏；端部连接线绝缘损坏；过电压或遭雷击使绝缘击穿；转子与定子绕组端部相互摩擦造成绝缘损坏；金属异物落入电机内部以及油污过多。

（3）处理方法：

全部拆除，更换新绕组。

3. 绕组开路

由于焊接不良或使用腐蚀性焊剂，焊接后又未清除干净，就可能造成虚焊或松脱；受机械应力或碰撞时线圈短路、发生接地故障也可使导线烧毁，在并绕的几根导线中有一根或几根导线短路时，另几根导线由于电流的增大而温度上升，引起绕组发热而断路。一般分为一相绕组端部断线、匝间短路、并联支路处断路、多根导线并绕中一根断路、转子断笼。

（1）故障现象：电机不能起动，三相电流不平衡，有异常噪声或振动大，温升超过允许值或冒烟。

（2）产生原因：

① 在检修和维护保养时碰断或制造质量问题。

② 绕组各元件、极（相）组和绕组与引接线等接线头焊接不良，长期运行过热脱焊。

③ 受机械力和电磁场力使绕组损伤或拉断。

④ 匝间或相间短路及接地造成绕组严重烧焦或熔断等。

（3）处理方法：

① 断路在端部时，连接好后焊牢，包上绝缘材料，套上绝缘管，绑扎好，再烘干。

② 绕组由于匝间、相间短路和接地等原因而造成绕组严重烧焦的，一般应更换新绕组。

4. 绕组接错

绕组接错造成不完整的旋转磁场，致使起动困难、三相电流不平衡、噪声大等，严重时若不及时处理会烧坏绕组。主要有下列几种情况：某极相中一只或几只线圈嵌反或头尾接错；极（相）组接反；某相绕组接反；多路并联绕组支路接错；△、Y 接法错误。

（1）故障现象：电机不能起动，空载电流过大或不平衡度过大，温升太快或有剧烈振动并有很大的噪声，烧断熔丝等。

（2）产生原因：误将△形接成 Y 形；维修保养时三相绕组有一相首尾接反；减压起动时抽头位置选择不合适或内部接线错误；新电机在嵌线时，绕组连接错误；旧电机出头判断不对。

（3）处理方法：

① 一个线圈或线圈组接反，则空载电流有较大的不平衡，应送厂返修。

② 引出线错误的应正确判断首尾后重新连接。

③ 减压起动接错的应对照接线图或原理图，认真校对重新接线。

④ 新电机嵌线或重接新绕组后接线错误的，应送厂返修。

⑤ 定子绕组一相接反时，接反的一相电流特别大，可根据这个特点查找故障并进行维修。

⑥ 把形接成△形或匝数不够，则空载电流大，应及时更正。

（三）引导问题：三相异步电机轴承异响分析

1. 保持器发出“唏哩唏哩……”声

（1）原因分析：由保持器与滚动体振动、冲撞产生，不管润滑脂种类如何都可能产生，承受力矩、负荷或径向游隙大的时候更容易产生。

（2）解决方法：

① 提高保持器精度。

② 选用游隙小的轴承或对轴承施加预负荷。

③ 降低力矩负荷，减少安装误差。

④ 选用好的油脂。

2. 连续蜂鸣声“嗡嗡……”

（1）原因分析：电机无负荷运转时发出类似蜂鸣一样的声音，且电机发生轴向异常振动，开机或关机时有“嗡嗡”声。

（2）具体特点：多发生于润滑状态不好，冬天且两端用球轴承的电机，主要是轴调心性能不好时，轴向振动影响下产生的一种不稳定的振动。

3. 漆锈引起噪声

（1）原因分析：由于电机轴承机壳油漆未干，挥发出来的化学成分腐蚀轴承的端面、外沟及沟道，使沟道被腐蚀后发生的异响。

（2）解决方法：

① 把转子、机壳晾干或烘干后装配。

② 降低电机温度。

③ 改善电机轴承放置的环境温度。

④ 用合适的油脂，脂油引起锈蚀少，硅油、矿油最易引起锈蚀。

⑤ 采用真空浸漆工艺。

4. 杂质声

（1）原因分析：由轴承或油脂的清洁度引起，发出一种不规则的异响。

（2）具体特点：声音时有时无、时大时小，没有规律，在高速电机上多发。

（3）解决方法：

① 选用好的油脂。

② 提高注脂前的清洁度。

③ 加强轴承的密封性能。

④ 提高安装环境的清洁度。

三、任务实施

表 7-2-3　任务实施

<table>
<tr><td colspan="2">1. 实施要求</td></tr>
<tr><td colspan="2">本操作任务主要完成对纯电动汽车的三相异步电机的拆卸与安装。
（1）纯电动汽车三相异步电机拆卸和安装。
（2）请在拆装操作时，对表格中操作流程的相关数据进行记录。</td></tr>
<tr><td colspan="2">2. 实施准备</td></tr>
<tr><td colspan="2">（1）防护装备：工作服、绝缘鞋、护目镜、绝缘帽、绝缘手套。
（2）北汽新能源纯电动汽车 1 辆、台架、部件总成。
（3）拆装专用工具、设备。
（4）手工工具：新能源汽车维修组合工具。
（5）辅助材料：高压电维修警示牌、绝缘地垫、干粉灭火器、清洁剂。</td></tr>
<tr><td colspan="2">3. 实施步骤</td></tr>
<tr><td>（1）三相异步电机的拆卸步骤：
① 对轮的拆卸。
② 端盖的拆卸。
③ 抽出转子。
④ 轴承拆卸。
⑤ 测量。</td><td>
图 7-2-1　三相异步电机的结构</td></tr>
<tr><td>（2）三相异步电机的故障检修。
① 绕组接地
·观察法。目测绕组端部及线槽内绝缘物，观察有无损伤和焦黑的痕迹，如有就是接地点。
·万用表检查法。用万用表低阻挡检查，读数很小，则为接地。
·绝缘电阻表法。根据不同的等级选用不同的绝缘电阻表测量每组绕组的绝缘电阻，若读数为零，则表示该相绕组接地，若电机绝缘受潮或因事故而击穿，则电阻表指针在“0”处摇摆不定。
·电流穿烧法。用一台调压变压器，接上电源后，接地点很快发热，绝缘物冒烟处即为接地点。
·分组淘汰法。对于接地点在铁心里面且烧灼比较厉害的，烧损的铜线与铁心熔在一起，采用的方法是把接地的一相绕组分成两半，以此类推，最后找出接地点。</td><td></td></tr>
</table>

续表

<table>
<tr>
<td>② 绕组短路：
· 外部观察法。观察接线盒、绕组端部有无烧焦，绕组过热后变成深褐色，并有臭味。
· 探温检查法。空载运行 20 min（发现异常时应马上停止），用手背摸绕组各部分是否超过正常温度。
· 通电试验法。用电流表测量，若某相电流过大，则说明该相有短路处。
· 电桥检查。测量各绕组直流电阻，一般相差不应超过 3%，如超过，则电阻小的一相有短路故障。
· 短路侦察器法。北侧绕组有短路，则钢片就会产生振动。
· 万用表或绝缘电阻表法。测任意两相绕组相间的绝缘电阻，若读数极小或为零，说明该两相绕组相间有短路。
· 电压降法。把三绕组串联后通入低压安全交流电，测得读数小的一组有短路故障。
· 电流法。电机空载运行，先测量三相电流，再调换两相接线测量并对比，若电流不随电源调换而改变，则较大电流的一相绕组有短路。
③ 绕组开路：
· 观察法。断点大多数发生在绕组端部，看有无碰折，接头处有无脱焊。
· 万用表法。利用电阻挡，对 Y 形接法的将一根表笔接在 Y 形的中心点上，另一根依次接在三相绕组的首端，无穷大的一相为断点；△形接法的断开连接后，分别测每组绕组，无穷大的则为断路点。
· 绝缘电阻法。阻值趋向无穷大的一相为断路点。
· 电流表法。电机在运行时，用电流表测三相电流，若三相电流不平衡又无短路现象，则电流较小的一相绕组有部分断路故障。
· 电流平衡法。对于 Y 形接法的，可将三相绕组并联后，通入低电压大电流的交流电，如果三相绕组中的电流相差大于 10% 时，电流小的一端为断路；对于△形接法的，先将定子绕组的一个接点拆开，再逐相通入低压大电流，其中电流小的一相为断路。</td>
<td>
图 7-2-2　观察法

图 7-2-3　绕组接地（万用表检查法）</td>
</tr>
</table>

续表

④ 绕组接错：

指南针法：如果绕组没有接错，则在一相绕组中，指南针经过相邻的极（相）组时，所指的极性应相反，在三相绕组中相邻的不同相的极（相）组也相反；如极性方向不变时，说明有一极（相）组反接；若指向不定，则相组内有反接的线圈。

图 7-2-4　绕组短路（万用表法）

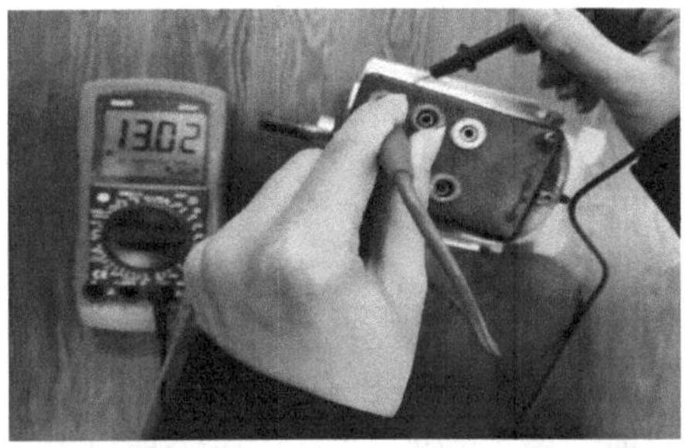

图 7-2-5　绕组开路（绝缘电阻法）

4. 整理

（1）妥善取回实训工具，放回原处，进行“5S”整理。

（2）撤去高压警示装置、翼子板布，盖上引擎盖。

5. 质量检验及维修说明

质量检验表

交车时间：______年_____月_____日_____时_____分

序号	质检项目	参考标准	自检	互检	终检
1	线束插头	连接牢固可靠			
2	螺栓扭力	标准力矩			
3	故障码	无			
4	数据流	正常			

续表

5	工具设备整理	归位摆放			
6	场地清洁	清理整洁			
6. 总结与反思					
（如学习过程中遇到什么问题，如何解决的或解决不了的原因，通过实训的收获等）					

四、思政沙龙

各小组同学进行讨论后，选一名代表上台发言。

主题：驱动电机总成拆装过程中，有没有感觉到绕组的绕线是如此精密、有规律，它们把“电”“磁”“力”巧妙地结合起来了。其实科学研究也是这样，既复杂、却又简单，初识晦涩难懂，当你懂得它之后，又会发现它是那么美妙神奇。请谈一谈自己对于科学学习的感想和态度。

五、任务考核

（一）知识检验

表 7-2-4　知识检验

项目 7　三相异步电机					
任务 2 三相异步电机拆装及检修		姓名		组别	
		班级		学号	
目标		考核题目			得分
知识目标	1	（1）（单选）对一台正在运行的三相异步电动机，突然调换定子绕组的两根进线，则电机立即进入（　　）状态。 A. 反向电动　B. 再生制动　C. 反接制动　D. 能耗制动			
		（2）（单选）改变三相鼠笼式异步电机转速时不可能采取的方法是（　　）。 A. 改变磁极对数　B. 改变电源频率 C. 改变电压　D. 转于回路串电阻			

续表

目标		考核题目	得分
知识目标	1	(3)(单选)异步电动机工作于电动机状态时，转子绕组中的电流是(　　)。 A. 直流 B. 低于定子电流的频率的交流 C. 高于定子电流的频率的交流 D. 等于定子电流的频率的交流	
		(4)(单选)三相异步电机的旋转方向与(　　)有关。 A. 三相交流电源的频率大小　B. 三相电源的频率大小 C. 三相电源的相序　D. 三相电源的电压大小	
		(5)(单选)随着三相异步电机负载转矩增大，转差率将(　　)，定子电流将(　　)。 A. 减小/增加　B. 增加 /减小　C. 减小/减小　D. 增加/增加	
	2	(1)(判断)电动机的转速差与转速之比定义为异步电动机的转差率。(　　)	
		(2)(判断)电动机空载转速一般略高于额定转速，过载时转速低于额定速。(　　)	
		(3)(判断)三相异步电动机停车制动的方式有两大类：机械制动和电气制动。(　　)	
技能目标	1	(1)(单选)电机再生制动可能发生在(　　)的场合。 A. 起货机快速下放重物　B. 锚机快速收锚 C. 换气扇电机　D. 同步发电机失步时	
		(2)选择题(单选)三相异步电机带载工作时，其转子绕组上(　　)电流。 A. 由于无外部电源给转子供电，故无电流 B. 由于有外部电源给转子供电，故有电流 C. 由于无电磁感应，故无电流 D. 由于有电磁感应，故有电流	
	2	1)一台四个磁极的三相异步电机，定子绕组线电压为 380 V，频率为 50 Hz，三角形连接。在负载转矩 $T_L = 133\ N \cdot m$，$I_{l1} = 47.5\ A$，总损耗为 5 kW，$n = 1\,440\ r/min$，求 n_0，s，η 以及功率因数。 (2)某三相异步电机，定子电压 380 V，三角形联结。当负载转矩为 51.6 N·m 时，转子转速为 740 r/min，效率为 80%，功率因数为 0.8。求输出功率、输入功率以及定子线电流和相电流。	
总分：　　分			

（二）学生互评

表 7-2-5 学生互评

项目 7 三相异步电机												
任务 2 三相异步电机拆装及检修		姓名					组别					
		班级					学号					
评价项目	分值	等级				评价对象（组别）						
						1	2	3	4	5	6	
方案合理	20	优	良	中	差							
		20	18	16	15							
团队合作	10	优	良	中	差							
		10	8	7	5							
组织有序	10	优	良	中	差							
		10	8	7	5							
工作质量	20	优	良	中	差							
		20	18	16	15							
工作效率	10	优	良	中	差							
		10	8	7	5							
工序完整	10	优	良	中	差							
		10	8	7	5							
作业规范	10	优	良	中	差							
		10	8	7	5							
汇报展示	10	优	良	中	差							
		10	8	7	5							
合计	100	各组得分										

（三）师傅评价

表 7-2-6 师傅评价

项目七 三相异步电机					
任务 2 三相异步电机拆装及检修		姓名		组别	
		班级		学号	
评分项目	配分	技术要点及扣分			扣分
1. 安全防护用品使用情况	8 分	操作时不戴绝缘手套扣 1 分			
		操作时不戴护目镜扣 1 分（戴近视镜者可不用戴护目镜）			
		操作时不铺设绝缘地垫扣 1 分			
		操作时不设置隔离带、高压警示牌扣 1 分			
		操作时不铺设格栅布、翼子板布扣 1 分			
		操作时不正确使用绝缘装卸工具扣 3 分			

续表

评分项目	配分	技术要点及扣分	扣分
2. 相关电气仪表工具使用情况	6分	万用表挡位、接线错误扣2分	
		绝缘测试仪、放电仪等使用错误扣2分	
		接线插接器、背针等工具使用错误扣2分	
3. 故障现象验证及描述	6分	设备螺丝松动、REDAY灯不亮、系统故障灯亮、驱动电机故障灯亮、无续航里程、高压不供电、踩油门无反应、车辆无法行驶、解码仪与驱动电机系统无通信、驱动电机位置传感器故障、驱动电机系统数据流异常等现象（回答出6项及以上得6分，6项以下每少1项扣1分）	
4. 设备拆装流程	20分	未按正确的顺序拆卸、安装设备，每错误一项扣2分，共5分，扣完为止	
		拆装设备不正确，如该拆卸的部件没拆、拆了不该拆的部件，每发生一处扣3分，共6分，扣完为止	
		拆装过程中发生了接触不良、放置位置不当、不当损坏物品等，每一项扣3分，共9分，扣完为止	
5. 故障诊断及修复	54分	能正确识读电路图，找出需要操作或测试的设备、线束、保险丝、继电器、插接口、引脚等。共8分，酌情扣分，扣完为止	
		按照正确工艺进行残余电压、绝缘测试、放电测试并得出结果。共6分，酌情扣分，扣完为止	
		按照正确工艺进行相关部件的供电、搭铁、唤醒、通信线束的测试并得出正确结果。共10分，酌情扣分，扣完为止	
		按照正确工艺进行相关部件的继电器、保险丝、供电电压等测试并得出正确结果。共10分，酌情扣分，扣完为止	
		能找出相关部件的插接口、对应引脚，并按照正确工艺进行测试并得出正确结果。共10分，酌情扣分，扣完为止	
		能针对检测结果，判断出故障原因、解除故障或给出正确修复方案。共10分，酌情扣分，扣完为止	
6. “5S”情况	6分	操作完成后，要把设备、工具放回原处，摆放整齐（在考核40 min内，一件工具未放回原处或未摆放整齐扣1分，工具掉地上扣2分，扣完为止）	
合计	共扣分：__________ 总得分：__________		
师傅评语：			

六、知识拓展

三相异步电机原理讲解

三相异步电机安装视频

三相异步电机拆解视频

参考文献

[1] 李琼，易宏彬. 新能源汽车驱动电机与控制技术[M]. 北京：北京邮电大学出版社，2019.

[2] 王毅，龚航军. 新能源汽车电机驱动系统检修[M]. 北京：机械工业出版社，2019.

[3] 周毅. 纯电动汽车电机及传动系统拆装与检测[M]. 北京：机械工业出版社，2020.

[4] 段春艳，李春芾，李震. 驱动电机与控制[M]. 天津：天津科学技术出版社，2016.

[5] 吕丕华. 纯电动汽车驱动电机系统故障诊断与维修[M]. 北京：中国劳动社会保障出版社，2019.

[6] 彼得・霍夫曼. 混合动力汽车技术[M]. 耿毅，耿彤，译. 北京：机械工业出版社，2017.

[7] 张之超，邹德伟. 新能源汽车驱动电机与控制技术[M]. 北京：北京理工大学出版社，2016.

[8] 曾鑫，刘涛. 新能源汽车动力电池与驱动电机[M]. 北京：人民交通出版社，2017.

[9] 朱小春. 驱动电机及控制技术[M]. 北京：清华大学出版社.

[10] 旋艳静，陈元富. 混合动力汽车结构与检修[M]. 天津：天津科学技术出版社，2019.

[11] 张子成，王中长，陶磊. 纯电动汽车驱动及动力系统检修[M]. 天津：天津科学技术出版社，2019.

[12] 肖贝，陈健. 电动汽车结构与原理[M]. 杭州：浙江大学出版社，2015.

[13] 吕冬明，杨运来. 新能源汽车电机及控制系统检修[M]. 北京：机械工业出版社，2018.

[14] 钟再敏. 车用驱动电机原理与控制基础[M]. 北京：机械工业出版社，2021.

[15] 才家刚. 电机故障诊断与修理[M]. 北京：机械工业出版社，2019.